フランスの
ラグジュアリー
産業

Les industries du luxe en France

ロマネ・コンティからヴィトンまで

ルイ・ベルジュロン［著］
Louis Bergeron

内田 日出海［訳］

文眞堂

LES INDUSTRIES DU LUXE EN FRANCE
by
Louis Bergeron
ⓒ ODILE JACOB, 1998
Translation copyright ⓒ 2017 by Hidemi Uchida
Japanese translation rights arranged
with Éditions Odile Jacob, S.A.S., Paris
through Tuttle-Mori Agency, Inc., Tokyo

訳者まえがき

　フランスのラグジュアリー・ブランドの商品は現在でもたしかに世界の市場で強いプレゼンスを維持している。ルイ・ヴィトン，ディオール，シャネル，バカラ，クリストフル，ドンペリ，マルゴー，ロマネ・コンティ，等々，多部門において枚挙にいとまがないほどだ。それはフランスでどのように誕生し，いわばフランス・ブランドとして現代までどのようにして一定の名声を確立し，保持してきたのだろうか。そして今後それはどこへ向かおうとしているのか。本書はまさにこうした問いに答えようとするものである。本書は，伝統と創造に誇りをもつフランス人向けにラグジュアリー・ブランドの過去と現状を客観的，構造的かつ具体的に提示することを目的として書かれた本であるが，この邦訳によってフランス・ブランドに関心をもつ日本の多くの読者にも大いに知的興味を誘うものと信じる。

　もとよりラグジュアリー一般に対する学術的なアプローチに関しては経営戦略，マーケティング戦略ないしブランディング戦略の分野で論じられることが多い。この点，フランス経済史研究の泰斗によってものされた本書は，これに加えて，立論に歴史的な位相をもちこんでより厚みをもった分析を試みている。つまりラグジュアリーに関して，時間軸での変動においてその本質──耐性と揺らぎ──を把握する，フランス経済に固有のある意味で不易な特徴と関連づけながら歴史的なコンテクストのなかでこれを把握するというスタンスをとっているのである。

＊　＊　＊

　本書の構成は，経済と社会のなかのラグジュアリーの位置というテーマでその本質的な存在意義を扱う第1部と，ラグジュアリーのカテゴリーというテーマでフランスの多岐にわたるラグジュアリー・ブランドの過去から現在にいた

る展開をあまたの具体例を提示しつつ叙述する第2部からなっている。著者はそれぞれの箇所でフランス歴史学の伝統でもある構造・変動分析をおこなっている。訳者の関心に即していい換えれば、本書は、フランスのラグジュアリー・ブランドに関して、明示こそしていないものの、近現代フランス経済の動きに沿いながらおおむね次の3つの切り口からアプローチしつつ、構造的かつ変動的な分析をおこなったものとして見ることができよう。すなわち、

□ 経済史的アプローチ
□ 経済学史的アプローチ
□ 経営戦略的なアプローチ

がこれである。

　第一の経済史的アプローチについていえば、18世紀以降現代までのヨーロッパの工業近代化過程、近代資本主義発展過程におけるイギリス型の展開に対して、部分的にラグジュアリーに特化するフランス型のそれが本書で提示されている。とくに18世紀末にフランスの政治的・経済的なライヴァルであったイギリスで産業革命といわれるような華々しい生産とその組織の技術革新が最初に出現して以来、フランスの工業化は相対的に後れ、その後も長きにわたってイギリスの後塵を拝した。長く斯界でこのように説かれることが多かったし、少なくとも外観上そのような感がある。つまり、近代資本主義の象徴である工場制度の下で、スタンダードで安価な製品を産み出す効率的な大量生産のシステムが後発諸国の見習うべき模範とされて、実際に多くの国々がそのキャッチアップを目指し、多かれ少なかれそれに成功してきた。日本やドイツのみならずフランスもその例に漏れないというわけだ。ところで他方、われわれは消費者として上記のようなスタンダードな必需品ないしそれに近い商品だけに関心があるわけではない。ときに「顕示的消費」あるいは「衒示的消費」（T. B. ヴェブレン）といわれる別の動機をもって多かれ少なかれ高価な商品に対する種々の欲求を満たしている。消費者選択の理論が前提とする合理的な行動をいつもするとは限らない。それは今も昔も変わらない。フランスではおよそ200年前から、経済政策を担う政府レヴェルでも、高級品を扱う民間の経営者レヴェルでも、そうした顧客層をターゲットにして大なり小なり意図

的に，今日いうところのラグジュアリー・ブランドへの特化を目指してきた。高級銘柄ワインのブランディングから始まったAOC（原産地呼称統制）というフランス的な戦術もこのブランディング戦略のコンテクストから生まれたのだ。また数量経済史研究の成果からも，GDPに関して離陸期のイギリス経済とラグジュアリー産業を含めたフランス経済を比較すると，さほど大きな懸隔はないことが明らかになっている。要するにフランスはイギリスとは違う道を歩んできたのである。F. ブローデルは名著『地中海』で「最も騒々しいものが最も重要だとは限らない」と述べた。華々しい機械文明の発進ではたしかにフランスはイギリスに後れをとったが，ブローデルの言葉はここでは決して負け惜しみには映らない。フランスならではのラグジュアリー部門への特化が静かに進行していたのだ。さらにラグジュアリー製品は産業組織に関しても，資本集約的な工場制とは違って，労働集約的で熟練度ないし芸術性の高い手仕事に支えられた構造——それ自体は必ずしも後進性の表れとは限らない——を長くもち続けており，この点は本文でも言及されているようにいわゆるプロト工業的な議論とかみ合ってくる領域である。常に時代の先端を切り開いてきたかに見えるラグジュアリー・ブランドは，逆説的ながら，実は機械化されない分散化した手工業生産を統合する組織によって長い間維持されてきたわけであり，この伝統と創造の融合こそはまさしくフランスの産業特性の一つにほかならないのである。

　二番目の経済学史的アプローチについてはどうか。ラグジュアリーをめぐる議論に関して，ここではマックス・ヴェーバー的系譜に対してヴェルナー・ゾンバルト的系譜を対置したい。生産史観に対して消費史観ないし流通史観，あるいは禁欲・節倹史観に対して欲望史観といい換えてもよい。16世紀ヨーロッパの宗教改革に伴って改革派の教義を信仰したプロテスタントの禁欲・節倹・勤労の倫理から近代資本主義の精神，ひいては資本蓄積が生まれたとするヴェーバーに対して，同時代人であったゾンバルトはとくにその著『恋愛と贅沢と資本主義』（金森誠也訳，至誠堂，1969年，論創社による再版は1987年，後に講談社学術文庫に収録）において，奢侈，つまりラグジュアリーから近代資本主義は生まれたとした。そして奢侈は女性，とくに18世紀以降次第に洗

練され繊細となった感性をもつ女性との情愛・恋愛を通じて生まれた男女間の情欲と相俟って経済を推進したとし，つまりは「奢侈の市場形成力」を強調したのであった．

　これらは20世紀初頭に出てきた議論であるが，このゾンバルト的な側面は，ヴェーバー批判の一つとして「物と精神ないし欲望の解放」の側面を重視する後年の議論（川勝平太・佐伯啓思『静かなる革命——ポスト近代の志』リブロポート，1993年）とも符節が合う．ヴェーバーの知的偉大については疑いを容れない．だが，資本蓄積は需要不足の世界では行きづまってしまう．とくに16世紀以降の非禁欲的な潜在的需要の解放と相俟ってこそ近代資本主義はヨーロッパで生まれたというわけである．あるいは，同様に生産中心史観に対するアンチテーゼのかたちで消費文化史的視点から提起されている消費社会論もこうした考え方に近いと思われる（草光俊雄・眞嶋史叙監修『欲望と消費の系譜』NTT出版，2014年）し，さらにごく最近のものとして，鎌倉仏教誕生以来の日本経済を包括的に特徴づける「需要主導型経済システム」（寺西重郎「経済システムの宗教的基礎」『社会経済史学』82-4，2017年）というものもゾンバルト的系譜に位置づけられよう．

　こうした考え方は実は20世紀よりずっと前から存在した．ゾンバルトが上記の著書で述べているように，歴史上，とくに近世において奢侈禁止令があちこちで発布されている事実とは裏腹に，同時代の名の知れた学者のなかにはラグジュアリーを経済的観点から肯定的・積極的に見ている人も少なくなかった．たとえばジョン・マンデヴィルが1714年に著した『蜂の寓話』はアダム・スミスの「見えざる手」による経済的・道徳的調和や自由放任主義につながるものとして，しばしば経済的自由主義，市場経済論の先駆として引かれる．だが反対にマンデヴィルの議論は，実際には，たとえば「奢侈は百万もの貧しき人々を養うのに役立っている……羨望と虚栄が産業を賑わせる」といったかなり直接的な表現でスミス的な道徳の世界からはみ出て，そこにはむしろラグジュアリー肯定，需要重視の色合いが強くうち出されている．したがってマンデヴィルはむしろゾンバルト的系譜に入れたいところだ．そのほかにゾンバルトは，すでに近世において多かれ少なかれ奢侈の効用を称揚した実例としてフランスのモンテスキュー，ヴォルテール，イギリスのヒューム，デフォー，ド

イツのシュレーダーなどの知識人を登場させている。一方，ごく最近のわが国での研究により，本家フランスの草創期の経済学者たちのなかにも，ケネーやチュルゴなどイギリスの古典派経済学者に連ねられる主流のエコノミスト・グループとは別に，ムロン，フォルボネ，ビュテル＝デュモンなど欲求や奢侈を積極的にとらえるフランス独自の「富裕の科学」としての経済学の一派が確固として存在したことが明らかにされている（米田昇平『経済学の起源──フランス 欲望の経済思想』京都大学学術出版会，2016 年）。

　本書では，19 世紀以降に関してこうしたゾンバルト的系譜につながるような理念と政策の流れが紹介され，援用されている。すなわちこの欲求の体系は，『フランス産業論』(1819 年) の著者シャプタル（化学者，医師，政治家）をはじめ，アドルフ・ブランキ（経済学者。革命家ルイ＝オーギュスト・ブランキの兄）やミシェル・シュヴァリエ（経済学者）らにより継承されていったのである。かれらはイギリス流の大工業の体制に盲目的に追随するのではなく，フランスの社会構造に適合的な産業モデルを熱心に模索した。直接ラグジュアリーを唱道したわけではないにしても，かれらはフランスの比較優位，ないし農業・手工業の比重がなお大きかった固有の産業構造を明確に認識しつつ，「イギリスとは違う道」をフランスで実際に説き，実践した人びとである。われわれはもちろん，ヨーロッパにおける近代資本主義形成のエネルギーを論じるにあたって，ヴェーバー的系譜とゾンバルト的系譜の間の二者択一を求めるという立場ではない。いずれも「ヨーロッパの奇跡」(E. L. ジョーンズ) の原動力であることに変わりはない。ここで強調すべきは，少なくとも後者の言説の系譜が 19 世紀に確立するフランス経済の一つの型を確実に理論的かつ実践的に支えたということなのだ。

　最後に，ラグジュアリーに関する三番目の経営戦略的アプローチについて述べておきたい。ブランド戦略的アプローチといい換えてもよい。この分野の戦略の考え方の土台に据えられるべきは，まず顧客の分析であろう。誰がラグジュアリーを消費するのか，あるいは消費してきたのかという問題領域だ。これに応じるかたちで作り手，売り手の側の戦略と戦術のあり方も変わってくるし，変わってきたのである。そこでまず顧客サイドを見てみよう。今日，少な

からぬ人がラグジュアリーに対して温度差こそあれ何らかの欲求ないし憧れを有しているように思われる。この欲求は歴史的に見ると，購買力の一定程度の高さを前提とするものの，社会階層間の勾配ないしは国家間の勾配の上を滑り降りてきた。衣食足りたそれぞれの段階でラグジュアリーは王侯・貴族から市民へ，先富者から中産階級へ，先進国から新興国へとシフトしていくのである。それは19世紀（あるいは場合によってはアンシアン・レジーム期）以降の近代資本主義文明のなかの紛れもない普遍的現象の一つであったし，21世紀のいまでもこの現象は本質的には不変である。

　その際にラグジュアリーが一種の社会的記号としてどのように推移してきたかということをまずおさえておく必要があろう。長い間，ラグジュアリーは社会的エリート層の独占物であった。身分制下の時代では王侯・貴族の社会的存在の象徴的存在であり，工業化が進む19世紀以降はいわゆるブルジョワジーないし産業エリートの富裕の誇示の手段ともなった。つまり顕示的消費の領域である。そして20世紀のある時期からW. W. ロストウのいう高度大衆消費社会に先進資本主義諸国が相次いで入っていくと，ラグジュアリー商品の顧客はさらに大衆化(デモクラティゼ)されていった。他方，従来のラグジュアリーの顧客がこれによって無くなるわけではない。この種の消費は，単に社会層間をシフトした——あるいは「社会競争的模倣」（N. マケンドリック）がおこなわれた——だけではなく，追加され，拡大したのである。

　拡大すれば当然社会層間でこの種の消費の差別化が見られることになるが，ブランド戦略はこの動きに機敏に感応していかねばならなかった。本書では各メゾン，各シャトー，各ドメーヌの実例を挙げてきわめて具体的にこのプロセスが説明されている。さらに，現代のラグジュアリー消費は単なる自己顕示欲に回収されるような段階を超えて，この社会的記号性のなかに文化的・社会的・生態学的な価値観ないし純然たる質へのこだわりが内包されるようになってくる。もとよりラグジュアリー製品が単に高価であるということのほかに，一般商品に関わる市場の法則とは別次元の独自の消費性向，独自の購買動機をもって需要されるとしたら，それに対応する固有の経営戦略，そうした需要に見合った供給を考える独自のマーケティング戦略が求められることはいうまでもない。

この点，単なる経営戦略ないしブランド戦略と区別された意味でのラグジュアリー・ブランドの戦略に関して，ブランディングの方法にはヨーロッパ型とアメリカ合衆国型があるといわれる。前者は長く深い伝統のなかで誕生した草創期のクリエーターの個性に根差しつつ，これに現代的な創造性を加味していくというもの，後者は歴史の浅い文化的伝統のなかで物語性にうったえてプロデュースしていくものである（J. N. カプフェル，V. バスティアン『ラグジュアリー戦略――真のラグジュアリーブランドをいかに構築しマネジメントするか』長沢伸也訳，東洋経済新報社，2011年）。両者は21世紀の進むうちに収束ないし融合していくということかもしれないが，長い歴史を有するフランスのラグジュアリー・ブランドの戦略はまさしく前者に属するものであり，読者はそのことを本書において本文のここかしこで確認するであろう。

そしてまたラグジュアリー市場がグルーバル化しつつあるとき，これまでのやり方では不十分であることに気がつけば，本文の結論にも書かれているように，このマーケットでのシェアを維持・拡大すべく，新たな視野と方法をもったこの分野での優れた人材の育成が望まれることはいうまでもない。この点，本書ではとくに，ラグジュアリー・ブランドに関わるこれからの経営者は，社会変容と景気の関数でもある潜在的な顧客を単に探し求めるというのではなく，ある種のライフ・スタイルの提示によってこれを積極的に開拓し，創造していかねばならないこと，さらに政府側でも，一般商品に関する経済法則や成長曲線とはしばしば乖離した動きを示すラグジュアリー部門について，これを単に保護するという守勢の路線ではなく，フランスの重要な産業部門の一つとしてこの部門の世界的シェアのさらなる拡大に向けて力強く後押しをしていくという政策的観点をもつべきことが強調されるのである。

以上，読者への本書の導入を兼ねて経済史的，経済学史的，経営戦略的な3つのアプローチを想定しつつ，やや冗長ながら一種の解題めいたことを述べたわけであるが，あとはベルジュロン自身の示唆に富み含蓄にあふれた，歴史家としてのラグジュアリー論の展開に身を任せたいただきたい。

* * *

本書は Louis Bergeron, *Les industries du luxe en France*, Éditions Odile Jacob, Paris, 1998 の全訳である。著者のルイ・ベルジュロン（1929‐2014 年）のプロフィールについては「訳者あとがき」をご参照いただきたい。ここでは原著タイトルならびに原文中に出てくるフランス語の luxe（リュクス）の訳語について一言ことわっておきたい。その普通の意味はもちろん贅沢，奢侈，奢り，豪華などである。だが，語感的にいくぶんネガティヴな響き——奢侈禁止令，贅沢は敵，等々の言い回しにより——があるので，訳語として，同語にあたる英語のラグジュアリー luxury をあてた。もう少し詳しくいえば，リュクスもラグジュアリーもルークス luxus（意味は ① 好色，放蕩，② 派手，③ 繁栄——田中秀央編『増訂新版 羅和事典』研究社，1966 年）またはルークスリア luxuria（＝ルークスリエース luxuries, ① 増殖，豊かな成長，② 放蕩，道楽，③ 無節制，放逸——同上）というラテン語に由来するわけで，もとより正・負両方の意味を内包している。英語のラグジュアリー自体にもリュクスと同じく両方の意味が含まれるのでやや曖昧な感じも残るようにも思われるし，また実際に一般の人びとの耳目には馴染みが少ないかもしれない。だが，商学系・経営学系の専門用語では一切のマイナス・イメージを払拭して，あるいはむしろ逆に高級感を強調し，ポジティヴなブランディング戦略の語彙の一つとして普通に使われているので，これに従うこととしたのである。反対にラグジュアリーにあえて日本語を当てるとすれば，抽象的には高級，高級性，具体的には高級品ないし嗜好品ということになろうか。いずれにせよここでは，そのようなマイナスではない語感と意味をもつものとしてラグジュアリーという語をおさえたうえでお読みいただきたい。

　そのほか，本書の訳出上の留意点は以下のとおりである。

- □ 原文のなかの日本ではあまり知られていないと思われる固有名詞（地名，人名，会社や組織など）や専門用語には，いくぶん冗漫に思われる向きもあろうが，初学者のことを慮って訳者注を付した。索引（人名，ブランド名，社名など）については原文のそれに，日本の読者の便宜を考えて，多少とも固有名詞を追加した。
- □ 地名・人名の日本語表記に関してはできるだけ現地語の発音に近づけるという方針をとった。ベルリーン，ミラーノ，ヴェネーツィア，メーディ

チなど。
□ 本文は基本的に見出しが少ないので，訳文では読みやすいように適宜節ならびに小見出しを付した。
□ 原文のイタリック体の文字には傍点を付した。
□ 引用文中の〔　　〕内の記述は訳者による註釈ないし補足である。
□ 読者の理解に資するようにフランスの県略図を目次の後に載せた。

目　次

訳者まえがき ……………………………………………………………… i

第1部　経済と社会のなかのラグジュアリーの位置──その変動 ‥ 1

第1章　フランスの産業装置のなかのラグジュアリー産業 ‥ 3
1. シャプタルからシュヴァリエへ ………………………………… 4
2. ロンドン万博をきっかけに …………………………………… 14
3. 社会的調和の模索 ……………………………………………… 17
4. ラグジュアリー産業の立ち位置は？ ………………………… 20

第2章　手工業と大資本の間
　　　　──ラグジュアリー産業における
　　　　　　生産構造と労働組織 ……………………………… 23
1. パリ・セーヌ河右岸の労働組織（18〜19世紀） …………… 25
2. ラグジュアリー産業，技術革新および大工業（19世紀） …… 34
3. 資本集中にさらされるラグジュアリー産業（20世紀末） …… 43
4. 商業戦略 ………………………………………………………… 51

第3章　ラグジュアリー，権力，社会 ……………………… 55
1. 近世のラグジュアリー ………………………………………… 56
2. 19世紀のラグジュアリー ……………………………………… 59
3. 20世紀のラグジュアリー ……………………………………… 67

第4章　芸術と産業の間のラグジュアリー産業 …………… 81
1. 19世紀の工業化とラグジュアリー …………………………… 82

2. 20世紀の芸術と産業 ································· 87

第2部　ラグジュアリーのカテゴリー ································· 93

第5章　守勢に立つ食卓の芸術 ································· 95
　1. 金・銀の食器 ································· 97
　2. リモージュ ································· 98
　3. クリスタルガラス ································· 103

第6章　綺羅星のように輝く高級ファッション ································· 113
　1. オート・クチュール ································· 113
　2. レース製品 ································· 123
　3. 刺繍 ································· 127
　4. 毛皮 ································· 130
　5. 皮革と靴 ································· 131

第7章　香水と宝石 ································· 139
　1. 香水 ································· 139
　2. 宝石 ································· 148

第8章　ラグジュアリーの消費—食の芸術 ································· 163
　1. シャンパン ································· 166
　2. ブルゴーニュ・ワイン ································· 177
　3. ボルドー・ワイン ································· 184
　4. ブランデー ································· 199
　5. アペリティフ ································· 204
　6. 美食とのシナジー ································· 207

第9章　ラグジュアリーの消費—居住 ································· 211
　1. 私邸でのラグジュアリー ································· 211

2. 都市におけるラグジュアリーな住居 ……………………… 216
　3. 名家のマルチレジデンスの実践——シュネデール家 ……… 225
　4. 居住のグローバル化へ——ムニエ家 ……………………… 230
　5. 生活環境と暮らしの作法（art de vivre）………………… 232

第10章　ラグジュアリーのいくつかの
　　　　近代的ヴァージョン ……………………………… 237
　1. 狩り ……………………………………………………… 237
　2. 自動車 …………………………………………………… 239
　3. 旅行，ホテル …………………………………………… 242

結論 ………………………………………………………… 247

訳者あとがき ……………………………………………… 253

索引 ………………………………………………………… 260

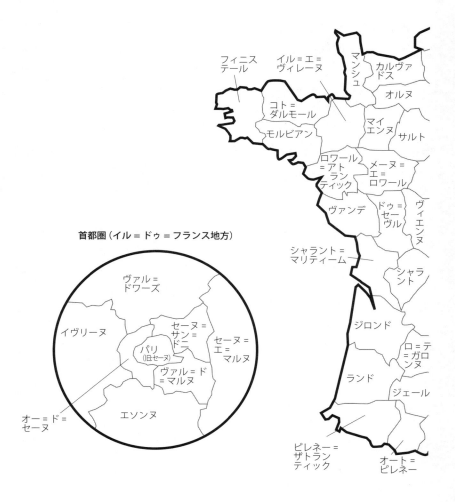

（海外5県を除く）

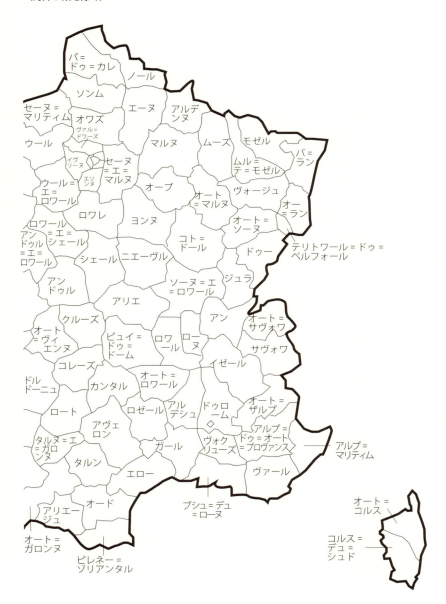

第1部

経済と社会のなかのラグジュアリーの位置
——その変動

第1章

フランスの産業装置のなかのラグジュアリー産業

　サン=ゴバン[1]のガラス製品，あるいはクリストフル[2]のテーブルウェアは，バカラ[3]のクリスタルガラス製品とともに，宮殿や私邸の室内装飾，あるいはテーブル・アートを目的とし，ずっと昔から原料に最も近いところか近代工業のある都市郊外に立地した大工業施設において製造されてきたラグジュアリー製品の数例を提供する。しかしこうしたイメージは，工芸品ならびにラグジュアリー製品の製造について歴史的に支配的であり今日でもなおみとめられるような現実からまったくかけ離れている。これらの製造は，まったく反対に，構造的には手工業，小企業の部門，あるいはたいていの場合大都市の旧市街に集中するか，農村世界に散在するような家内労働の部門に属しているのである。ここでわれわれの関心事となっている諸産業はほとんどがプロト工業のシステムを想起させ，ときにはこれを継承しているような労働組織図のなかに入る。プロト工業のシステムとはすなわち，たいてい非常に複雑化した工業や商業のネットワーク内において，創造的な芸術家の仕事を，きわめて専門化した作業をおこなう労働者の仕事に結びつける，小工房(アトリエ)から在宅労働にいたる分業ということである[4]。フランス製品の成功を通して，国内外において，古めかしく

1　Saint-Gobin. フランス北部（エーヌ県）にある現在人口2,274人（2013年）のコミューン。なおコミューン commune というのは，日本におけるような市町村の区別がない基礎自治体のことを指す。1665年にルイ14世の宰相コルベールはここに同名の王立ガラス・マニュファクチュールを設立した。現在はガラス，セラミックをはじめ建築材料を製造するフランスの世界的メーカー。マニュファクチュールについては後段注12を参照。

2　Chrsitofle. パリ生まれの企業家シャルル・クリストフル（1805 - 63）によって1830年に創業された食卓工芸品を中心とする家具，宝石，銀細工品のメーカー。その社号・商標名。

3　Baccarat. フランス東部のムル=テ=モゼル県（ロレーヌ地方）にある現在人口4,440人（2013年）のコミューン。1764年にはじめてガラス製造のマニュファクチュールが設立され，今日までそのブランドが引き継がれている。

4　プロト工業 proto-industry ないしプロト工業化 proto-industrialization のモデル自体は，アメリ

もまた賞賛に値する手工業的な構造に凝り固まった国という見方がいやおうなしに強まりさえしてきた。たしかなこと，それはこれらの産業が，工業化の時代において，主要なイデオロギー論争の中心にあったということである。

最近の歴史叙述の方では，工業化への国民的な道の複数性が取り沙汰されている。それは，20年ほど前から，イギリス風の工業化という単一で最初の，そして比類のないモデル――蒸気力の使用，繊維部門の機械化，コークス製鉄法，生産の技術的・地理的集中――の束縛から縁を切ろうとする努力のなかでおこなわれた。さらにいえばこのイギリス・モデルは，イギリスの何人かの経済史家たち自身ももはや信じない，さもなくばそこに多くのニュアンスを付すようになっているモデルなのである。

1. シャプタルからシュヴァリエへ

だがわがフランスの現代の学者たちは，そうだったら近代工業化の開始期にフランスで始まっていた論争に再び活力を与えるしかないと認識するにいたった。フランス革命の前からすでに，統計学者，経済学者，行政官，技師，学者は羨望と不安の入り混じった気持ちでイギリス――すでに政治諸制度の点から見て先進国とみなされていた――の方に関心を向けていた。イギリス農業における技術革新の普及，交通手段，そしてとくにその工業は，これらのフランスのエリートたちのなかに，フランス王国はその隣のライヴァル国に対して後れをとりつつある，したがって失地を回復するために急いでイギリスを模倣することが重要であるという意識を生んでいた。フランス革命と第一帝政は，禁輸措置，あるいは少なくとも保護主義的関税によって，次いで経済戦争手段の全ヨーロッパへの拡大によって，そしてもちろん戦争そのものによって，イギリスの支配力を砕くための機会を提供するかに見えた。だがそれは裏目に出た。フランスはたしかにこれによって繊維，機械および化学の部門における最初の離陸を実現した。しかし1815年には，大きな敗者として現れたのはフランス

カ合衆国の経済史家F.メンデルスによって唱えられたもので，本来の工業化（産業革命，離陸）に先行する段階として，農村工業の広範な展開を議論の土台にしていた。ここでは都市の手工業を含ませて，このシステムの広い使い方をしているわけである。

の方であった。つまりフランスはその敵国の発展にある程度のブレーキをかけただけである一方，そのとき市場，とくに植民地市場を失っていたのはフランスの方であり，イギリスは若きアメリカの共和国と同様に市場を獲得していたのである。テクノロジーに関していえば，蒸気機関であれ繊維労働の機械化であれ，多種多様な部門における製造工程であれ，フランスはその後れを縮めるどころかむしろ拡大させていた。たとえフランスにおいて機械技師の努力，布地捺染工程の改良があったとしても，あるいは製紙機械が発明されたのはフランスであって，これがフランスに再輸入される前にまずは最初にドーヴァー海峡を越えたといういきさつがあったとしてもである。

ジャン＝アントワーヌ・シャプタル

　多様性を欠き，後れた工業，植民地の拠点がこわされてほとんど再建不能に思われていた外国貿易，たしかに国民に従前より豊かに食料供給ができ，依然としていくつかの製品を輸出できる農業——こうした条件下，国際貿易におけるフランスの地位をどのように立て直すことができるだろうか？　この問いこそジャン＝アントワーヌ・シャプタル[5]——大学教授，化学者，上層の産業家にして，第一執政ナポレオンの元財務相（つまりは経済相）であった——が1819年に『フランス産業論』De l'industrie française という題の，論証本であり資料的価値も有する浩瀚な著作（その再版は1993年まで待たねばならなかった）のなかで答えようとした問いなのであった。

　葡萄産地の製品に関しては，ラングドック出身で葡萄とワイン醸造に熱意を注ぐ専門家であるシャプタルは，フランスのワインとブランデーを輸出しなければならないと同書で何度も繰り返している。だがそれらは外国市場が素早く量を増やしながら吸収——この場合ぴったり当てはまる語だ——できるような輸出品目であろうか。たしかにエペルネーのモエ[6]，コニャックのヘネシー（エ

---

[5]　Jean-Antoine Chaptal（1756-1832），フランスの応用化学者（エコール・ポリテクニク教授，科学アカデミー化学部門会長，産業振興協会会長），政治家（財務相，内相，農商工相）。

[6]　Moët. フランス・シャンパーニュ地方のエペルネー Épernay（マルヌ県）に，クロード・モエ（1683－1760）が1743年に設立したシャンパン製造・販売会社。後述のように1833年にモエ・エ・シャンドン（モエ・テ・シャンドン）となる。

ネシー)[7] などは、ほかのいくつかの会社とともに、そのときすでに品質の評判がしっかりと確立されていて、製造品のリストに入れるに十分に値する製品をもって上昇していた会社に属する。すなわちこれらの会社はいまや、葡萄の収穫と最終製品の販売との間に必ず組み込まれるノウハウと開発に依存するワイン産業の領域に入っている。とはいえ大半の場合、フランスの葡萄畑の製品はこのときまだ特級ワインの格付けの段階には入っていない。それがおこなわれるのはもっと後になってからである。余剰産物の蒸留によって造られるブランデーに関しては、ほとんどの場合、美食家よりむしろ長期航海の船員の胃に向けられている、等々。だがシャプタルは、ワイン発酵とワイン蒸留についてのさらに新しい進歩を信じ続ける。それはかれ自身、その著『ワイン醸造技術論』[8] においてその熱心な普及者となっていた進歩であり、この著作を通じてかれは「農業のなかの貴重なこの部門をわれわれの現在の知識のレヴェルにまで引き上げていこ」うとしたと述べている。

　「私は決してすべての葡萄畑に同じ品質のワインを造らせようとしたわけではない。私の意図はそれぞれの葡萄畑の産物を改良し、寒冷や多雨の季節の後での悪い品質の葡萄をたやすい手段によって質を改善し、醸造桶での発酵と樽のなかでの葡萄の変化を巧みに管理することであった。そして私はそれらに成功した。私は、フランスの葡萄畑で、一年も保存されえなかったワインが、私の提案した改良の後、熟成することで高品質を獲得している優良な産地をいくつも挙げることができよう。」

　本書の主題のために、シャプタルの所論に「品質(キャリテ)」という語が使われていることに注目しよう。まだわれわれのいうラグジュアリーというところまでいっていないが、それに近づいてはいる。蒸留に関してはエドゥワール・アダン[9]

---

[7] Hennessy. フランス南東部の都市コニャック Cognac（シャラント県）に、アイルランドのコーク生まれのリシャール・エネシー（1724-1800）が1765年に設立したブランデーの会社。日本ではヘネシーという慣用読みなので、以下そのように表記する。コニャックという地名は同時にブランデー名となっている。

[8] *Essai sur l'art de faire le vin*, 1801.

[9] Jean-Edouard Adam（1768-1807）. フランスの化学者、物理学者。

が考案した器具のおかげで，いまやフランスの商業にとって「外国との主要な貿易手段の一つ」をなすあらゆるアルコール度数のブランデーを質量ともに十分に供給していた。

　しかしながらシャプタルは，サント＝ドミンゴ——アンシアン・レジーム期フランスの外国貿易の要——の喪失に起因する輸出不足を埋め合わせるべく，なおいっそう「製造物」あるいは「製造品」に期待をかける。さらにかれは，「われわれは，わが国の産業が到達した完成度から，かつてなかったほど大きな販路が開かれうるだろう」ともいう。今回は言葉遣いの前進が見られることに注意しよう。「完成度(ペルフェクシオン)」は「ラグジュアリー」に近づいている。実際，シャプタルは，フランスがもっている「備蓄(ミュニシオン)」を点検する——それがかれの著作の主要部分を占めている——際に，本書が紙面を費やしている諸品目に大きなスペースを割いている。

　ガンジュ[10] の長靴下，サン＝テチエンヌ[11] のリボン製品については述べないとしても，リヨンの絹製品（この場面のシャプタルは興奮して「われわれの絹製品」と繰り返し叫んでいる）はこの都市の名声をきずいた。

> 「それ〔リヨン〕はその都市内に最も秀でた工芸職人，最も巧みな染物職人を集めている。そこではこのすばらしい産業の繁栄のためにすべてが備わっている。ヨーロッパには，製造手段の点でも製品の美しさと多様性の点でも，この産業に匹敵するものは何もない。……リヨンの小工場(ファブリク)について，そこで織機を動かす数千人の労働者に職を与えているというだけでは，それについてのまったく不十分なイメージをもつことになろう。製造に必要なほかの種類の仕事により，膨大な数の人びとが定職を有しているのだ。そして人口10万人のうち，少なくとも8万人について，その生計はこのマニュファクチュール[12] の繁栄と結びつけられており，絹糸の選択と購入から絹織物

10　Ganges. フランス南部エロー県の現在人口 3,967 人（2013 年）のコミューン。
11　Saint-Étienne. フランス南東のロワール県にある現在人口 172,023 人（2013 年）のフランス有数の工業都市。
12　manufacture. 英語のマニュファクチャー。経済史用語として工場制手工業と訳されるのが普通であるが，本書では，同時代（18〜19 世紀）に使用されていた意味で，すなわち多くの手工業者を使う比較的大きな製造施設（ないし場合によってはその生産組織そのもの）を指すものとして当

の最終仕上げと販売にいたるまで，皆が一つになって力を出し合っているのである。」

　ここでは1800年のフランスにおけるただ2つの「大陸の」大都市であるリヨンとパリに固有の労働組織形態に対するシャプタルの感性がとてもよく伝わってくる。パリでは，どのような産業部門も「首都でしか見出せないような知識の広がりと多様性」のおかげで栄えることができる。政治，労働あるいは消費の中心都市では，個々の労働の価値，豊かで多様な技能があらゆる組み合わせとあらゆる変化に適合しているのである。新たな手工業の集中をはっきりと受け入れ，それがなくてもいいと思うのはどうかしていると考えるシャプタルは，心の底では農村に散在する諸産業に対するノスタルジーを保持している。それははるかに安らぎのあるものであったろう。だが紛うことなくかれの気持ちは，今日いうところの創造性の絶えざる更新の中心にあるこれらの都市の手工業者の集合体の方に向かう。

　パリではとりわけそのフォーブール・サン＝タントワーヌ[13] の評判がもどっていた。が不思議なことにシャプタルは，その話題をかなり手短に済ませている。家具の製造は「わが国では一つの高い完成度にまで引き上げられており，パリで製造される豪華な家具はフォルムの優雅さ，装飾の美しさ，つくりの堅固さゆえにヨーロッパ全土で引っ張りだこである」とかれは想起させる。「豪華な家具」，つまりは輸入材，外材を使って加工し，化粧張りをほどこす高級指物細工，寄木細工，象眼，金属装飾品の取り付け（パリの技法による手工業のなかでのブロンズ製作者の重要性は周知のところだ）がこれにあたる。そしてそれは，もっぱら国内市場をターゲットにした「現地の木材を使って製造される粗末な家具」と対比づけられている。

　　時使用されていた原語をそのまま使う。マニュファクチュールを単に工場と訳しても間違いではないけれども，あえて家内手工業と，大々的に機械を使用する工場 usine の間にある，固定資本比率がさほど高くない多種多様な形態の製造所，製作所を指すものとして区別してこれを使用する。なおファブリク fabrique はこれより規模の小さな製作所，小工場を指す。

13　パリのバスチーユ広場の近くにあるフォーブール・サン＝タントワーヌ faubourg Saint-Antoine（フォーブール・サン＝タントワーヌ街）には，古くから装飾家具職人が多く住んでいた。現在のパリの11区，12区にまたがる。フォーブールとは在来の市壁の外の街区をいう。

われらが大臣はそれよりずっと光学器械，精密器具・測定器具，「科学者と名工（アルティスト）の間のもっと親密な接近」によって示されるこの分野全体にこだわっている。そしてさらにそれよりもっと時計製造業，宝石製造業そして金銀細工業に執着している。これらについては次のように述べている。

　「……ずっと前からフランスはライヴァルなど知らなかった。……模様の趣味，フォルムの美しさ，装飾の優雅さ，常に一定した材質の品位によりこの種の産業には一定の評判が得られ，かつそれに値するものであり続けた。どんなに創意に富んだ機械も製造コストを減じつつ，日々労働を改善し，単純化している。これらの製品，とりわけ宝石類に絶対的な支配力をもつモードがわが国の名工たちの意気をくじくことなどない。かれらはモードの予測のつかない変化に順応し，モードの想像性を引き出すのである。」

　われわれのテーマの核心はまさにそこにある。わが国の社会学者や経済学者たちがこれらの同じ現象をかくも純粋な言葉で表現するだろうか。
　時計産業の技術においては，産業労働の英雄はブレゲ[14]あるいはルポート[15]という名をもつ。この部門にはとくにパリの労働市場の多様化が一役買っている。曰く，

　「振り子時計の装飾一つとっても金メッキ師，青銅彫刻家，彫金師，旋盤工，琺瑯細工師，ニス塗り工といった人びとの複数の工芸の産物である。このジャンルにおけるわが国の産業は，フォルムの優雅さ，作業の出来栄え，金メッキの美しさの点でも，また低価格の点でも，隣の諸国の産業に優っている。」

　シャプタルはまた，それぞれの国民のあれこれの財を生産する「自然に備

14　Bréguet. スイスのヌシャテル出身のアブラアム＝ルイ・ブレゲ（1747 - 1823）が1775年にパリのシテ島に開設した時計工房が起源。
15　Lepaute. フランス北東部のトンヌ＝ラ＝ロン（ロレーヌ地方）生まれのジャン＝アンドレ・ルポート（1720 - 89）が1740年にパリで起こした王室御用の時計ブランド。

わった」能力，地表の上での労働の理想的な分担を間違いなく決定すると思われる能力についても進んで口にする。シャプタルにとって，イタリアないしはオランダからこの高い地位を奪ったフランスがラグジュアリー産業の母であることは明白だ。だからといって学者にして産業家のシャプタルが，機械工業はともかくとして，すでに木綿工業，毛織物工業あるいは化学工業が含んでいた近代工業化の萌芽に目もくれなかったという意味ではないことを想起しよう。諸々の国民的適性についてのかれの客観的かつ批判的な評価は，かれの母国はおそらくその外国貿易を均衡化させるために，その住民が最良につくれるもの，つまり工芸品・ラグジュアリー製品に優先的に賭けながらも，これと並行して様ざまな工業化の道を活用しなければならないという確認を暗黙のうちに経て，出てきているのだ。

　国民経済のなかでこの高級品タイプの生産に与えるべき地位に関する議論は，シャプタルのこの大著の刊行に続く30年後にすぐにも洗練され，明確になった。その争点はイギリスの産業革命の社会的帰結に対する数多くの第一級の経済学者たちや道徳家たちの反応，そしてとくにフランスにおける経済的自由主義の多くの支持者たちのきわめて慎重な姿勢を中心とするものであった。

アドルフ・ブランキ

　フランシス・デミエ[16]は，アドルフ・ブランキ[17]の作品のなかに「批判的自由主義」――ジャン゠バティスト・セー[18]の純粋な理財学からはかなり隔たっている――に向かうこの進化を立証した。ブランキはセーの後継者として1833年に国立工芸院[19]の経済学正教授となり，次いで1838年に「名望家の思想の実験室」といわれた精神科学・政治学アカデミー[20]の会員に選出された

16　Francis Démier. パリ第10大学教授。19世紀を中心とするフランス，ヨーロッパの経済史を専門とする現代の歴史家。
17　Adolphe Blanqui（1798-1854）. ニース生まれの経済学者。正式にはジェローム゠アドルフ・ブランキ。フランスの革命家，社会主義者のルイ゠オーギュスト・ブランキ（1805-81）の兄。
18　Jean-Baptiste Say（1767-1832）. アダム・スミスの経済学説をフランスに導入した一人として知られる，経済的自由主義の立場に立った経済学者。
19　Conservatoire des arts et métiers.
20　Académie des Sciences morales et politiques.

人物である。ブランキは，「単に師の後任となって，最も厳密な自由主義的正統性を尊重する……ような経済学を立派に普及させていく」ことで満足しようとはしていなかった。ブランキの教育の開始期は繊維工業の急速な拡大の局面と一致していた。その一方で「資本主義の段階的変化が金属工業において始まりつつあった」。まさにそのとき「経済発展と社会的進歩の間の憂慮すべき不一致」がフランスにおいて出現したのである。とりわけ輸送分野における急速な経済近代化の熱心な支持者であったブランキは，併行して「かれにとって対立すると思われる2つの論理，すなわち資本の論理と労働の論理の間で起こりつつある確執」を分析する。大企業の体制は，「恐慌の破滅的な影響」ならびに機械化の拡大と失業の拡大との間の関係ゆえに，かれを不安にさせる。そこでかれは，解決策の一つは，独占とその不当な利潤の破壊者であり，周期的に起きる恐慌の除去にうってつけの調整者ともなる自由貿易をできる限り早くうち立てることにあると考える。しかしもう一つの解決策は，新たな資本主義が生産システム全体に拡大するのを遮断すること，「市場の変調不調を免れ……労働者を貧困から守る裾野の広い小企業」を維持することにある。それゆえブランキは，イギリスの経済モデルにフランスが同調することを推奨するどころか，むしろ「経済モデルに固有のリスクをもつ工業国民と，裾野の広い小企業をもち，農村部門に重要な地位を与える，より均衡的な経済を保持する国民」との間での分業を考えている。デミエの所説を離れて，直接ブランキの声を1837年刊のその著『産業経済学講義』[21]に聴こう。

　「フランス国民の真の産業，それはその国土の諸資源の巧みで粘り強い活用である。これらの無数の仕事こそが労働者に広々としたところでくつろいだ気分にさせ，その知能を全力で発揮させ，家族の暮らしを立てることを可能にするのである。」

ブランキの原文を表面的に読むと反動的なアプローチがあることを思わせてしまうかもしれないけれども，かれの論法のなかに「国土」の観念が入っ

21　*Cours d'économie industrielle.*

ていることは驚くべき近代性を示している。それはもっと最近のいい方をすると，人間と生産が同時に均衡的に「格差」なく配分される図を想起させる「組織論(ティシュ)」のアプローチに近い。要するに国土の開発がこのような考えのなかにそれとなく組み込まれているのだ。「広々としたところ(ア・レール・リーブル)」への言及は，「野外」を思わせ，プロト工業的な労働の農村・家内への分散に対するブランキの好みを示唆しているということなのだろうか。それは定かではない。というのも，「知能を全力で発揮」への言及はむしろ都市手工業の技能を思い出させるからである。「家族」についてはどうか。これは両方の生産組織のシステムに存在するものであり，このくだりで強い印象を与えるのはむしろ社会的カトリシズムにとって大事な語彙や主題との近さである。デミエにとってブランキは，まったく単純に「経済・社会の進歩には複数の道が存するのであって，フランスのような国にとって資本主義的な宿命など存在しないことを確信し」続けている。デミエによれば，ブランキの著書では「同じ時期に『綿織物，毛織物，絹織物の工場労働者の身体的・精神的な状態についての一覧表』を書いたヴィレルメ[22]と同様に，経済進歩はパリやリヨンの小工場が証明していたように，同じくらいに小生産，ラグジュアリーおよび半ラグジュアリーに支えられているということが見事に指摘されているのである」。

工業化についてのフランスの歴史叙述は数十年の間，資本主義部門の発展度合が不十分あったとする判断と，階級闘争の社会的な袋小路の主張の二重の雪崩の下に埋まってしまった。それゆえわれわれの図式を書き直す前にアドルフ・ブランキを読み直す必要がある。そうすることで同時代人自身のものの見方により合致した図式にもっていくことができるのである。

ミシェル・シュヴァリエ

1830年代の末には経済学者たちのところでも，また精神科学・政治学アカデミー——フランシス・デミエが「名望家の社会的観測所」とよんだもの——

---

[22] Louis-René Villermé（1792-1863）．フランスの医者（とくに労働医療），草創期の社会学者。工場労働者の悪しき身体的・精神的な状態について報告したこの著作（1840年）は，その後フランスの児童労働や都市衛生に関する立法につながった。

によって派遣された学術調査員であった経験社会学の創始者たちのところでも，新しい産業システムに対する多かれ少なかれ批判的な分析が澎湃と起こる。いずれの場合にもこのシステムを不可欠の進歩要因と判断するが，それでも警鐘を鳴らしている。すなわち，機械化と無産者の集中は経済恐慌と道徳的退廃を招くというのである。この警告は雇用主の意識にも政府の意向にも十分に浸透していなかったので，フランスはもう少し後になって反乱と鎮圧の周期に入り込む運命となった。1840年に刊行されたルイ＝ルネ・ヴィレルメ博士の上記の『労働者の身体的・精神的状態に関する一覧表』は，1835-37年の調査の間に書き上げられた。この調査は1837年にブリュッセルで刊行されたミシェル・シュヴァリエ[23]の『北アメリカ書簡』[24]と同時代である。アドルフ・ブランキと非常に親しく，1840年にコレージュ・ドゥ・フランス[25]の経済学講座の正教授となったミシェル・シュヴァリエは，フランスの産業発展のための新たな方向づけを得ようという考えでアメリカ合衆国へ渡った。そしてイギリス・モデルをも含んだ実際には三国間の比較から，アングロ＝サクソン的な解決はアレンジされないままでは模倣しえないという確信が湧き出る。上記『書簡』の第1書簡からすでにシュヴァリエは，「フランスの運命はそれよりずっと趣味と芸術の才能にかかっている」ことを断言している。おそらくフランスは産業が盛んであるべきである。大国として選択の余地はない。だがフランスでは，輸入された諸モデルに直接的に移し替えてはならない。自国に最も適合的な均衡を追求しなければならないというわけである。

　「一時的に，マニュファクチュールの制度[26]はひどい難点をいくつかもっ

23　Michel Chevalier (1806-79). 鉄道建設に力を注いだ経済学者。1860年の自由主義的な英仏通商条約（＝シュヴァリエ‐コブデン条約）のフランス側の当事者。シュヴァリエに関しては上野喬『ミシェル・シュヴァリエ研究』（木鐸社，1995年）がある。シュヴァリエはそこではいい意味での転向の経済学者として描かれているが，晩年にはたしかに純然たる自由貿易主義者に見えるものの，以下に述べるように，1830〜40年代にはより柔軟な姿勢だったことがわかる。
24　*Lettres sur l'Amérique du Nord*.
25　Collège de France. 1530年にコレージュ・ロワイヤルとして発足した高等教育・研究機関。大学とは別個の化学・文学・芸術の教育機関であり，各分野でフランス最高水準の教授陣をかかえる。聴講は無料。
26　le système manufacturier. 単に工場制度と訳してもよいだろうが，本書では，上記注12で示したように，マニュファクチュールを同時代の言葉としてそのまま使用する。

ている。それらをここで詳述するのは無益なことだろう。誰がそれらを怖れをもって調べなかったろうか。それはイギリスの傷である。この傷はあまりにもむごい。イギリスの政治家たちによってその国内改革のために数年前から発揮されている巧みさが、まるごと無駄に費消されてしまうのでは……と考えてこんでしまうほどだ。マニュファクチュールの制度がうまく制御されたあかつきには、万人に物質的生活のあらゆる喜びを得させるためには人類の一部の適度の労働で十分となろう。いつの日にかこのようになるのは間違いない。だが事物のこの麗しい秩序はまだわれわれの遠くにある。マニュファクチュールの制度は一つの新たな現実である。それは確実に発展しており、かつ発展しながら改善されつつある。どんなに悲観的な人もそれを疑うことは不可能だ。さりながら、この進歩があちこちで一歩ずつという歩みとは別のしかたで実現されかねないことがわかれば、耐え難い失望にさらされることになろう。おとぎ話には七里の長靴というものがある。しかし歴史にはそれはないのだ。」(上記『北アメリカ書簡』中の第13書簡「ローウェル[27]の女性労働者たち」、234-235頁)

2. ロンドン万博をきっかけに

したがってサン゠シモン[28]の言葉を聴き、あるいはその書を読んで、1830-1870年代のフランス経済の離陸をしっかりと監視した理工科学校(ポリテクニシアン)卒業生たちは、いちずな産業主義者とみなされるべきではない。世界各地への交通路の拡大、陸海での蒸気力の活用、大洋横断の運河に対するかれらの熱狂は、自分たちのなかでは、大工業への移行についての含みのある見方、フランスのためのまったく一義的でない発展の選択に通じる社会的、政治的あるいは倫理的な省察と十分に共存しえたのである。19世紀の中頃、かれらが2つの出来事——1848年ならびに1851年の出来事、すなわち二月革命と

---

27 Lowel. アメリカ合衆国のボストン北西方にある都市。19世紀に綿工業で栄え、当初は多くの女性労働者を雇用した。

28 Claude Henri de Rouvroy, Comte de Saint-Simon (1760-1825). サン゠シモン伯。いわゆる空想的社会主義者として、あるいはコントにつながる実証主義社会学者として知られるが、経済学説史においては産業主義者としての位置づけが重要である。

ロンドン水晶宮での万国博覧会——の間に結びつけた関係が，かれらをすっかりこうした立場に立たせたはずである。

　1840年代に自由貿易にその言説を集中した——保護貿易主義は工業成長を抑えるとして咎められた（『ジュルナル・デ・ゼコノミスト』[29]や自由貿易協会の意見表明をみよ）——後，自由主義経済学の大立者たちは，いまや生産システムの選択を力説する。この理論的な充実化は主として3人の人物がおこなったことである。すなわちアドルフ・ブランキ，水晶宮万博における精神科学・政治学アカデミーの代表であったミシェル・シュヴァリエ，および同じ万博におけるフランス側審査員団のメンバーの一人であったルイ・ウォロウスキー[30]がこれである。かれらは同じ年から急いで自分たちの考え方を知らしめようとした。ブランキはその『ロンドン万国博覧会に関する書簡』，シュヴァリエは『ロンドン万国博覧会』によってそれを伝えた。かれらは，授与された5,186の賞のうち，2,089はイギリスが獲得したこと，フランスはドイツ関税同盟[31]（482）よりはるか上位にあって，1,050の賞をもらい第2位であったことを指摘している。だがフランスの出展者数は1,629にすぎなかった。つまりイギリスの受賞者は自国出展者全体の4分の1を占めただけなのに対して，フランスのそれは3分の2の比率であった。そしてフランスの受賞者の大半（990）はパリから来ていたのだ！　この成功は芸術と趣味の勝利によるものであるとかれらはいう。たとえばミシェル・シュヴァリエは「フランス人は芸術家として産業に関わる，イギリス人は商人として関わるのだ」と指摘する。たとえフランスがどちらかといえば高級品，つまりは高価な商品の生産の方に傾いているとしても，だからといって一様な工業進歩を認められるための国民的な能力をどんなことがあっても放棄してはならない。フランスは自国が最もよくつくれるものをつくり続けるべきなのだ。そのことは，とりわけ消費者の利益を考慮に入れる自由貿易の影響を受けて，フランスのほかの産業部門が，安価な大衆商品の生産に関して国際競争に歩調を合わせる運命にあることを否定するも

29　*Journal des économistes*（経済学者雑誌）．自由主義的経済学者たちの雑誌として1841年に創刊．フレデリック・バスチアや，後にはレオン・ワルラス，ヴィルフレード・パレートらも寄稿した．
30　Louis Wolowski（1810–76）．ポーランド系フランス人の法学者，経済学者（自由貿易派），政治家．
31　1834年に成立し，1871年のドイツ帝国の成立までドイツの経済圏の実体をなした．

のではない。ブランキの所説を聴こう。

「フランス人にとっての万博の主たる結果，それは芸術と趣味についてかれらが有する優位の世界的，絶対的な，異論なき認知である。刺繍入りの織物や捺染布，高級家具，金銀細工品において，青銅製品・壁紙・磁器の製造において，フランス人にはライヴァルもいない……わが国の真の繁栄はその自然の諸産業，すなわち手の巧みさと趣味の完璧さによって影響が及びうる……すべての芸術の漸進的発展に依存しているのである。」

それゆえ 1851 年は，フランスにとって長期の産業プロフィールを決めるためのおあつらえ向きの好機なのであった。つまりそれは，その固有の条件や適性が，産業労働の「自然の」国際分業という旧来の概念に従って，その手工業ないし小工業を強化することを勧める国の産業プロフィールである。そのような生産手段はフランスの消費者の趣味の性質によって開かれる。アメリカ合衆国の歴史家レオラ・アウスランダー[32]やホイットニー・ウォールトン[33]の最近の分析によれば，19 世紀におけるフランス工業製品の消費者は，本質的には中産階級，つまりは市民階級(ブルジョワジー)のうち，その趣味（おおよそ市民的な快適さの洗練化の役を果たす女性たちによってつくり上げられたもので，その役割はこの見地から工業化において顧みられなかったように思われる）が大量生産の方法を拒む階層に属するという。比較的狭いこれらの階級はそれでも「メイド・イン・パリ」のラグジュアリー製品の重要な消費者である。ドーヴァー海峡の反対側では逆に，女性の文化的な役割は小さく，都市大衆の比重が優勢だったであろう。その結果そこでは，フランスとその首都において工業生産における手の労働の持続的な向上を確実にしたはずのこの種の趣味の欠如が確認されえたのである。

この解釈はもちろん特定の趣味，特定の習慣を共有する消費者階級としての市民階級の定義への賛同，そして消費に（ならびにその定義の社会文化的諸要素に）決定的な推進的役割を与える工業化の図式への賛同を前提としている。

32　Leora Auslander. シカゴ大学教授。
33　Whitney Walton. パデュー大学教授。

そしてその場合，生産手段は消費者の趣味と動機の知識に順応している。いずれにせよこの解釈は，1851年の万博についての通常の説明に新たな観点を付与するという大きな功績をもつ。万博は従来，イギリスの大量生産の方法の一種の勝利宣言とされていたし，それは，ほかのヨーロッパ諸国のその後の，もっぱら生産性の上昇に基づいた工業化のモデルとして役立つはずだということになっていたのだ。もう一つの功績は，いくつかの小工業・手工業形態に関して，その需要への適応論理，市場に対する創造的かつ成功的な対応能力，さらにはもちろん輸出に対する大きな貢献を強調することにより，それらの一種の再評価を可能にするところにある。こうしてこれらの形態は単に後れたものとみなされることをやめるはずだ。1851年の成功とその後の数十年のその持続は事実，経済学者たちの間を超えて，幅広い知的・政治的エリート層に，生産の細分化に基づく産業発展モデルのこの側面を支持する必要性について納得させたのである。かれらはさらに，フランスについて近代的であるが限られた部門と，多くの手の労働を使用し少量生産方式で生産する小規模の企業群との間の理想的な均衡という見方をし始めた。もっと個別的にラグジュアリー産業に関しては，その確信は，それらの産業を巻き込んだ不断の成長・多様化の動きによって20世紀末まで強化されるばかりであった。いくつかの部門の後退は他部門の誕生と力強い上昇によって埋め合わされたのである。

3. 社会的調和の模索

　第二帝政の政治と経済発展の歴史にもまたいくぶん修正が加えられることになる。1860年の通商条約の可決は，フランスがいずれにしても「よい趣味の」物品に開かれたすべての市場に対して優位を保持するにちがいないというふうに思われたことで，容易になったのではないだろうか。ドーヴァー海峡のこちら側では，それ以来持続可能で競争力のある経済の優位を信じていたのである。
　このように定められたモデルに対する自由主義経済学者たちの熱狂のもう一つの面は，予期されていたように，社会政治的な性格のものである。これらの経済学者は反保守主義者であると同時に反社会主義者であった。かれらは，あ

らゆる秩序支持者と同様に，労働者階級の反乱を怖れ，開明的ブルジョワジーの間で「社会的調和」の復活を夢見るすべての人びとと同様に，産業資本主義を平和的に称揚するための手段を探している。したがって産業への特化は，自由貿易と同じく，フランス革命に対する一つの解毒剤として現われている。ブランキに戻ろう。ロンドン万博に関する上記『書簡』のなかでかれはいう。

「万国博覧会……はわれわれに重大な政治的警鐘を与えた。小企業は，機械ならびに極端なレヴェルにまで推し進められた分業の支配の下に……組織されたマニュファクチュールの方法に比べて，はるかに少ない資本を要求し，より多くの人手を雇い，より豊かな知能を発展させ，かつ社会的いざこざも少なくより多くの福祉をもたらしていたということが証明されたのだ。」

そしてブランキは気高い祈りのなかでこう付け加える。「おお，比肩するものなき労働者たちよ（フォーブール・サン＝タントワーヌの労働者のことをいっている[34]）！ 諸君はどうして革命騒ぎをもっと少なくして家具をもっと多くつくらないのか！……」と。

こうした観念はたしかに，自由主義経済学者たちの態度表明がほのめかす以上に大きく広がっており，かつ古くからあるものであった。異なった着想から出てきた19世紀の数多くの言説は，社会的均衡を守ろうとする配慮，あまりにも急激な変化とあまりにも巨大な産業集中に対する怖れという点で一致している。同時代の経済学者の一人であるシャルル・ラブレー[35]は，全国産業奨励協会の事務局長であり，1847年から1881年にかけて何度も再版された『芸術・マニュファクチュール事典』[36]という作品の著者であったが，そのかれが，蒸気機関と機械化の製品改良に及ぼす効果を称揚しつつも，次のように指摘している。

「不幸なことに，多数の男女労働者の集中は，不都合がないどころではな

---

[34] 著者ベルジュロン自身による注。
[35] Charles Laboulaye (1813-86).
[36] *Dictionnaire des arts et manufactures.*

い。それはとくに社会の根幹をなす家庭生活を破壊するものである。」

ラブレーはこのことから，強力な機械の使用者たちとの競争にどんなに小さな工房でももちこたえるような力をもった小型発動機の開発を推奨している。

だがそれよりもっと前の1837年に，ダンジュヴィル[37]が「この国に労働者階級をつくり出し」かねない「重大な障害」ゆえに，イギリス流の産業革命を過度に盲従的に模倣することの危険性について述べていなかっただろうか。すなわち，工業化，それはけっこうなことである。だが「大製造中心地」を避け，産業を「犂の横に」おくべきだというのである。もう少し遡れば，シスモンディ[38]の思想も，反産業主義的ではないにしても，労働の分散を通して産業と社会的調和を両立させることのできる解決策を追究した社会哲学全体の暗黙の源ではないだろうか。そしてさらに，この分散が実現不可能だとわかった場合にもなお，大企業の経営家族主義的(パテルナリスト)な組織が，企業を家族と同一とみなそうとする，そのような考えに自らを結びつけようとしたのではなかったか。シスモンディは一方においてその著『新経済学原理[39]』(1817年)を手掛かりとして，他方ではその著『トスカーナ農業連関表[40]』(1801年)から読み直されるべきである。そうするとわれわれは一つの傾向として，1世紀半から2世紀も前に誰かある人たちがすでに定式化していたことを，近年になって単に再発見するだけであるということに気づく。シスモンディは過剰生産と失業を回避することができる理想的な生産システム，危機を排除する経済社会の秩序を考え出したかったのだ。これに到達するために，かれは機械の緩やかで節度のある普及を勧め，所有権に関することであれ生産単位であれ，「分割された」生産様式が好ましいとした。「人間の機械に関する能力」を増大させること，「資本蓄積の必要」を認めること，それはそうである。しかし，どこでもいいというわけではなく，いつでもいいというわけでもない。シスモンディはきわめて恣意

37　Adolphe d'Angeville（1796-1856）．フランスの政治家。七月王政期のアン県（フランス東部）選出の与党代議士。
38　Jean-Charles-Léonard Simonde de Sismondi（1773-1842）．経済恐慌の原因について過少消費説をとなえたジュネーヴ出身のフランスの経済学者。初期社会主義者として知られる。
39　*Nouveaux Principes d'économie politique.*
40　*Tableau de l'agriculture toscane.*

的なしかたで,「資本主義的な」産業は豊かな諸都市にもっぱら振り当てられるべきであり,そして消費者が少ない貧しい地方には「多くの人手,少ない資本,そして少ない科学力」を使う工場を残すべきであると考える。だが,ペーシャ[41]地域の経済に関する観察はこの著者の好みがどちらのほうに向かっていたかを示している。すなわち当時洗練された技術をもつ農業と一揃いの繁栄する産業群——絹工業と製紙業——との組み合わせによって特徴づけられる地方がこれである。シスモンディがヨーロッパ全土にわたって保持していた知的交流や文通の広さが間違いなく,かれの考えがなぜかその後の数多くの著作家たちの考察に広く浸透しえたのかを説明するのに役立っている。

4. ラグジュアリー産業の立ち位置は？

フランソワ・キャロン[42]のような経済史家が,少なくとも一部について,上記のような文献に基づいて,19世紀フランスを特徴づける「二重の経済」という考え方をつくり上げた。「19世紀フランスの生産システムはシスモンディ的であったか？」と題するかれの論文はこれをよく示している。キャロンはまた「産業はフランスでは2つの形態でおこなわれ,異なった2つの組織を有する」という言い表しを,まさしくほとんどそっくりシャルル・ラブレーから借りている。だがフランスのラグジュアリー産業はこのような図式のなかにその位置を正しく見出すだろうか。この図式は次の3つの観点を採用すれば,もっとぴったりと現実に一致するだろうと考えてもよい。すなわち,一つは天然資源と同時に労働力と消費の市場に地理的に集中する近代化された大工業の観点,二つ目は依然として農村的組織のなかに沈められた諸産業の観点,つまりは村落にある家内的なプロト工業,あるいは河川流域,水力,副次的な都市ネットワークと結びついた生産施設群——19世紀のパリの商業は実際に広い半径でこれらを支配することに懸命となっていた——という観点がこれであ

---

41 Pescia. イタリアのトスカーナにある都市。童話『ピノッキオの冒険』が誕生したところとしても有名。
42 François Caron（1931-2014）。19世紀以降の現代フランス経済史が専門。邦訳として『フランス現代経済史』（原輝史監訳）早稲田大学出版部,1983年がある。

る。そして最後に——最後になったが大事な点として——大都市，ことに中心都市（フランスの場合だとパリ，リヨン）の在来産業の観点がある。大きく拡大する工芸・ラグジュアリー製品の下位区分の地帯は，まったくもってここに属しており，これこそが小企業の枠組み，特殊な消費者のカテゴリーへの依存に著しく特化した一群の労働力とノウハウを動かすのである。さらに，この図式がまったくフランスに固有のものではないということは大いにありうる。ロンドン，ベルリーン，フィラデルフィア，あるいはマンハッタンはこの第三の部類に入れられるのではないか。フランソワ・ファロー[43]もまた，最も現代的なパリの中心地における労働組織形態を研究して，その多様性を次のように強調した。「産業は必ずしも工場を意味するとは限らない。パリは一つの工業中心地であり，この都市の経済は金融機構に限られるものではない。そこでは季節とモードがつねにラグジュアリー産業・消費財産業において企業統合の度合を制限してきた。他方，都市集中は，すぐれて交流関係の場，そしてその人材の自由さや交換性ならびに広く出回る情報に土台をもったシステムの場を表している」と。ル・プレー[44]の弟子であり，労働局の下で学術調査員として仕事をしたピエール・デュ＝マルセム[45]が，市場によって組織された複合体であるパリを歩き回って出会った家内労働者の工房や住宅の複合体を定義するために，「集合的製作所（ファブリク・コレクティヴ）」あるいは「分散型都市製作所（ファブリク・ユルベーヌ・ディスペルセ）」という言葉を使ってから100年後のことである。

　したがって，われわれが対象としている産業がどのようにして都市の労働の組織と連動していたのか，そして場合によっては，上記のほかの２つの生産システムとどのような関係を保持しえたのかということを調べる必要がある。だがここでは先に，ラグジュアリー産業の生産システムは「産業革命」を担う「大」工業と同じほどに注意を払うに値するのだと結論づけておきたい。たとえ全体的にラグジュアリー産業が，その労働集約型産業という性質にもかかわらず，これまで少数の労働力しか使わず，かつ現在でも同様であるとしても，これら

43　François Faraut. 生年等不詳。ロレーヌ地域圏文化部勤務（1994年現在）の現代のフランスの民族学者。パリの都市産業，離婚の親とその子どもなどに関する著作がある。

44　Pierre Guillaume Frédéric Le Play（1806-82）。フランスの政治家。フランス社会学のパイオニアの一人とされる。

45　Pierre du Maroussem（1862-1936）。社会民族誌学を専門とするフランスの法学者。

の産業もまた，そのモード——それ自体もスタイル，材質，技術の面で絶えずイノヴェーションを生み出していく——に従うしかたを通じて，消費社会の発展に推進的な役割を果たしたのである。

第2章
手工業と大資本の間——
ラグジュアリー産業における生産構造と労働組織

　フランスの——とりもなおさずパリの——ラグジュアリー産業における労働と生産は，少なくとも18世紀から今日まで，社会・経済領域のなかで絶えずまったく独自の地位を占めてきた。それは，企業の普通の分類にも，はっきりとした社会的成層にも収まらない，いってみれば，業界横断的な位置関係である。その位置は長期にわたってつくられてきたものであり，工業化の諸段階の慣例の図式，あるいはまた長期的経済変動局面の図式から身をかわしつつ，その影響力を，芸術的創造や政治権力の領域とのつながりを通じて，産業世界を超えて拡大させているのだ。このうえなく顧客の趣味，その趣味の仲介者と着想者に依存しているこれらの産業が，いかに苦労して狭く周縁的な消費財のカテゴリーに結びつけられているかが後段において明らかにされよう。ラグジュアリーとその消費の歴史は，ラグジュアリーというものを今日限られたエリートの特権というよりむしろ文字どおり一つの社会現象にしている動きのなかで，この種の消費が次第に大きく社会的に広がっている事実により特徴づけられるからである。

　ラグジュアリー諸産業についての表面的な見方では，それらは普通，小企業や小規模生産と，あるいは商工業近代化の流れへのいかなる統合にも巻き込まれない保守的な生産様式と結びつけられる。なるほどラグジュアリー産業は，工芸と同様に，ヴィシー体制[1]が伝統的な職人仕事と「上出来の品」(ベル・ウヴラージュ)に対する愛着を力説したことにより被害を被ったということもあろう。だが，これほど誤った見方があろうか。ラグジュアリー産業は時代の流れとともにあらゆる労働形態ならびにあらゆる企業類型に——しかも次々にというのではなく同時に

1　1940–44年間に，ペタンを国家主席としてドイツ占領下でとられたフランスの政治体制。政府所在地であったヴィシーはフランス中部のアリエ県にある都市。

――うったえてきたのだ。アンシアン・レジーム期からすでにラグジュアリー産業は，男女の家内労働者，しばしば商人＝製造業者(マルシャ=ファブリカン)の監督下にあった手工業親方の工房を使用した。だがその一方で数百人もの労働者を使うマニュファクチュール（たとえばフォーブール・サン＝タントワーヌにはガラスのマニュファクチュール，複数の製紙マニュファクチュールがあった）も稼働させていたのである。市場は，労働組織と販売の面での最初の資本主義的形態の出現が裏づけられるほどに，パリ，フランス全体，そして輸出においても大きかった。ただし当時は労働者と手工業者の形態がなお優勢であり，同時にその状況は不安定であった。契約書の規定によって，親方は一人の卸売商(ネゴシアン)のために働く「シャンブラン chambrelan」（在宅労働者）という状態であるか，反対に自分の工房の外にも分散した労働者を働かせることを企てたり，商人＝製造業者の立場にすべり込んでいくこともありえたのである。

19世紀においてラグジュアリー産業は，拡大する顧客のニーズに新製品によって応えながら，工業化，技術革新そして集中を免れなかった。クリストフルの例はそれを完璧に説明している。だがたとえフォーブール・サン＝タントワーヌの家具産業が大規模な工房を設立し，一定数の区画の中心に煙突を屹立させるとしても，家具やその関連部門で働く専門化した手工業者たちの一群は既存の状態のまま維持された。今日でもこの一群は完全に退けられてはいないのである。

20世紀になるとこの種の産業は急速に多様化の途に入り，ほかの多くの部門——とくに衣料部門——の動きの後を追っていき，生産の地理的分散に関わっていく。その一方で，パリは創造と販売に特化していく。このときまさにシャネル[2]は東ピカルディ地方[3]の織布工のノウハウを復活させるのである。今日多くのパリの会社がその製造単位を，ときに奥まったところにあるような地方に設置し続けている。20世紀の後半にはまた，大手のラグジュアリー・メーカーが，数多くの合併とその結果としての多国籍企業の設立によってその

2　Gabrielle Chanel（1883-1971）．ガブリエル・シャネル（通称ココ・シャネル）。婦人帽子店から戦間期に世界的に有名な婦人服デザイナーに転身し，第二次大戦後は活動的な婦人服のデザイン，独自の香水などを創り出した。
3　ピカルディ Picardie はフランス北部の地方。

金融・販売の規模を増大させつつ，経済のグローバル化の要請に適応しているのが見られる。モエ＝ヘネシー[4] はそのなかで最も名高い存在の一つとなっている。ラグジュアリー産業は，その輸出額の点でも規模変化の点でも，いまや航空部門あるいは化学工業などと経済上の差があるだろうか？

　ところが差はある。似ている外観──数字にせよ法的構造にせよ──にもかかわらず，違いは依然としてあるのだ。というのも逆説的ながら，ラグジュアリー産業の方では，近代化は，顧客と供給者の間の絆の永続化の不可欠の条件である，工芸の伝統と製品の質の維持と統合を伴わなければならないからである。バカラ社では，1992年に，18名の「フランス最良の労働者」が雇用されている。クリスタルガラスの装飾用に選ばれた図柄がスキャナーやデジタイザーにかけられ，パソコンのなかに入り，次に彫刻ロボットによって自動的に制作される間，その一方で工芸家ないし芸術家は，図柄の更新やラグジュアリー産業の市場への適応を確実におこなうために不可欠な頼みの綱としてとどまる。それは，おそらく「大衆化され(デモクラティゼ)」たけれども，だからといって品質，個性重視，時代物への指向を放棄したりはしない顧客層の間で依然として確かな価値であり続ける，伝統に支えられた創意，創造力にうったえることなのである。

1. パリ・セーヌ河右岸の労働組織（18〜19世紀）

　フランス革命・第一帝政期はラグジュアリー産業にとってきわめて重大な危機がひっきりなしに起きた時代であったが，それでも当時支配的であった統計への熱情により，この産業における人員，立地および評価についてのとくに重要な観察記録の時期として現れる。ただしもちろん，現実の不明瞭さ，変動性，あるいは危険な急降下と勝利の再生からなる景況の影響ゆえに，その記録から文字どおりに正確な姿は出てこないのであるが。

　1807年の数字によれば，当時のラグジュアリー産業は4万人の労働者ならびに同数の婦女子を雇用していたようだ。警視総監と努力を一つにする商業会議所は，当時，金銀細工業において1,500人の男子労働者と600人の女子労働

---

[4] モエ社とヘネシー（エネシー）社の合併は1971年。そのモエ＝ヘネシーとルイ・ヴィトンの合併は1987年（LWMHモエ・ヘネシー・ルイ・ヴィトン）。

者を使う商人ないし製造業者が 300 人いると断言している。同じく宝石業では 400 人の業者たちが男子 800 人，女子を 2,000 人（おそらく不熟練の研磨工が大勢いただろうが）を雇用し，また銅製宝飾業では 6,000 人，等々であった。しかしおそらく 1806-07 年冬の深刻な危機から抜け切れていないときの話であり，しかも労働者の多くが統計の網の目をくぐり抜けたと思えないわけはない。とくに在宅の男女労働者の営業認可を受けていない仕事はすべてそこからもれている。たとえば営業認可も労働手帳ももたずに屋根裏で働き，金製の上質の鎖をつくる鎖帷子工がこれである。前出の歴史家レオラ・アウスランダーはパリの労働者の 3 分の 2 は当時在宅労働者であったと主張した。が，そこでは全体的な印象しか述べられていない。その現象がかなりの大きさをもっていたことはたしかである。統制された共同体のかたちで組織された手工業はそこで，障害を乗り越えることができないままに，同業組合を禁じる 1791 年の立法によって事実上正当化されたおそるべき競争にぶつかった。農村家内工業の都市版がこれである。いずれにしても，芸術・ラグジュアリー産業は，とりわけそれに「パリの品物」——もちろん質の点ではともかくとして，求められるノウハウの点で上記のものに類似したカテゴリーの物品——を加工する労働力を付け加えれば，建築，食品および衣料と並んで，パリの労働世界の大きな拠点の一つをなしていたと誤りをおそれずにいわれるだろう。警視総監は 1807 年に，モードと仕立ての部門における労働者の数を 14,500 人と見積もっている。

　数え上げるより地理的な位置確定の方を目指そうとするのであれば，工芸・ラグジュアリー製品の職種の可視性は，パリ市の特定の地区への専門職の大きな集中ゆえに，とくに明瞭であったことに気づくはずである。シテ島は金銀細工師，宝石業者，時計業者，刀剣研ぎ師，青銅像鋳造工でいっぱいであった。ポン＝ヌフ地区は全パリのこれらの手工業者の 5 分の 2 を住まわせていた。それらに加えて，精密な作業をおこなう手工業者と労働者（たとえば数学関連の器具の製作者など）がいた。それらの製品は 19 世紀を通じてあらゆる種類の博覧会においてフランスに大きな名声をもたらすことになる。グラヴィリエ地

5　Quartier des Gravilliers. 現在のパリの 3 区にある。

第2章　手工業と大資本の間——ラグジュアリー産業における生産構造と労働組織　27

区[5]にあるサン＝ドゥニ通りとサン＝マルタン通りの軸の両側にも上記の職人たちが数多くいた。プーシェ[6]は次のように述べている。「パリの金銀細工業はすべての国の人に人気があり，きわめて重要な商業部門をなしている。活動は大々的におこなわれている。すなわちドーフィヌ広場とほかのいくつかの街区は労働の統合と同時に分業を生み出しており，ときに驚くほどの手際のよさで注文が処理されているのだ」。さらにそれから20年足らずの1819年に，シャプタルに呼応するように，エリカール＝ドゥ＝チュリ子爵[7]——技師で，後に科学アカデミーの会員となり，全国産業製品博覧会にその作品を展示することを許されたパリの時計産業の紹介者である——はこう記している。「時計産業は今日いかなる国民もこれに対して優位を争えない一つの芸術である。またこの産業においてわれわれは著しい進歩を遂げたので，いかなるわれらの隣国人たちも，われわれと同じように，かつより安価に，高級時計と中級の時計ないしは一介の製作所(ファブリク)で作られる時計を併せて供給することはできないであろう。これほどの才能，これほどの功績，そして最後にその両極端のレヴェルの時計に関するこれほどの知識を提供する職業はほとんどない。なにしろわが国の最初の時計業者のなかに，優秀な学者とフランス学士院[8]会員さえもが数えられる。そして一介の時計工に話が及ぶ前に，あまたの教養ある人びと，優れた数学者，見識ある物理学者と芸術家を見出すのである」。

もちろんパリのフォーブール・サン＝タントワーヌの家具師の場合も知られている。そこでは人員の20％はキャンズ＝ヴァン盲人院[9]の地区（バスチーユの東に接する）とモントルイユ地区[10]でこの職種に属している。ただし活動の幅は実はかなり多様であって，金属加工，衣料，モード，その他多くの

6　Jacques Peuchet (1758-1830). 弁護士，哲学者，革命家，警察行政官の顔をもつと同時に，地誌や事典などの作成にもあたり，「統計の父」とも称される。千葉治男『知識人とフランス革命——忘れられた碩学ジャック・プーシェの場合』刀水書房，2003年を参照。
7　le vicomte Louis-Étienne Héricart de Thury (1776-1854).
8　17世紀につくられた王立アカデミーに代わって，フランス革命期の1795年に国立科学芸術学士院としてスタートし，1806年にこの呼称（Institut）となった。アカデミー・フランセーズ，碑文・文芸アカデミー，科学アカデミー，芸術アカデミーからなる。
9　L'Hospice des Quinze-Vingts. 1260年に聖王ルイ（ルイ9世）により設立された。15（キャンズ）×20（ヴァン）＝300のベッド数があったことにちなむ。
10　la section de Montreuil. パリの20区の東側。

職種も見られたのである。家具産業のもう一つの伝統的な集中地区はボンヌ＝ヌヴェル街区[11]であった。

ブロンズ（青銅）鋳造師たちも同じ原則に従っていた。「現在の共和国広場，市庁舎広場およびバスチーユ広場の間に入る三角地帯」——いいかえればマレー地区——には鋳造工房をもたない通りはほとんどない。そこでは大きな集中を呈している通りもあった。たとえばボーブール，シャラントン，フォーブール＝サン＝タントワーヌ，グラヴィリエ，ヌーヴ＝サン＝ジル，サン＝ドゥニ，サン＝マルタン，タンプルの各通りである。

こうした働き手の一群，こうした存在感がナポレオン体制の成功を裏づける。それはアンシアン・レジーム下で，よき趣味とノウハウの領域での国際的な優位により，イギリスの機械制覇にさしあたって対抗することを可能にしていた諸産業によって保持されていた姿勢を再び採用した結果なのである。だがこのシステムの本質的な独自性は別の特徴につながっている。すなわち旧来の規制的・ギルド的なシステムに対抗するたたかいにおいて破壊力の役割を演じたという特徴と，長い間あやまって時代遅れの特性とみなされたきた柔軟性と適応能力の証拠を示しつつ，生産組織様式の進化においてまったく非定型の地位を占めてきたという特徴がこれである。

第一の点については，ラグジュアリー産業は特権マニュファクチュールであれ家内労働であれ，アンシアン・レジーム末期まで生産者たちの自由空間の拡大に重要な役割を演じたということを想起するべきである。特権マニュファクチュールは特定製品の技術革新と商業化のための保護された形態を具現していた。家内労働の方は横に散らばって，諸種の職業の序列的な組織化の妨げとなっていた。両者ともそれなりに，大きな生産単位への集中を労働の持続的な細分化と結びつけ，しかしまた需要の変動に柔軟に対応することのできる新たな経済体制の到来を告げていた。

第二の点に関しては，2世紀にわたって見られた労働力の流動性ならびに資格と職業の間の仕切りの浸透性の持続には驚かされるばかりである。最も明確なカテゴリーは間違いなく卸売商たちのそれである。かれらは在宅労働者に注

11　le quartier de Bonne-Nouvelle. シテ島の北方，現在のパリの2区にある。

第 2 章　手工業と大資本の間——ラグジュアリー産業における生産構造と労働組織　29

文を割り振り，あるいは何人かの手工業者の生産物を買い集めた。この卸売商たちのなかで，生産の組織者である商人＝製造業者(マルシャン＝アブリカン)と，ラグジュアリー商品販売に特化した高級小間物商(マルシャン＝メルシエ)を区別する必要がある。実際，規約上は「何も製造せず，よろずの物の販売者」と定義される高級小間物商は，多様をきわめた品物——家具，磁器，絹製品，モード製品，骨董品，絵画，等々——を供給し，輸出していた。ただし，ほかのギルドが後生大事に自分のものとしていた取引の製品，たとえば金銀細工品や毛織物は例外であったが。高級小間物商はそれでも「美しく飾る」，つまりパリやほかのところで購入してきた品物に，作風や趣味と結びついた高い価値を生み出す仕上げの効果を付与することを許されていた。かれらの活動の中心地はサン＝トノレ通り[12]にあった。そのことがもちろんこの街区の印象を永続的に決定づけるもととなったのである。

　しかし手工業者のレヴェルではもう輪郭はもっと不明瞭なものとなっていた。フォーブール・サン＝タントワーヌの社会を最もよく代表するカテゴリーをなすかれらの大半は，1名ないし2名の労働者を雇用していた。ある者たちは，自ら直接に注文の品を届ける顧客向けに手間賃仕事に従事することによって，商人の監督から解放されていた。またある者たちは，偶発的に労働者のカテゴリーに落ちていた。逆にかれらのなかから，工房ないしマニュファクチュールで仕事を覚えたあと，自営のかたちで開業するということも絶えず起こった。たとえば磁器の絵付け労働者たちは，雇い主のところを去って，安価で白地の磁器を購入してそれに家内で模様を描いた。こうしてかれらは，労働器具がすぐ手に届くところにある在宅労働者のカテゴリーに加わったのであった。経済危機は労働力の回転に加速をつけることになろう。なすべき仕事があったところで少しでも稼ごうとして，人はある産業から別の産業へ移ったのだ。鞄の製造人は軍用の皮装具の製造人となり，鞍製造人は靴屋になり，製鋼人は武器製造人になった，等々。つまるところ，ラグジュアリー市場の不規則さが，手工業者たちに，自らの才能を代替の活動に適用させ，絶えず新たな材料，新たな製品，新たな市場を探求する気にさせたのである。だがラグジュアリー産業のなかの職種の相互依存関係は構造的かつ永続的なかたちでこの傾向

12　la rue de Saint-Honoré. セーヌ河右岸にある，現在も高級ブランド店が立ち並ぶ通り。コンコルド広場，チュイルリー庭園，ルーヴル美術館があるリヴォリ通りに並行して走る。

を強めた。それは同一の専門家が,そのノウハウはきわめて異なった品物の製造のために次々と求められ,多様な目的のために働くよう促されていたからである。その百年後,ジェラール・ジャクメ[13]は,ベルヴィルでは,玩具製造に関して移民の統合が,長期滞在用の家具付きホテルのなかの室内労働を介して行われていたと指摘する。したがってすこぶる対照的な組み合わせが観察される。すなわち一方においていくつかの大企業があった。たとえばジャコブ＝デマルテ[14]の企業のように,その家具マニュファクチュールは1808年に異なる16の工房に配置された総勢324人を雇用していた。そのうちどんなに大規模な装飾模様の彫刻の工房でも40人は使わなかった。他方には室内からうまく抜け出せた多数の在宅労働者がいた。これらはたしかに熟練した労働者群であり,プッティングアウトのシステム[15]の下で仕事に従事していた。これはフランス革命によっても何ら動揺しなかったものである。

 1807年の調査官たちが,アンシアン・レジームの当局,ならびに19世紀の当局のものと等しい論理にしたがって,このシステムのなかに経済的,社会的に健全な組織を見ることができたのは注目すべきことである。かれらのなかの一人はこう述べている。「一つの生産施設においておこなわれる産業部門にとって,一販路の閉鎖はその労働者たちを四散させ,新規部門を試みるためにかなりの額の資金とまったく新たな連絡先を必要とする企業家を破滅させる。反対に労働者たちの場合は,一職種の習熟によって,諸々の規則がかれを束縛しない限り,あるいはギルドの諸特権がかれの生活を妨げない限り,かれのものと近い類似性をもつほかの職種を5つも6つもおこなうことができる。」この調査官は以上のことに,酒場から離れた家という枠組みで仕事に従事する労働者の道徳的改善に関する考察を付け加えている。

 1471年にフランス王国がサン＝タントワーヌ＝デ＝シャン大修道院に授与

13　Gerard Jacquemet. 『19世紀のベルヴィル』(*Belleville au X IXᵉ siècle. Du faubourg à la ville*, Editions de l'EHESS, Paris, 1995) の著者。
14　François-Honoré-Georges Jacob-Desmalter. (1770-1841). 王室や皇帝ナポレオン1世から特権的に家具製作を受注したパリ有数の高級家具師。
15　putting out system. 問屋制家内工業のこと。原料購入や販路関連の仕事は特定の商人＝企業家のもとに集中し,生産はもっぱら都市または農村における分散した家内手工業者たちによって遂行された,ギルド制手工業とマニュファクチュールの中間に位置づけられる生産組織形態。

第 2 章 手工業と大資本の間——ラグジュアリー産業における生産構造と労働組織

した長期特権のおかげで，フォーブール・サン＝タントワーヌがつくっていた自由市場，「規制緩和」のエリアにおいて，ラグジュアリー産業の古典的な例は室内調度品ではなく，高級指物家具のそれである。後者は，労働する側といい顧客といい，伝統的に貴族のような流儀で区別されており，両者とも特定タイプの製品に結びつけられているのである。

18 世紀後半の商業論ないし技術論の著者たちは高級指物師(エベニスト)と指物師(ムニュイジエ)を明確に対比している。後者は，デ・ゼサール[16] の『一般警察用語事典』*Dictionnaire universel de police*（1788 年）の分類によれば，4 つのほかのカテゴリーに振り分けられており，それぞれの専門は建築，家具，車，あるいは庭の格子細工〔treillage　原文ママ〕であった。上記二者の職業形成と実践——きわめて類似しているが——の間で比べると，個々のノウハウと才能は前者，つまり高級指物師の方が抜きんでている。この優位は一方においていくつかの家具の着想に，他方においてその表面の加工に応用された。18 世紀の初めから，寄木細工装飾と化粧張りをおこなう能力が高級指物師を決定づけている。指物師は高級指物師のために建具枠を準備したり，あるいはとりわけ椅子のような普通品の製造に身を捧げながら，頑丈で並質の用材を加工していた。高級指物師の方は，国産材ないしはきわめて高価な輸入材（黒檀，マホガニー，紫檀，カエデ，レモンなど）の化粧張りによって，寄木細工（画家の芸術と競っていた）によって，さらには青銅，大理石，ガラスを素材とした彫刻，装飾品や付属品の添加によって，家具類の各部分の仕上げとその表面の装飾を考案し，コーディネイトしていた。ジャック・サヴァリ＝デ＝ブリュロン[17] によれば，

「高級指物師がつくる最も普通の作品は机，筆笥，収納箱，食卓，燭台置き，書架または本の収納ボックス，筆記道具一式，時計の脚部・箱，骨董品を置く段状の家具，コンソール・テーブル，および磁器を置く棚である。最後に寄木細工によるほかの木製家具もある。これはたいていの場合金メッキをした青銅で飾られており，宮廷と立派な邸宅の一番豪華な広間を飾るのに使われているのである。」

16　Nicolas-Toussant Des Essarts（1744-1810）．フランスの弁護士，出版業者，書誌学者．
17　Jacques Savary des Bruslons（1657-1716）．『一般商業事典』（1723 年に死後出版）の著者．

あらゆる作品がまったく特別の入念さと正確さ——正確さは常に優れた労働者の明確な証しとみなされるであろう——と，さらには個人的な創造性をも要求していた。高級指物師は——さらに室内装飾業者やしばしば製品を販売してくれる高級小間物商と，建築家や装飾芸術家とこの役割を共有しつつ——自らレパートリー，デッサンおよび模型のかたちで保持していたモデル，あるいは露骨に模倣されたモデルの着想者であるという義務を有していた。かれらはこうして趣味の生成にじかに寄与していたのであった。

1769年から1775年にかけて，高級指物師のアンドレ゠ジャコブ・ルーボ[18]——かれ自身，指物師職人[19]の孫であり息子であり，自分に「私に与えねばならなかった唯一の財産である知識と職」を伝えた父によって職業訓練を受けた——は『指物師の技芸』*L'Art du menuisier* という4巻の書物を刊行した。これは「工芸解説」*Description des arts et métiers* という企画で科学アカデミーがおこなった注文に応じたものであり，ちなみにかれはこの著作によって親方の地位に就くことができたのであった。科学アカデミー会員のデュアメル゠デュ゠モンソー[20]は，ルーボを「長い訓練によって獲得した知識をそれほどうまく表現する」ことのできる稀な手工業者の一人として見ていた。貴族の顧客というより自分の同業者に向けて記述していたルーボは，高級指物師のなかに，まさしく手工業者というよりむしろ芸術家を見ていた。高級指物師には長い実践的訓練と同じく，幅広い理論的な知識が必要なのであった。高級指物師に期待しうるすべてを，かれは以下のように数え上げている。

「よき高級指物師たるものは，普通の指物仕事を上手にこなすだけではなく，フランス産のものであれ外国産のものであれ，様ざまな種類の木材をすべて接着し彫琢できなければならない。また，木材を染色し，褐色に塗り，象牙，鼈甲(エカイー)，真珠の螺鈿，錫，銅，銀，ときには金も，そして宝石など，様ざまな種類の材料を加工しなければならない。そしてこれらのことは，すべ

18　André-Jacob Roubo (1739-91).
19　ここでいう職人 compagnon は，手工業者の中世的なライフサイクルの階梯のなかで手工業者徒弟と親方の中間に位置する社会的地位を指す。
20　Henri Louis Duhamel du Monceau (1700-82).植物学者，技師．

て違ったやり方で使用され加工されるこうした様ざまな材料をすべて完全に知ったうえでないとなしえないのである。

　木材の染色は染料の組成についてのいくらかの化学的な基礎知識も要求する。こうした理論・実践両面の知識に，高級指物師たちは，建築・透視図法，装飾，風景画さらには挿し絵といったすべてのジャンルの図柄によって得られる趣味の知識を結びつけなければならない。こうすることでそれらの技巧によって可能になるまったき正確さをもって，あらゆる種類の主題を表現することができるのである。」

　したがって制作の様ざまな段階での複雑さと専門化による仕上がりの精巧さゆえに，高級指物師はほかの職種，たとえば寄木細工師，彫刻家，旋盤工，青銅鋳造師，金メッキ師，ニス塗り職人，籐張り職人，椅子の藁詰め職人（最後の3つの職はすぐれて女性によるもので，創造性への道を開く以上に細心さを要求するものであった）との密接な関係をもってはじめて仕事をすることができた。構図やモチーフの執行者である寄木細工師は，外材を焼いたりそれに染色をほどこしたりすることによって，きわめて多彩な色幅を使用することができた。青銅鋳造師は，自分たちの個人的なコレクションないしはフォーブール・サン＝タントワーヌにあるもっと大きな工房のコレクションに由来するモデルにしたがって，溶かし，彫琢し，研磨することができた。高度な専門知識をもったこれらの労働者と雇用者の一群は，大多数を占める在宅労働者から，10人未満の労働者からなる工房を経て，数少ない大企業家にいたるまで，数千人からなる一つの文化空間を示しており，自分たち自身とその共通の職種に対する明確な意識を有していた。そしてその文化空間の内部では，小さな地理圏内で一雇用者から別の雇用者へと移るモビリティが常態としてあった。数週間経つと工房を変えるのが普通であり，これによって知識やノウハウの獲得が促されたのである。19世紀を通してこの組織は存続し，さらに内容が充実化した。その結果，家具部門全体の被雇用者数はたぶん3～4倍に増えたのであった。

　最後に，品質に対する配慮というものが高級指物師の職を特徴づけていたという点を明示しておこう。1751年のかれらの定款がこれをよく物語っている。

そこでは，キズ，節，虫食い穴などない優れた木材を使用し，製造にかかわる適切な規則を遵守することが求められていたのだ。審査員たちは質の悪いものはどれでも押収して罰金を科し，ひどい欠陥を示している作品は即座に焼却することもできた。それでも特権的な家屋敷で働く自由な労働者や「宮廷生活に倣う」手工業者＝古物商のみならず，審査員の巡視を先に知らせてもらえる特権をもっていた高級小間物商（マルシャン＝メルシエ）も，この監視を免れていた。生産・販売組織におけるこれらの「自由の空間」は，その代わりに，ギルド制の擁護者の目からすると，品質の低下の原因となり，また商人に顧客を奪われ，ルーボ自身のいい方をすれば，強制的に「かれらが適当だと判断する値段で仕事をさせ」られる，つまりは丁寧さを欠き，ちゃんとしていない仕事をせざるをえない手工業者たちの破滅の原因をなしていたのである。

2. ラグジュアリー産業，技術革新および大工業（19世紀）

　この部門はその生命力の強さという点でラグジュアリー産業のほかの部門と区別される。それは20世紀の前半期にまでみとめられる。実際に，機械化や大規模生産は19世紀のパリの高級指物師によって採られた戦略ではなかった。その結果，資本と労働力の集中はこのカテゴリーの職種にはほとんど起こらなかった。家具製造における機械化は19世紀半ばから1920年代にかけて3つの段階をふんだ。まず機械鋸の出現が木挽（こびき）の職を少しずつ排除していき，木材の準備工程，なかでも化粧張りの裁断をめざましくかつ申し分なく加速した。ここでは機械が必要不可欠であった，なぜなら機械は百倍も速く作業をし，面倒で骨の折れる仕事をしなくてすむようにし，原料の大きな浪費を避け，より正確な作業結果をもたらしたからである。だがこの働きは本来の意味での高級指物業の作業の川上に位置していた。そのうえこれらの機械を所有していたのは一握りの大工房のみであり，小手工業者たちは必要に応じて時間いくらでこれらを借りていたのである。同じような現象は旋盤機械についても観察された。
　ほかの2つの段階は，普及はきわめて遅れたが，本来木材加工の用途に充てられた小規模機械の導入，ならびに各手工業者が自ら自分の道具一式をこしらえるという習わしを少しずつ終わらせる工具製造業の誕生に対応している。こ

第2章　手工業と大資本の間──ラグジュアリー産業における生産構造と労働組織

の最後の新規物は，自分たちにとって創造の自立性や個性の損失を意味しただけに労働者たちの抵抗があったけれども，19世紀の最後の3分の1の頃から広がった。労働それ自体の機械化に関しては，2つの主な抑制要因とぶつかった。一つは企業規模の小ささである。これだと小規模製造，需要の季節的不規則性や気まぐれに対応するのに，機械への投資があまりにも高くつくものとなった。2つ目は顧客の趣味の長い持続性ということである。一つしかないという品物についてはともかく，少なくとも市場に広がっている量が限られていて，その「芸術的」性質ならびに買い手の虚栄心を維持しているような品物の場合がそうである。すべては，産業的規模での製造の利点と難点をめぐって，「文化的仲介者」や特殊技術の専門家による熱心な議論のなかで明らかになった。大量生産の家具は，「匿名性」ゆえに多くの買い手から拒絶され，あまりにも廉価で売られていた。機械は，たとえば切断に伴う発熱によりいくつかの化粧張りを変色させてしまい，木材の価値を落としていた。それでも，機械に対してはよりむらの少ない仕上げ，より完全な幾何学的な形状が認められていた。

　反対に新たなラグジュアリー産業部門がすでに19世紀前半から，芸術と産業の間の新たな関係についての大議論を惹起しつつも，工場労働や大量生産へと向かう進化を経験した。それはまさに顧客とその拡大，それだけでなく製品の多様化（それもまた快適さや室内装飾の進歩と結びついている）にも対応しており，さらにまた金属に関連する物理学・化学上の発見に起因するものであった。

　その最初の例として，19世紀の一連のラグジュアリー趣味のなかで非常な前進をみせたテーブル・アート（食卓芸術）の分野においてクリストフル家の成功で彩られた産業的冒険をみてみよう。このストーリーの初めに来るのは，1820年代半ばのある銅製宝飾品の手工業者の工房である。1830年代の初めには，シャルル・クリストフルは金製宝飾品の生産に乗り出し，これを難なく南米にまで販売する。1840年代初めになるとかれは，工房と別の場所にそれぞれ数十人の労働者を雇用している。それからかれは，金属に金メッキをする方法を改良し，かつその応用領域を広げようとして，電気分解による金属被覆法の発見に関心を寄せ，やがて企業家となる。こうして科学の進歩と市場のニーズの実質的ないし先取りの拡大との間の連結を大胆にも実現したのである。た

だし最初の段階では，新たな金メッキ法はもっぱら労働衛生上の進歩という意味を帯びる。というのも，新しい方法はアマルガムによる，つまり水銀との合金による金メッキというひどく有毒な方法にとって換わるからである。旧いやり方だとそこから発生する気体が，前もって溶解され，混ぜ合わされ，彫られ，磨かれた青銅の上に混合物を複雑に貼り付けるという作業を専門とする労働者たちに中毒をおこさせていた。これらの気体はアマルガムの製造に必要な加熱によって発生していたのであった。この有害性に加えて，旧いやり方では満足のいく結果を得られないでいた。それによる被覆はほとんど耐久性がなく，そのことによって，あらゆる種類の金メッキの金属製品の製造の発展が抑えられていたからである。

19世紀の最初の数年以降ヴォルタ電池に基づいて展開された研究は，1839年に電気メッキの発見，すなわち銅の被覆で覆われた金属製品を複製する可能性に到達する。この電気金メッキへの移行はイギリスで従兄弟同士の2人のエルキントン[21]のおかげで成し遂げられた。次いで，これと競争するようなかたちで，電気銀メッキへの移行は，1840〜42年頃，アンリ・ドゥ＝リュオルス[22]の研究とともにフランス側で生まれた。クリストフルの天才的なひらめきは，需要がそれまで小さいままであった銀メッキの方の市場可能性の広がりを予感したことであった。その予感とは，とりわけテーブル給仕法と銀製のテーブルウェアの使用のなかで表現されるようなブルジョワ的な生活様式の社会的普及の予感であった。クリストフルは19世紀半ばには最初の製品カタログを出版し，パリ中央工芸学校出身のアンリ・ブイレ[23]を雇って電気メッキの工法を改良し，フランスの市場を4倍増とし，外国市場の征服まで手をつけるほどの販売戦略を開発し，さらに一般顧客へのバナー広告として役立つ注文を国王や諸侯から獲得するのである。第二帝政期には，宮廷の注文が文字どおり華々しいかたちでクリストフルの栄進をもたらす。かれこそ経済的な価格でラグジュアリー製品を販売していることを人に理解させるのに成功した人物で

---

21 George Richards Elkington (1801-65) と Henry Elkington (1810-52)。バーミンガム出身。
22 Henri de Ruolz (1808-87)。フランスの作曲家，化学者。
23 Henri Bouilhet (1830-1910)。シャルル・クリストフルの甥で義弟。現在サン＝ドゥニにはブイレ－クリストフル金銀細工美術館がある。

第2章 手工業と大資本の間——ラグジュアリー産業における生産構造と労働組織　37

ある。万国博覧会の常連になることで満足せず，かれは自分自身の製品展示即売場を創るのである。

さてわれわれの本題にもどれば，シャルル・クリストフルの銀メッキと銀細工（純銀，あるいはどちらかといえばむしろ真鍮の銀メッキ）への移行は，手工業の工房——たとえ大規模なものであれ——の，大規模生産に適合させられた工場への転換を意味した。また工芸・ラグジュアリー製品の本家本元であるパリから，いまや化学製品，金属製品，工作機械をつくる大工業を受け入れる近郊への地理的移動を意味したのである。起点は，今日のパリ3区のちょうど縁に位置するボンディ通り[24] 56番地であった。増産はすでに1850年代から増築や隣接する建物の獲得を通じて経験に基づいた拡張を必要としていた。テーブルウェアの現地生産は放棄され，外部（オワズ県に近代的な工場を所有する金銀細工師のシャルル・アルファン[25]）に任されるはずだ。だが建物の編成はなお非合理的であり，いくつかの工房は散らばってさえいた。

サン=ドゥニ[26]では，クリストフルにとってもまたすべての大産業企業にとっても，空間と輸送手段はすぐに利用できた。テーブルウェアにおいて真鍮の替わりにニッケル10％を含んだ洋銀を用いることにしたあと，クリストフルは，その自立を確保するために，ニューカレドニア産の高含有率のニッケルの精錬工場を21,000㎡の敷地に建設することに決める。そこには鉄道への接続があり，サン=ドゥニ運河の岸の使用権もついていた。さらに精錬所と圧延施設も敷地内に設けられていた。その後すぐにいくつかの競争者の大規模な吸収作戦が始まる。その結果クリストフルは製品の区別なく国内市場の大半部分の支配者としてとどまる。こうした企業の規模はいまや，ほかの諸部門が依然としてはるかに手工業に近い産業（おそらくガラスとクリスタルガラスを除いて）にとどまっているというイメージと相いれないように見えるが，1920年代まで続く大拡張の段階において新たにラグジュアリー製品の生産と大量生産を両立させることに成功するのである。それは高級品分野における品質の維

24　現在のボンディ通り rue de Bondy はパリ北東のセーヌ=サン=ドゥニ県にある。
25　Charles Halphen (1819-72). フランスの化学者・金銀細工師。シャルル・アルファン兄弟会社を設立。後にクリストフルによって買収される。
26　セーヌ=サン=ドゥニ県の西にあり，パリ北部の18区に接する。

持ないしは強化のたまものであり，と同時に，身元のはっきりとした下請けの間での低コストの製品の割り振りによるものである。クリストフルは，19世紀末頃，その高価製品に対する新たなカテゴリーの顧客の出現からも利益を得る。すなわちこれらの顧客は，国際豪華寝台列車会社のレストラン・システム，北大西洋航路の大型客船の一等客室，増加真っただ中の豪華ホテルのなかに見出されたのだ。最後に，ラグジュアリーの評判は，芸術と産業の間の結びつきの強化によってさらに確固たるものとなる。芸術的創造は商業的成功の助けとなるし，他方，産業研究は創造者たちにその作品の再生産に際して新たな完成度の保証をもたらそうとするからである。

19世紀には，ほかのラグジュアリー産業がいくつかの工業化様式に結びつくのが見られ，フランス経済史に立派にその名が記されることになる。着想，仕上げ，販売を自分でおこなうものの，農村や小都市に存在するノウハウの供給源をも利用するパリの商店による，注文と労働の中長距離の分配がそれにあたる。ラグジュアリーの生産を繊維産業組織の歴史のなかに完全に組み入れる最初の一例は，オート・クチュール[27]によって示される。オート・クチュールは事実，19世紀いっぱいまで家内織布（亜麻，木綿，毛織物，あるいは絹までも）のプロト工業的な旧組織を再稼働させた。それによってたとえばヴァランシエンヌ，カンブレジ，ヴェルマンドワないしサン＝カンティノワ[28]の各地方はバティスト[29]，リノン[30]，次いでガーゼ[31]やモスリン[32]の国際商業の手工業基地となったのである。したがって久しい以前から，ここではもともと貴族や聖職者に属する顧客向けにラグジュアリー製品または趣味の製品を加工するというのが伝統なのであった。エーヌ県とノール県の境付近に位置する

---

[27] haute couture. 高級婦人服仕立店。クチュール couture の元の意味は裁縫であるが，転じて注文服店を指すようになり，またクチュリエ couturier もその種の店の高級婦人服デザイナーをさす。本書では原語のままクチュール，クチュリエを使う。

[28] Valenciennois（北部ノール県にあるヴァランシエンヌとその一帯），Cambrésis（北部のパ＝ドゥ＝カレ県の南東部とノール県の一部にまたがった地方），Vermandois（パリ盆地北部の地方），Saint-Quentinois（北部のエーヌ県にあるサン＝カンタンとその一帯）。

[29] batiste. 薄地の麻や綿の平織物。

[30] linon. 麻や綿の薄地の高級平織物。

[31] gaze. パレスチナのガザに由来する絹，麻，綿などの薄地の平織物。

[32] mousseline. イラク北部のモースルに由来する平織の綿織物または毛織物。

第2章　手工業と大資本の間——ラグジュアリー産業における生産構造と労働組織　39

　上記の地域における家内織布は、将来の潜在的な不安のために補足的な所得を得ようとする、子だくさんの農家の存在——それは20世紀にもなお見られる——を足場にしていた。織布は冬におこなわれていた。春になると人びとは季節労働者としてラン地方[33]、ソワソン地方[34]へ、あるいはオート＝ノルマンディ地方[35]にまでも赴き、甜菜栽培、次いで穀物生産に必要とされる仕事に従事していた。この家内織布従事者の人数を測定するのは難しい。家長は妻、祖母、若年者などによって作業を助けられていた。

　19世紀の初めには、パリの卸売業者の監督下でこの種の労働組織の新ヴァージョンが展開された。今度はもっと緊密かつ集中したかたちで管理されたのであった。1782年からすでに製造業者のサンテールSanterreはパリから指揮しつつ、ボアン[36]、フレノワ＝ル＝グラン[37]、後にはスボンクール[38]に仕事を出していた。第一帝政期に絹、羊毛あるいはカシミア（カシミアヤギのダウン）製の「シャールSchalls」（ショール）に対するブームが拡がったとき、数十名のパリのショール卸売商たちは、地方の代理人たちによって提供された仲介のおかげで、農村の織布工に対する指令者に転じた。

　ほかでは、たとえばカンブレジ地方やヴァランシエンヌ地方で18世紀の上質布製造工[39]が亜麻から木綿に移り、サン＝カンタンとコードゥリ[40]がレースとギピュール[41]の生産に乗り出していた一方で、ボアンならびに20ほどのコミューンは、「最新流行haute nouveauté」の布を得意とするようになり、高級ファッションの先駆けとなった。ジャカード織機[42]がその地に1840年[43]

33　Laonnois. エーヌ県にあるラン Laon とその一帯。ラノワ。
34　Soissonnais. エーヌ県にあるソワソン Soisson とその一帯。ソワソネ。
35　Haute Normandie. ルーアンを主都とするパリ北西部の地方。
36　Bohain. 上記ヴェルマンドワ（注28）にあるコミューン。いまは Bohain-en-Vermandois という現在人口5,750人（2013年）のコミューン。
37　Fresnoy-le-Grand. ボアンに隣接する現在人口3,011人（2013年）のコミューン。
38　Seboncourt. 同じくボアンに隣接する現在人口1,105人（2013年）のコミューン。
39　mulquinier. 17、18世紀の北フランスに多く見られた麻バティストや亜麻布の織布工。
40　Caudry. 北部のパ＝ドゥ＝カレ県の現在人口14,789人（2013年）のコミューン。
41　guipure. 粗い目の地に大きな模様のついた厚手のレース。
42　フランス人のJ. M. ジャカール Jacquard (1752-1843) によって1804年に発明された紋織物の機械。英語式にジャカードとよばれることが多い。
43　1801年の誤りだと思われる。

頃に出現した。織布学校もそこに設立され，フランソワ・カラム[44]の表現を借りれば，「他所と同様ラテン語とギリシア語」に加えて，ガーゼ造りが教えられ，しかも高い非識字率の農村に見事に適応させられた（「微妙な違いに対するより高い感性」と「高い記憶能力」があったためだといわれる）繊維文化の生成所となった。ボアンはいまや「非常に短い期間内に稀少かつ高価で小さな用尺の布地の製作に秀でた」少量生産を得意とするようになった。「絹，羊毛，亜麻，木綿，貴金属線，真珠，すべての材料が，どんなに分厚いものから驚くほど軽いものまで，ボアンではお手のものであった」。手動の織機が第二次世界大戦にいたるまでもこの地域ないしボアンの建築業者によって供給された一方，19世紀半ばになると産業システムが複雑になり，工場労働と家内労働が結合されることとなった。1852年，パリのサンティエ[45]の近くのムーラン通り[46]でショールとスカーフを扱った卸売商ロディエ[47]は，ボアンに複数の工房を設置する。ボアンでデッサン，紋紙，織布用材料，見本が準備され，仕上がった作品が受領され，ストックされる。だが同時に，ロディエは26の村落において1,500台の家内手動織機を稼働させる。そこでは自前でその仕事に就かされた職人たちがメートルいくらで支払いを受けている。ショールの需要が落ち込んだ後の1870年頃，きわめて多様な別の製品へと再転換する。しかし19世紀末頃，今度はポール・ポワレ[48]がニットやファンシー布の指揮をロディエに委ねるとき，オート・クチュールとの関係が再び結ばれる。まさにこうした背景のなかで画家アンリ・マチス[49]の使命が誕生した。1869年にカトー＝カンブレジ[50]で生まれたがボアンで育ったマチスは，他方，数世代に及ぶ織布工の血を引いていた。マチスは自分の周りで作り上げられていく布地を見て，その色の豊かさ，色の組み合わせの繊細さに魅了された。こうしてか

44　François Calame. ピカルディ地方の民族学者。
45　現在のパリ2区にある。
46　オペラ通りの近く。
47　Rodier. ボアンに最初に進出したのはEugène Rodierだと思われる。現在，フランスのプレタポルテの有名ブランドの一つ。
48　本名はPaul-Henri Poiret（1879-1944）．高級婦人服デザイナーで，婦人のコルセットを廃してロング・ドレスを創作。アールデコ（装飾美術）スタイルの先駆者の一人。
49　Henri Matisse（1869-1954）．フォーヴィズム（野獣派）のリーダーともいわれるフランスの画家。
50　Le Cateau-Cambrésis. 北部のパ＝ドゥ＝カレ県のコミューン。

第2章 手工業と大資本の間——ラグジュアリー産業における生産構造と労働組織 41

れは，今度は自らが生地や婦人服の画家となっていく。これらの布地は「驚くほど多様な形，色，そしてモチーフの下で」かれの画布のなかに現われることになる，とヒラリー・スパーリング[51]は述べている。

　そして戦間期にはまさにこうした技術的・人的遺産を，ガブリエル・シャネルがさらに活用するのである。かの女自身が上記ロディエの顧客であり，1928年から上記ボアンのすぐ北にあるマレーズ[52]の小企業，ブルジョワ織布会社[53]に関心をもつ。かくしてかの女はこの供給会社を1930年に買い取り，1932年にその設備を拡大するのである。生産システムは常に同じである。工場は手仕事の工房と機械化した工房を結合している。そしてそこに家内労働が付け加えられているのである。シャネルのためにボアンで製造された織機の1台が最近見つかって，歴史的記念物に分類された。マレにあった工場は1950年に閉鎖された。1世紀前に，最も洗練された注文品を引き受けた織布工がある職工長のところにモデルと原料を求めにやって来ていた。それから織布工は試作の帯または完成した注文品を持ってきていた。また，かれは自宅で職工長または名士たちの視察を受けていた。工場閉鎖直前までそれと同じことがおこなわれていたのだ。この織布工自身——パリの指令者，デザイナー，芸術家に比べて影の存在のままであったとしても——，結局は，生地についても機械装置についてもその創作や技術革新に参画していたことは大いにありうるのである。

　同じ時代，扇子の製造においても類似の組織に出会う。扇子は，依然として教皇庁の正章の一つであったとはいえ，5世紀前からフランでは婦人の衣服の優雅さとともに社交活動とも切り離せない社交生活の象徴となっていた。扇子製造者の世界は1914年まで「パリとオワズ県[54]の間に位置する一つの宇宙」なのであった。パリで考案され，デザインされ，絵付けされ，継ぎ合わされる扇子は，ノアイユ小郡とメリュ小郡[55]から扇子の骨組みを受け取る。扇子

51　Hilary Spurling (1940-). イギリスの作家。マチス関係の著書で知られる。
52　Maretz. 現在人口1,473人（2013年）のコミューン。
53　le tissage Bourgeois. 1922年創業の紐・リボンのメーカー。現在のE. Bourgeois社はこれを起源とするのかどうか訳者が直接たずねたところ，同社は否定した。
54　l'Oise. パリ北方の県。県庁所在都市はボーヴェ Beauvais。
55　le canton de Noailles, le canton de Méru. いずれもパリ北方50〜60kmのところにあるオワズ県の小郡 canton。

が「豪華」で，あるいは「芸術的」であればあるほど，20 ないし 25 ほどまで高度な作業数を必要とする。パリでは 1896 年に 26 の家族的小企業があり，多くて 50 人，たいていは 5 人未満の労働者を雇用していた。会社に引き寄せられたデザイナー（デュヴェルロワ[56] 家のような場合にはその一人または複数の芸術家＝画家）は，扇面──その形状，モチーフ，色──ならびに骨組み──モチーフ，形状，素材──を考案する一方，金属の骨組みについてはパリが独占し続ける。オワズ県では，1859 年に扇子の骨組みの作業に 1,200 人が雇用されていたが，1879 年には 300 人だけとなり，上記の小郡の 10 ほどのコミューンに振り分けられていた。各町村は特殊な材料，すなわち真珠層，高級木材，獣骨，柘植（つげ），外材，象牙，雌牛の角，海亀の鱗，等々の細工に特化していた。20 世紀の進むうちに機械化が普通材の挽き割りに及んだとはいえ，全体として作業は手動のままであるのみならず，依然として労働者自らが造った道具でおこなわれている。男女が 14 もの専門部門に割り振られている。すなわち挽き割り，真珠層の研磨，仕上げ，研磨，染色，釉掛け，細断，製版，彫刻，金箔張り，焙焼，スパンコール装飾，鋲（びょう）打ち，宝石細工の職種がこれである。

　扇面の製造，組み立ておよび仕上げは，1900 年のパリでは，85 人の扇子製造親方によっておこなわれている。パリを扇子の世界的首都とするのに十分な数だ。扇面は絹，紙またはレース，あるいは羽で作られる。デザイナー，あるいは画家（しばしば女性）の仕事に続いて，コロリスト（調色者），印刷工，プリーツ加工者（整った細工にするためにボール紙製のプリーツ用の型を用い，骨組みの上に扇面の取り付ける作業をおこなう）の仕事が来る。扇子はさらに女性の縁取り職人，装飾家，女性の点検職人の手に移っていく。

　似たような企業組織のタイプは今日でも成功を収めている。たとえばケンゾー[57] は 1992 年にモンバゾン[58]（アンドル＝エ＝ロワール県[59]）に自分の「ロジスティックス（後方支援）・センター」を設立した。モンバゾンは原料を受

---

[56] Duvelleroy. 1827 年にパリ（rue de la Paix）で創業し，戦後も営業を続ける扇子とモロッコ革製品の会社。
[57] Kenzo. 日本人デザイナー，高田賢三（1939 年，姫路市生まれ）のファッション・ブランド。
[58] Montbazon. 現在人口 4,081 人（2013 年）のコミューン。
[59] Indre-et-Loire. パリの南西約 205 km のトゥール Tours を県庁所在都市とする県。

第2章 手工業と大資本の間——ラグジュアリー産業における生産構造と労働組織　43

け取って，これらをショルテ地方[60]の下請け業者と仕立て人に向けて振り分けている。製造された品物はそれからモンバゾンにもどってきて，そこから諸々の販売拠点に転送される。企業家はこうしてストックとフローならびに引き渡し期限の完全制御を手に入れる。これは今日海外のきわめて遠い生産元を起源とする商品を相手に交えなければならない商戦において，決定的な優位をなしうるものである。つまり西洋の企業は，輸送手段さえあればこれをたのみにして，回復する技術的・組織的な可能性をまだもっているのだ。

3. 資本集中にさらされるラグジュアリー産業（20世紀末）

　ガブリエル・シャネルは1971年に亡くなった。かの女の名前は名門産業の国際的なパノラマのなかになお生きている。しかしそれもシャネル「グループ」の名称の下においてである。実際のところ20世紀の後半においては，ラグジュアリー産業はフランス経済が解放以来，とくに1980年代以来経験してきた全体的な動きの一つを免れなかった。すなわち，きわめて多様な活動を結びつける金融組織の合併，統合，構築がこれである。したがってラグジュアリー産業は，その組織とならんでその商業圏の大きさゆえに，いまや「大手企業の中庭で」プレーしているのである。

　とくに，そして最初に起きたオート・クチュールから香水に向かう活動の多様化は本当のところは新しいものではない。シャネルとランヴァン[61]はすでに1920年代にはそれをやっていた。第二次世界大戦後，ディオール[62]とエ

60　le Choletais. ロワール河下流域にあるショレ Cholet という都市とその周辺部からなる地方（メーヌ＝エ＝ロワール県）。

61　Lanvin. 1889年にジャンヌ・ランヴァン Jeanne Lanvin（1867-1946）がパリで起こした注文服店に始まり，20世紀初めにオート・クチュールの店に昇格した。

62　Dior. 1946年にクリスチャン・ディオール Christian Dior（1905 - 57）が立ち上げた高級注文服店が起源。クリスチャン・ディオールはフランス西部のマンシュ県（ノルマンディ地方西部）のグランヴィルという港町に生まれた。

63　Hermès. 1837年にチエリ・エルメス Thierry Hermès（1801-78）がパリに立ち上げた馬具製造会社が起源。1920年代に衣料，時計，宝飾品，スポーツ関連アクセサリー，室内装飾といった部門に乗り出した。チエリ・エルメスはフランス占領時代のルール県クレフェルト（デュッセルドルフの近く）で生まれ，その後ノルマンディ地方に移り住んだ。

ルメス[63]は1948年から，イヴサンローラン[64]は少し後れて，そして最後にヌヴェルヴァーグの有力な高級服デザイナー(グラン・クチュリエ)の大半も，同様に婦人服仕立部門の赤字を賄うために香水に頼った。1988年にケンゾーは，衣服，プレタポルテにまで及んだ客離れを埋め合わせるために，3種類の香水を売り出したが，これらは1991年から1,000万フランの利益をもたらす。ケンゾーは1992年にはこれに室内装飾系のシリーズ製品の売り出しを追加するのであった。ブシュロン[65]がヴァンドーム広場の宝飾品を香水と接合するという選択をおこなったのはずっと前からのことではない。同社は波のかたちをした瓶の新作を市場にもたらし，最初の4年間で2億5,000万フランの売上高を実現したのである。もちろん，香水との別のタイプの「結合」を引き起こしうるような関係，この場合機能的な関係も見える。すなわちクリスタルガラス工芸品から香水と結びついていく関係がこれである。ラリク[66]も自社ブランドの香水を立ち上げたし，バカラも同様であった。バカラはそれまで1世紀にもわたって，他社の香水のための1,000近くのものモデルの精巧な集積容器を生産することで満足していた会社だったのである。製品の相互補完性，顧客の同一性が二つの収益性が相互に助け合って増大することを可能にしているのである。

それでもシャネル・グループが，《Chanel Inc.》というアメリカの子会社を傘下にもち，後者が本来の領土に進出することによってフランス・ラグジュアリーのおそるべき競争者の潜在的な増大に抵抗するという目的をもっているというのは十分理解されよう。逆にシャネルは，もっと最近（1994年）のことであるが，経営難に陥ったイギリスの農産物加工グループから，マルゴー[67]の第2等級格付けの葡萄畑であるシャトー・ローザン＝セグラ[68]を買収した。

64　Yves Saint Laurent（1936-2008）. パリのディオールの下で長く働いた後，イヴ・サン＝ローランが1962年に立ち上げたブランド。イヴ・サン＝ローランは当時フランス領であったアルジェリアのオランで生まれ，やがてパリに渡ってディオールで働き始め，大成功を収める。

65　Boucheron（1830-1902）. フレデリック・ブシュロンが1858年にパリのパレ＝ロワイヤルに創業した宝飾品メーカー。1893年にヴァンドーム広場に本拠を移転。

66　Lalique. ルネ＝ジュール・ラリクRené-Jules Lalique（1860-1945）が創業したアール・ヌーヴォー系宝飾品の会社。

67　Margaux. フランスのジロンド県ボルドー地区にある現在人口1,541人（2013年）のコミューン。

68　Château Rauzan-Ségla. 1855年のボルドー・ワインの分類で第2等級。この分類は，当時のパリ万博において，ナポレオン3世の求めで第1等級から第5等級まで最高銘柄ワインを格付けしたもので，今日も基本的には有効である。なおシャトーchâteauというのは，ここでは城や城館では

第 2 章　手工業と大資本の間——ラグジュアリー産業における生産構造と労働組織　45

1 ha 当たり 500 万フランの価格で 50 ha の広さであった。この葡萄畑のさらに一つ前の所有者はボルドーの有名な商会の元社長，ルイ・エシュノエール[69]であったが，かれは 1987 年に品質不足を理由に収穫した葡萄に製造年号を記すことを拒んでいた。ところが 1993 年という収穫年度は高品質になりそうだと認められたばかりであった。つまりこの葡萄畑では，等しい品質保証を得られないような 2 つの芳香を近づけないという配慮が見てとれる。この場合，たとえ利潤源を区別するという思惑が根っこでは依然同一であっても，受動的な投資ということになる。ここにおいてシャネル・グループは，1980 年からボルドーの葡萄畑の征服のために様ざまな方面からの多額の出資をもたらした波に乗っただけである。多様化の問題か，それともブランド・イメージの問題だったのか。

　たしかに，ある意味では，オート・クチュールにとってそれは生来の貴族または有産エリートによって開始された 19 世紀の一つの伝統を再び始めるということだった。だがいまや何かがもううまくいかない。それは証券市場における株式の先回り買い注文に次第に似てくる持ち主変更ということだからだ。GAN[70] はポムロル[71] の葡萄産地を一つ（クリネ[72]）を買収した。MAIF[73]はシャトー・ドザック[74]（メドック[75]）に 2 億 5,000 万フランを投じた。アルカ

　　なく，とくにボルドー地方で，銘柄ワインのための葡萄栽培から瓶詰めまでおこなう蔵元＝葡萄畑所有者，醸造所ないしその葡萄畑そのものを指す。ブルゴーニュなどの産地のドメーヌと同じであるが，これより所有規模が大きい（数十 ha）。
69　Louis Eschenauer. ルイ・エシュノエールはアルザス出身でボルドーに移り，1821 年にワインの商会を創業し，そのブランド名で現存。
70　Groupe des assuranses nationales（全国保険会社）。フランスの 3 大国有保険会社の一つ。
71　Pomerol. ボルドーの東 40 km のところに位置する現在人口 691 人（2013 年）のコミューン。中世から高級赤ワインの産地として知られる。
72　シャトー・クリネ Château Clinet。ポムロル地区の最高銘柄の一つ。
73　Mutuelle d'assurance des instituteurs de France. 1934 年創立のフランス教員相互保険組合。現在は各種損保も扱う。
74　Château Dauzac. マルゴーの第 5 等級格付けワイン。
75　Médoc. 高級格付けワインを多く産することで有名なメドック地区。上記マルゴーのほかにポーヤック Pauillac，サン＝ジュリアン Saint-Julien，サン＝テステフ Saint-Estèphe などのコミューンがある。
76　Alcatel-Alsthom. フランス最大の通信機器・ケーブル・メーカー。CGE（総合電気会社）がアルカテル社（電信電話会社），アルストム社（重電）を買収したあと，1987 年の民営化のときにこの社号となった。現在ではアルストムとアルカテル＝リュサンに分割されている。

テル゠アルストム[76] は 1993 年にシュエズ（スエズ）・グループ[77] からグリュオー゠ラローズ[78]（メドック地区のサン゠ジュリアン）の葡萄畑を買い取った。AXA[79] はメドック地区にあるピション゠ロングヴィル゠バロン[80] とカントゥナック゠ブロン[81] を，ポムロルのプティ゠ヴィラージュ[82]，そしてソーテルヌ[83] のシャトー・シュデュイロー[84] を資本に組み込む。一方，フランソワ・ピノー[85] が 1993 年にイギリスのグループであるアライド・ライオンズ社[86] からシャトー・ラトゥール[87] を，ラザード銀行[88] の尽力のおかげで，7 億 2,000 万フランで買収したのは個人の資格においてであった。あたかも油田を買うようにであった（実際，メドックの最上級格付けの葡萄畑だったのだ）。また，シャンパンがほかの格付け葡萄畑——ブルゴーニュ地方であれボルドー地方であれ——の何らかの分枝を従えることによってその優位を固めるということもある。たとえばアレクサンドル・ドゥ゠ノナンクール[89] はグラーヴ地区[90] に

77　le groupe Suez. 1858 年にレセップスによって設立されたスエズ運河会社が起源で，公共・民間部門における衛生・環境・資源関など多岐にわたるサービスを提供している会社。

78　Gruaud-Larose. 18 世紀にまで起源を辿ることができるシャトー。1855 年のボルドー・ワインの分類で第 2 等級格付けとされた。

79　最も古くは 1817 年に創立されたフランスの保険会社であり，その後合併・吸収を繰り返して 1985 年に現在の社名となった。AXA のロゴは，A（Agents 代理店），X（理工科学校出身者 polytechnicien），A（保険 Assurance）が起源とされている。

80　Pichon-Longueville-Baron. オー゠メドック地区のポーヤックにある第 2 等級格付けのシャトー。

81　Cantenac-Brown. オー゠メドック地区のカントゥナックにある第 3 等級格付けのシャトー。

82　Petit-Village. 1855 年の分類には入らないけれども，非公式のランキングで高級銘柄のワインを産するシャトー。

83　Sauternes. フランスのジロンド県の現在人口 762 人（2013 年）のコミューン。現在ソーテルヌを含む 5 つのコミューンから成るこの産地は，古代ローマ時代から残る葡萄畑から産する上級銘柄の貴腐ワインで有名。

84　Château Suduiraut. ボルドー南部のプレニャックにある 92 ha の葡萄畑をもつシャトー。

85　François Pinault（1936-　）. フランスの実業家。プランタン，グッチ，イヴサンローランなどを傘下にもつ PPR（ピノー・プランタン・ルドゥート Pinault-Printemps-Redoute）——現在の Kering——の会長。

86　Allied Lyons. 1994 年に Pedro Domecq 社と合併して，現在は Allied Domecq という社名でブリストルに本社。蒸留酒，ワイン，ファースト・フードなどを扱う。

87　Château Latour. オー゠メドック地区のポーヤックにある第 1 等級格付けワインのシャトー。

88　Banque Lazard. 1848 年に米国で商社として創業し，現在は世界的規模の投資会社。

89　Alexandra de Nonancourt. 1812 年創業のシャンパン醸造大手，ローラン・ペリエ Laurent-Perrier の執行役員。

90　Graves. ボルドー地方のジロンド河左岸の葡萄栽培地区。

あるシャトー・マラルティック＝ラグラヴィエール[91]のうちの 17 ha を 8,500万フランで買収したのである。シーグラム[92]がバルトン＝エ＝ゲスティエ[93]を取得するときには，所有権移動が卸売にまで拡大したことがわかるのである。

結局のところ，ラグジュアリー産業が引き起こす欲望を確認すること，そしてそれらが国際金融戦略の旋風のなかに取り込まれるのを見ることほど，これらの産業の活力と人気度の証明になるものがあろうか。

1993 年にイヴサンローランは，YSL パルファンについて 100％，YSL クチュールについては 80％を，エルフ・アキテーヌ[94]の子会社であるサノフィ[95]の傘下に入る。こうしてエルフ・アキテーヌは，すでにそれまで，とくにロジェ＝エ＝ガレ[96]，香水のヴァン・クレフ＆アルペル[97]の取得，ニナ・リッチ[98]株式の 50％の取得，イヴ・ロシェ[99]への経営参加をもたらしていた同社の 20 年間に及ぶ獲得戦略を締めくくったのである[100]。

それでもフランス・ラグジュアリー産業の多国籍企業分野での躍進の最も象徴的な例は，これまでのところ依然 1994 年のラグジュアリー業界世界一の「LVMH[101]」である。

91　Malartic-Lagravière. グラーヴ Graves 地区の分類で赤・白ともに格付けされているシャトーの一つ。
92　1857 年創業のカナダの酒造メーカーで，現在はフランスのワイン・蒸留酒メーカーのペルノ・リカール社の傘下にある。
93　Barton et Guestier. 1725 年にスコットランド人のトーマス・バートンがボルドーでワイン商会を始めたのが起源。その後 1802 年にフランス人ダニエル・ゲスティエと会社を結成。
94　Elf Acquitaine. フランスの大手エネルギー・石油化学会社。2000 年に Total（エネルギー・石油化学会社）の傘下に入っている。
95　Sanofi. 1973 年設立の薬品・バイオテクノロジー会社。
96　Roger & Gallet. ロジェ・ガレ，ロジェガレ。元帽子製造人＝実業家のシャルル＝アルマン・ロジェと銀行家シャルル＝マルシアル・ガレが 1862 年に設立した化粧品会社。やがてオーデコロンの父祖にあたるジャン＝マリー・ファリナのブランドを継承。現在の親会社はロレアル。
97　Van Cleef & Arpels. 1896 年設立の宝石・時計会社。
98　Nina Ricci（1883-1970）. イタリア出身のフランスのクチュリエ。1932 年に同名のオート・クチュールの会社を設立。
99　Yves Rocher（1930-2009）. 1959 年に同名の植物系化粧品会社を創業。ブルターニュ地方の政治家。
100　ただし，サノフィはその後 1999 年にイヴサンローラン・グループをグッチ・グループに売却する。そして後者は 2008 年に香水・化粧品部門をロレアルに譲渡する。
101　Moët Hennessy Louis Vuitton. モエ・ヘネシー・ルイ・ヴィトン。

LVMH は二重の接近の結果である．すなわち 1971 年に，当時ロベール＝ジャン・ドゥ＝ボギュエが社長を務めていたモエ・エ・シャンドン[102] とヘネシー[103] との間で，次いで 1986 年にはこのモエ・エ・シャンドン・ヘネシーと，ルイ・ヴィトン[104]――当時アンリ・ラカミエが社長であったが，ほどなくベルナール・アルノー[105] によって追放される（1988 年）――との間でおこなわれた合併がこれである．ベルナール・アルノーは 1949 年にルーベ[106] に生まれ，理工科学校出身で自らも産業家――その父は同族の構造建築会社フェレ＝サヴィネル[107] のトップ――であったが，その父をフェリネル＝アルノー・アソシエ[108] という社号で不動産開発だけに事業を絞り込むよう説き伏せる．1984 年には，アガシュ＝ウィロ[109] の手にわたっていたブサック[110] をとりもどす．そしてまさにそこからかれは，世界に 15,000 人の従業員を雇用し，1992 年には 220 億フラン近くの売上高，1992 年と 1993 年に 3 億フランの収益を達成する「ラグジュアリー業界世界一」の座に座るのである．

　LVMH は当時ほぼ均等な比重をもつ 4 つの部門を集めている．

- シャンパンとワイン（モエ・エ・シャンドン，メルシエ[111]，ヴーヴ・ク

---

[102] Moët et Chandon. フランス語音ではモエ・テ・シャンドン．クロード・モエが 1743 年にフランス・シャンパーニュ地方のエペルネーにシャンパン会社としてモエを創業したのが始まり．その後 1833 年にピエール＝ガブリエル・シャンドンが加わり，いまの社名になった．
[103] Hennessy. フランス語音ではエネシー．アイルランド系貴族出身でルイ 15 世に仕えた将校のリチャード・ヘネシーがフランスに身を落ち着け，1765 年にコニャックのメーカーとして創業し，やがてヨーロッパの諸宮廷にコニャックを納入．
[104] Louis Vuitton（1821 - 92）．トランク，次いで皮革製品の製造工であったルイ・ヴィトンが 1854 年に創業した会社が始まり．1894 年に LV のモノグラムがつくられた．
[105] Bernard Arnault（1949-）．フランスの実業家．LVMH の取締役会長＝社長．フランス第 2 の資産家（2015 年）．
[106] Roubaix. ベルギー国境寄りにある現在人口 95,866 人（2013 年）のフランスの北端の都市．ルーベ，ルベ．
[107] Ferret-Savinel.
[108] Férinel-Arnault associés. Férinel は Ferret-Savinel の短縮形である．1978 年にベルナールが社長となる．
[109] Agache-Willot. 救急用品の会社として出発したルベのウィロ兄弟会社が 1960 年に Agache-Willot 社を設立．1975 年にブサックを買収していた．
[110] Boussac. 1911 年にマルセル・ブサックが設立した繊維会社．
[111] Mercier. Eugène Mercier（1838-1904）が 1858 年にエペルネーに立ち上げたシャンパンのメゾン．モエ・エ・シャンドンには 1970 年に合併吸収される．

第 2 章　手工業と大資本の間——ラグジュアリー産業における生産構造と労働組織　49

リコ[112]，ポムリー[113]，カナール・デュシェーヌ[114]，リュイナール[115]，アンリオ[116]）
- コニャック・蒸留酒（ヘネシー）
- 皮革製品・鞄（ルイ・ヴィトン，ロエベ[117]）
- 香水・化粧品・オート・クチュール（ディオール，ラクロワ[118]，ジヴァンシー[119]，ケンゾー）

　近年，定期刊行物の方にも道を拡げた（『ファム』[120]，『トリビューン・デフォセ』[121]，『アンヴェスティール』[122]，『ラジェフィ』[123]）。ベルナール・アルノーはしかしながら，「ラグジュアリーのオーナー社長」というかれのイメージをかすませていたこの出版業界への最後の多様化戦略を見直した。1993 年にケンゾーを掌握した後，かれは 1994 年にフランスで最後の独立した大手香水メーカーの一つ，ゲラン[124]を手に入れた（このオペレーションでゲランは J. P. モルガン銀行に助言を受けていた）。それはグループ内でいつも実践さ

112　Veuve Clicquot. 1772 年にフィリップ・クリコ＝ムリオンがフランスのランスに設立したクリコが起源。その後同社を受け継いだ義理の娘のバルブ＝ニコル・クリコ（ポンサルダン男爵の娘，後に通称ヴーヴ・クリコ）が 1810 年にシャンパン専門のメゾン，「ヴーヴ・クリコ＝ポンサルダン Veuve Clicquot-Ponsardin」として再出発。1987 年に LVMH の傘下に入る。
113　Pommery. 第 8 章注 31 を参照。
114　Canard Duchêne. 樽職人のヴィクトール・カナールと女性葡萄園主のレオニー・デュシェーヌが 1868 年にランスの近くのリュードというコミューンで 1868 年に起こしたシャンパンのメゾン。
115　Ruinard. ニコラ・リュイナール（1697 - 1769 年）がエペルネーで起こしたシャンパーニュ最古のメゾン（1729 年創業）。1988 年に LVMH に買収された。
116　Henriot. 第 8 章注 42 を参照。
117　Loewe. ドイツ出身のハインリヒ・レーヴェ Heinrich Loewe が 1846 年にマドリードで立ち上げたブランド。
118　Lacroix. Christian Lacroix（1951–）が立ち上げたブランド。1987 年に最初のコレクションを発表。
119　Givenchy. ユベール・ドゥ＝ジヴァンシー Hubert de Givenchy（1927–）が立ち上げたブランド。ユベールはボーヴェ（オワズ県）生まれのグラン・クチュリエ。
120　*Femme*.
121　*La Tribune Desfossés*. 経済誌 *La Tribune* とスイスの経済誌グループ Agefi の発行元である DesFossés が合併したもの。
122　*Investir*. 1974 年創刊の経済・金融系週刊誌。
123　*L'Agefi*. 1950 年創刊のローザンヌの日刊紙。
124　Guerlain. フランス語音ではゲラン。1828 年にピエール＝フランソワ＝パスカル・ゲランによって設立された香水メーカー。

れていたあらゆる法的な複雑ささながらの掌握劇であった。すなわちそれはLVMH を取り巻く持株会社の一つであるクリスチャン・ディオールの媒介で,株式持ち合いの形態（ゲラン家の方はクリスチャン・ディオールの第 2 株主となった一方,ベルナール・アルノーは筆頭株主にとどまったが,このことが後者にとってはLVMH の掌握に不可欠のことなのであった）でおこなわれた。そしてクリスチャン・ディオールの方では自社株を LVMH に転売した。こうして LVMH はディオールの資本の 59％の所有者となったのである。ラグジュアリー市場におけるゲランの卓越した品質のイメージがあるので,その社長であったジャン＝ピエール・ゲラン[125] は会社のトップとしてとどまった。満場一致で香水の偉大なクリエーターとみなされているゲランは,そのプレゼンスによってグループ内での同家の連続性と一定の自立性を確保するのである。

　1994 年,LVMH とギネス[126] との接近に続いて,ギネスはモエ＝ヘネシー株式の 34％の所有者となり,LVMH は後者の 66％を保持した。その一方でギネスは自己資本の 20％を LVMH に譲渡した（最近では 14％に縮小されているが）。このオペレーションの利益はモエ＝ヘネシーの債務軽減を確保するということなのであった。しかしながらその 3 年後の 1997 年夏に,ギネスがイギリスのもう一つの大手農産加工メーカーであるグランド・メトロポリタン,通称グランメット[127] と合併する決定を下したことで脆弱化してしまう。この合併の結果,主要ウィスキー・ブランドの支配によって世界一の蒸留酒メーカー,GMG ブランド[128] が誕生したのであった。モエ＝ヘネシーはこうして,ベルナール・アルノーが実現しようと考えていた逆の集中のあらゆる希望に反して,周縁化されてしまう。1980 年代から例を見ないほどに輝かしい金融競争コースでの最初の失敗である。LVMH の歴史の新たな局面はラグジュアリー部門における軌道修正によって特徴づけられるのではないかと想像してみてもよい。

125　ジャン＝ポール・ゲラン Jean-Paul Guerlain（1937- ）の間違いだと思われる。
126　Guinness. 1759 年にアイルランドのアーサー・ギネスがダブリンで創業したビール醸造会社。ギネスブックは同社が起源（1955 年）。
127　Grand Metropolitan, GrandMet. 1934 年にホテル業を皮切りにロンドンで設立。
128　GMG Brands.

4. 商業戦略

　ワイン，蒸留酒，香水あるいはオート・クチュールに関しては，世界市場の進化は今度はこれまでのとは別の，純粋に商業的な種類の戦略，かつ相互に補完し合う戦略を命じるようなものとなった。

　その最初のものは「正面衝突に対する抵抗」戦略とよびうる。たとえばブルゴーニュ・ワインと，スペイン産，あるいはまたオーストラリア産，ニュージーランド産，チリ産，南アフリカ産（東欧産の葡萄畑の攻撃まではさしあたり以上）の銘柄ワインとの間で始まっている衝突がこれである。超高級ブランドのシャンパン・メーカーは早い時期から，いっそ敵地に進出することによって，「ワイン超大国」フランスの地位を防衛する決断をした。ドゥーツ[129]，ボランジェ[130]，モエ・エ・シャンドンの場合がそうであり，またレミー・マルタン[131]もこれに入る。オーストラリア西部ではヴーヴ・クリコの葡萄畑，あるいはメルボルンの近くには1985年につくられたドメーヌ・シャンドン[132]という葡萄畑に出会うことができる。モエ・エ・シャンドンについては，この種のオペレーションはギスラン・ドゥ＝ヴォギュエの責任の下で外国で達成された7番目のものである。その原理は，原地生産ゆえフランス産ワインの輸入にかけられる関税を免れること（シャンパン醸造法だけが輸入された），と同時に原産地証明のエリアが非常に限られているシャンパンの最終的な品不足のリスクを避けることでもある。似たような考えで，ペルノ＝リカール[133]は，オーランド[134]を買い取って，オーストラリア・ワインのトップの輸出会社となったこ

129　Deuts. ドイツのアーヘン出身のワイン卸商W. ドイツとP. H. ヘルダーマンが1838年にシャンパーニュ地方のアイAÿ（エペルネーの東に隣接）にシャンパン会社を創立。

130　Bollinger. ドイツ出身のJ. ボリンガー（ボランジェ）とシャンパーニュ出身のP. ルノダンが1829年に創設したシャンパン会社が始まり。

131　Rémy Martin. 1724年に葡萄栽培業者のレミー・マルタンがフランス・シャラント県のコニャック市で創業した同名のコニャック・ブランド。高級コニャック，VSOP，XOで有名。

132　Domaine Chandon. ヴィクトリア州ヤラ・ヴァレーにある。なおドメーヌdomaineとは，とりわけブルゴーニュやローヌなどの産地において特定の所有者の葡萄栽培区画（一般に面積は小さい），ならびにその葡萄を使ってワインを生産・販売するその所有者名を指す。

133　Pernod-Ricard. 1975年にペルノ（1805年創業）とリカール（1932年創業）が合併してできたワイン・蒸留酒の会社。

とがわかる。

　始まったばかりの「ラグジュアリー戦争」において，競争者たちはフランスのすぐそばにいるし，また極東にもいる。1985年から1989年にかけて，イタリアのラグジュアリー・ブランドは世界で最も高い成長率を達成し，12％のマーケット・シェアを獲得した。攻撃は宝飾品のポメラート[135]からも，高級婦人服のマックス・マーラ[136]，ジョルジオ・アルマーニ[137]やジアンニ・ヴェルサーチェ[138]——ほとんどがミラーノ——からもやってくる。そしてまたビエッラ[139]からも。ビエッラでは1992年に42,000人の従業員が，30％は輸出向けで，250億フランの売上高に貢献している。かれらのうちの2,500人は繊維機械の製造のために働いている。職業訓練，応用研究，技術移転のためにチッタ・デッリ・ストゥーディ[140]（大学都市）なるものが創立された。「チェルッティ1881[141]」はパリのマドレーヌ広場の一角にあって，パリ人たちによく知られたブティックである。1881年という年号はビエッラにその創設者の工場が建てられた年である。現在，事業はニーノ・チェルッティ[142]（1941年生まれ）によって取り仕切られており，かれの3人の兄弟，アルベルト（生産部門），ファブリツィオ（日本にまで販売されている，より販売域の広いプレタポルテ用に1957年に設立されたミラーノの工場を所轄），およびアッティーリオ（不動産資産を担当）によってアシストされている。チェルッティ

134　Orlando. ドイツ・バイエルン出身のJ. グラムが1847年にサウス・オーストラリアのバロッサ・ヴァレーに始めた葡萄栽培が始まり。ジェイコブズ・クリークのブランド名で知られる。
135　Pomellato. 1967年に金銀細工師のピーノ・ラボリーニが宝飾品にプレタポルテの概念を持ち込んで創業したメーカー。
136　Max Mara. 1951年にアキーレ・マラモッティが設立した既製服メーカー。
137　Giorgio Armani. ファッション・デザイナー，ジョルジオ・アルマーニが1975年に設立したアパレル，化粧品，香料，家具，飲食など多岐にわたる分野を手がけるファッション・ブランド。
138　Gianni Versace. ジアンニ・ヴェルサーチェが1978年に立ち上げたファッション・ブランド。
139　Biella. イタリアの北西にあるピエモンテ州の現在人口45,604人（2012年）の都市。
140　*Città degli studi*.
141　Cerruti 1881. 後出ニーノ・チェルッティが1967年に設立したプレタポルテのメーカー。1881年にその父がビエッラに建てていた毛織物の紡績・織布工場をフランネル，ツイード，エタミーンの製造所に転換し，パリにチェルッティ1881とチェルッティ（高級モード・プレタポルテ）というブランドを立ち上げた。
142　Nino Cerruti. 1930年生まれの間違いだと思われる。なお，イタリア語音ではニーノ・チェッルーティである。

第 2 章　手工業と大資本の間——ラグジュアリー産業における生産構造と労働組織　53

1881 だけで 1992 年に，1,000 人の従業員数で，25 億フランの売上高を実現した。毛織物の品質改善と高級品への特化のおかげで，1970 年代に危機に陥らずに済んだ。「スーパー 100」[143]スーツは夏にも着れるほどに薄い。それはスクリーンの映画スターによく似合う。

　もう一つは新たな国際市場に向けて攻撃を強化するという戦略だ。すなわちシンガポールや香港でコニャックの消費を一般に開放すること，美食系商品の成功が拡大しているアメリカ合衆国の市場にもっとうまく進出することである。そして日本市場に食い込むことである。なぜなら日本社会は，折から日本の政府と企業が 1992 年に，これから数年後までに日本を，高級品生産分野でヨーロッパ諸国と競い合うことのできる（ポリエステル・ミクロ繊維，人絹などにより）モードの世界的中心地の一つに仕立て上げるようなプロジェクトを練り上げたところでもあり，他国以上にヨーロッパのネームブランドに目がないモード社会となったと思われるからである。ラグジュアリーは日本もアメリカ合衆国も当てにできる。たぶんほかにも優先するところはある。中国，ラテンアメリカを征服することだ。もし日本の巨大な需要が一定程度の「社会的上昇」の追求を表しているとすれば，ラグジュアリーへの欲求（活力の表徴？）はアジアには遍く存在する。ルイ・ヴィトンは 1992 年に北京に 1 店，マニラにもう 1 店開店した。ケンゾーは，パリとその周辺地域に 9 つのブティックを，ボルドー，ストラスブール，マルセイユ，サン＝トロペにも別のブティックを開いた後，ヨーロッパにストックホルム，ローマも含めて 6 店，東南アジアに 9 店，ハワイに 1 店，そして日本には 4 店（フランチャイズ・ショップ）のブティックを開く。

　いずれにせよ，フランス・ラグジュアリーのハンディキャップは克服されねばならない。つまり高すぎる価格，脆弱すぎる金融基盤（これまでおこなわれた集中ではなお十分ではないということである）ということがある。アメリカ合衆国で秘密の域から脱しうるような香水を始めるには，4,000 万〜5,000 万米ドルが必要なのである。ほとんどのブランドはあえてそのようなことはできないだろう。ところでドイツやアメリカ合衆国の市場では，フランスの香水は

143　太さ 18.5 ミクロンの原毛を使って織られた柔らかくしなやかな布地。1 ミクロン = 1/1,000 mm。

もはや目立っていない。アメリカ合衆国の市場で第1位はリズ・テイラー[144]の手にあるのだ。

　それゆえラグジュアリー産業は20世紀の最後の数十年において金融上ならびに商業上の重大な問題に遭遇しているように思われる。ラグジュアリー産業の構造的特徴の一つは，直近の時代まで，すべての部門の労働組織，ならびに手工業のノウハウと近代的な技術の採用の間の均衡を常にうまく使いこなしてきた——語の社会的かつ地理学的な意味での市場拡大という観点から見てそうであった——ということだと思われる。世界的競争の論理と，独占とはいわないまでも高ランクの防衛の意思は，資本の蓄積ないしは投資にうったえることを余儀なくさせるだろう。だがそれらの金額の比重は，貿易全体額や，市場そのものを閉めてしまうリスクを冒さずにさらに価格を引き上げることができないということからして，問題となる商品の比重とはなかなか釣り合うものではない。『ニューヨーク・タイムズ』や『ワシントンポスト』が，それを「ねだる」読者向けに定期的に磨き上げる決まり文句——文化モデルないしは世界的商業大国としてのフランスの唯一のイメージは，チーズ，ワイン，香水そしてパリの可愛い女性のイメージではないのか？——の罠に陥ることなしに，フランスの場合そして「模範的商品」の場合，極端な自由主義法則を免れる特別の措置を正当化しうるような状況に直面していないかどうか自問してみるのがおそらく必要である。それはうんざりさせられる言説に対する排外主義のようなものからではない。むしろラグジュアリー部門は技術的，文化的であると同様に経済的な資本——その保持は実際に最大手をはじめとしてわが国の競争相手によって羨ましがられ，かつ異議を唱えられている——をなしているからである。さらにまたこれら競争者には，そのような生産・消費部門の確立と活用は経済的成功を補完し，あるいはそれを完遂するのに，そして誰もが切望する世界貿易でのブランド・イメージを仕上げるのに不可欠だと思われているからである。要するに，いつの日にか，立場が逆転した戦線でたたかわねばならないという事態を避けるということだ。

144　Liz Taylor. 世界的女優エリザベス・テイラーをイメージして，アメリカ合衆国のエリザベス・アーデン社で調香してつくられた香水シリーズ。バイオレット・アイズなどが有名。

第3章
ラグジュアリー，権力，社会

　今日のすべての西洋諸国において，外国で製造された高級車を所有することはその所有者に追加的に威信を与え，その社会的ステータスを引き上げる。故国へ帰った旅行者のうち，稀少で高価，かつ美しい品物を持ち帰った人はエリートに見える。誇示によって，すなわちラグジュアリーの公然たる享有という特権によって支配を強化ないし確立しようと考える伝統的な態度をはるかに超えて，この記号的なふるまいは，おそらく組織化された最も古い社会と国家——そこでは香水や装身具となったあらゆるモノは権力の行使と結びついており，さらにある種類の宝石の所有と譲渡は，権力と，先祖ないし神々からの遺産である魔術的あるいは神聖化された性質のエネルギーを授けるものと思われていた——の基本的な特徴に立ち返らせるものだ。

　フランス王政の始まりまで遡ると，メロヴィング朝の王の支配力は，かれに帰属していた領土面積のみならず，かれが掌握していた財宝，つまり貨幣（とりわけ金貨）ならびに貴重品の潤沢さでも評価されていた。カロリング朝時代の諸王についても，最大の財宝の所有が相変わらず権力奪取の鍵である。シャルルマーニュの征服・略奪の諸戦争はかれにとって，とくにスペインにおいてその財宝を増やす好機であった。おまけにそれは聖職者にとっても最大の恩典ともなった。教会は，アーヘンの教会のように，贅沢な寄贈を受けたり，超豪華に建築されたりしたからである。

　その後の数世紀間も，「ラグジュアリーの蓄積」は王国においても王国に隣接する有力な諸公国においても世俗的かつ宗教的な権力の特性として残る。ダウラス[1]大修道院で最近おこなわれた展示会では，中世における金銀細工品の

1　Daoulas. ブルターニュ地方のフィニステール県のコミューン。

重要な生産中心地としてブルターニュに新たな関心が寄せられた。とりわけバス・ブルターニュ[2]における大小の諸都市に工房の大群が収まっていたのである（モルレ[3]では 17 世紀にもなお 40 ほどの工房を数えた）。宗教施設関連の金銀細工品は銀製の大十字架，聖遺物および小教区の聖杯に集められていた。また世俗向けのものもあり，これは富裕なブルターニュ公爵家が独り保持していた。たぶんブルターニュ地方はラグジュアリーの社会的普及が早期に起こった実例を提供する。すなわち地方の貴族と亜麻織物工業の繁栄によって豊かになった商業エリートにおいて，そしてまたとくにレオン地方[4]やコルヌアイユ地方[5]で見られたように人口のもっと下位の階層においてもそれは普及していたのである。

レヴァント地方とヨーロッパとの間の貿易の大きな流れの復活，戦士の移動は，11 世紀から 16 世紀にかけて西洋におけるラグジュアリーへの欲求に刺激を与えた。聖地イェルサレムから帰還した騎士たちは「オリエントの香水」と上質の織物を伝えた。1190 年にフィリップ・オーギュストは手袋製造人＝香水製造人たちにその最初の身分規定を授与する。それは 1571 年にも確認されている。イタリア戦争は高級品の普及に大きく寄与する。高級品は単に権力の表示だけであることをやめ，富裕なブルジョワジーの貪欲さと快楽の対象となるのである。

1. 近世のラグジュアリー

しかしフランスの場合，ラグジュアリー産業の誕生とその卓越した地位は，依然として王権の政治的，経済的かつ象徴的な意思の表示と結びついたままであって，その表示は 17 世紀と 18 世紀にはとりわけ宮廷の拡大と王立マニュファクチュールに与えられる奨励を通じておこなわれる。この王立マニュファクチュールの地位は，重商主義戦略のゆえに，外国からの正貨を多く使う輸入

---

2 basse Bretagne. 下ブルターニュ，つまり海岸沿いの低地のブルターニュ地方。
3 Morlaix. フィニステール県にある現在人口 14,837 人（2014 年）の都市。
4 le Léon. ブルターニュ半島の突端にある地方で，昔はレオン子爵領。
5 Cornouaille. レオン地方の南に隣接する地方。

製品と競争することができる企業（ガラス，絹，上質布地などの部門）にもっぱら付与されていたのである。こうして君主，諸侯とその家臣団，宮廷に繁々と通う貴族層，赤色（赤い衣服は貴族階級の専用であった）に身を捧げる社交界は，アンシアン・レジームの最後の200年の間，高い購買力をもつ比較的拡大された顧客として，と同時にショーウィンドー，最も洗練された趣味のラグジュアリーの消費のためのモデル——ヨーロッパのほかの宮廷や，もちろん財産によって法的にはともかく社会文化的にほぼ同化した状態で特権階層に近づいていた一部のブルジョワジーに向けての——として効果的に振舞ったのである。パリとヴェルサイユの間，都市と地方の間で，数千もの貴族一門のグループが，政治制度上の生活においてのみならず，とりわけパリの経済生活においても「数の大きさとはまったくけた外れに大きな役割を演じている」と18世紀に関してダニエル・ロシュ[6]は述べている。家柄と結びついた貴族の誇示的消費は「都市住民全体にとって，かつ王国のほかの人びとにとっても〔……〕なお一つのモデルである。総括徴税請負人たち[7]は奢侈の大御所として現われている」。ロシュは，当時とりわけいくつかの巨額の財産についていえば，衣服関係では「消費，あるいは場合によっては浪費は限度に達しており，その限度はほとんど超えがたい状態になっている」と見ている。支出の増大はとくに婦人の衣装において高かった。ことにそれは，マリー＝アントワネットとその年間120,000リーヴルもの衣装関連予算の推進力によるものであった。そこに名門貴族の多くの女性たちが殺到し，破産したのである。

しかも，常軌を超えた浪費という観点から見れば，それはラグジュアリーがそのとき政治的抗議の的になったということである。1789年以前のラグジュアリー産業のめざましい成長のあとに，テルミドール反動にいたるまでかなり深刻な危機がやってくる。そしてこの危機は数多くの激動によって王政復古まで引き延ばされる。ラグジュアリーはこうしたなりゆきのなかで，王国，貴族あるいは教会とのあまりにも明白な関係の代価を払うことになる。しかしフ

---

6 Daniel Roche. 1935年，パリ生まれ。パリ第1（パンテオン＝ソルボンヌ）大学教授，社会科学高等研究院長などを歴任し，現在コレージュ・ドゥ・フランス教授。フランスのアンシアン・レジームの文化・社会史研究の泰斗。

7 fermiers généraux. アンシアン・レジームのフランスで間接税などの徴収を請け負っていた金融業者グループ。

ランス革命，少なくとも上昇中のブルジョワジーの諸層の革命は，本当に特権の廃止を望んだのか，それとも単にラグジュアリーへのバリアーを下げること，そしてその観念それ自体の新たな定義を望んだのか？ フランス革命はラグジュアリーの消滅よりむしろその大衆化への道を開いたというべきである。

　もちろん貴族と教会の消費の急激な落ち込み，共和暦Ⅲ〜Ⅳ年のときのような食糧危機は，ときとして高級家具師を赤貧に陥らせ，労働者集団に非常に高率の失業を引き起こしたかもしれない。しかしながらすでに執政政府期には回復が現われる。第一帝政の布告，新たな貴族階級の再構成，宮廷，宮殿装飾政策の復興，そしてまたフランス革命で富裕化した階級の存在——これらが間違いなく宝飾品製造，金銀細工業，磁器製造，馬具製造，馬車製造，マホガニー製の家具製造，および青銅装飾に刺激を与える。たしかに景況は平和がおとずれるまではなお変動している。たとえば1806-07年の冬，1811年の春，1813年の4月，次いで12月に，経済的，金融的かつ軍事的な危機が18世紀の最後の十年の最悪の時期を再びもたらして，注文不足から，いくつかの専門職の3分の2から5分の4を休業させてしまう。しかしそれでも上記の1807年の調査も，外国人旅行者の証言でも，組織，活動ともに正常であったことをはっきりと立証している。ハンブルク人のネームニヒ[8]は1809年に「パリはフランス帝国全体の産業の首都である」と断言している。別の観察者たちは，家内・室内での製造の典型的な分散構造に支えられた，特定商品への作業の特化に強く引きつけられた。パリは巨額の資金をもった顧客と，ラグジュアリー産業の要求にうまく適合させられた技術的熟練度の点で，依然として豊かだったのだ。それゆえそこからこの分野での連続性の印象が出てくる。つまり，この連続性とは，技術とノウハウの伝達を確保しつつ，そしてまた趣味の方向性を部分的に確保しながら，その伝統を一つの体制から別の体制へ，一つの社会から別の社会へ，貴族の顧客から純然たるブルジョワジーの顧客へと移行させるのに完全に成功したいくつかの家系に強く具現化されているものである。オディオ家[9]，

8　Philipp Andreas Nemnich.（1764-1822）.『自然史辞典』や旅行記を著した。
9　les Odiot. パリの金銀細工師の家系。ジャン＝バティスト＝ガスパール・オディオが1690年に設立。当時はジャン＝バティスト＝クロード・オディオ（1763-1850）がひきいた。現在もパリのマドレーヌ広場に店を構える。

第3章 ラグジュアリー，権力，社会　59

さらにはまたジャコブ家[10]の場合がこれである。1765年に指物師＝親方となり，ルイ16世とマリー＝アントワネットの御用達となったジョルジュ・ジャコブ[11]（1739‐1814）を，その2人の息子，フランソワ＝オノレ＝ジョルジュとジョルジュ2世がジャコブ＝デマルテ[12]という社号で家族経営のかたちで受け継ぐ。その後1847年にジャンセルム[13]によって引き継がれる。

2. 19世紀のラグジュアリー

　19世紀の最初の数十年には，社会とラグジュアリー消費の間の関係に大きな進化が見られた。おそらくラグジュアリー商品のカテゴリーの多様化が原因でもある。それについては後段でまた触れよう。だがこの進化は何よりも，一層広範な社会層がラグジュアリーの趣味に解放されていく動きが，あたかもそれがいまや必需品とはいわないまでも，必要品として受け取られているかのように，あたかもすべての家庭がいつの日かその種の商品の一つをもちたいと切望しているかのように，加速されたことによるものである。われわれの時代にもっと近いところでは，第二次世界大戦の前後での自動車の消費の進化が想起されよう。あるいはまた，広大な面積の食料品売り場にシャンパンが大量に到着する事実もその一例である。その売り場において，ワイン瓶詰装置で買う1リットルの赤ワインの価格よりたぶん20倍もするが，それでも人生の「大事な場面」では貧者のラグジュアリーの一つの象徴となったシャンパンの1瓶を買うのにじっくりと考え込んでいるつつましい家族に出会うことがあろう。
　1820年頃はそこからずっと遠く離れている。正確に日付と規模を特定するには，予算，結婚祝いの品々について，そして必ず一定の期間の後にやってくる死亡後財産目録についての詳細な研究が必要であろう。おおまかな仮説にと

10　les Jacob．パリの高級家具師の家系。
11　Georges Jacob．
12　Jacob-Desmalter．ジョルジュ2世は1803年に亡くなる。フランソワ＝オノレ＝ジョルジュの正式な名前はフランソワ＝オノレ＝ジョルジュ・ジャコブ＝デマルテであったことから，後者から社号をとったと思われる。
13　Janselme．1824年から19世紀末まで操業したパリの高級家具製造の一門。フランス最後の国王ルイ＝フィリップ（七月王政期の国王），ナポレオン3世の御用達。

どまるとすれば，もちろんフランス革命がまったく変更を加えなかった一つの成功を追跡してみるというやり方があろう。それはすなわちブルジョワジーが，自らの財力でできる限り，革命後も存続して依然として文化的模範となっている旧来の貴族から，そのライフ・スタイルや快適さのいくつかの要素を借りる——たとえある種の適応努力を要するとしても——ことに重きをおくべしとする模倣の成功である。他方また，中産階級の拡大，あるいは実質賃金ならびに貯蓄が長期的に増大に向かう趨勢のこともちろん考慮に入れることになろう。しかし逆に，プッシュ効果とプル効果のはたらきによって，創造者と生産者は，ラグジュアリーが出現して消費者を迎えに行くまでの展開において決定的に重要な役割——たぶんすでに18世紀後半から婦人ファッション誌の編集者として——を演じるということにも注意しなければならない。こうしてラグジュアリーは最も裕福なエリートたちの範囲を離れて長期にわたる転換を始める。この転換期において，ラグジュアリーは——たしかにその極端な形態は相変わらず豊かな収集家やアラブの首長（アミール），あるいはまたいくつかの王宮において見出されうるけれども——快適さと質の方へ引き延ばされ，薄められるのである。もし各人が常に自分にとってラグジュアリーがどこに生まれるのかを常に知悉していとすれば，消費者，創造者および批評家のエリートの方は，今日ラグジュアリーがなくなっていないかどうかを知るという問題を提起するかもしれない。19世紀から，この同じ論争は芸術と産業の間，製品の希少性ないし単一性と大量再生産との間の関係をめぐる議論のなかにその起源を求めてきた。

　いずれにせよ，19世紀，とくに第二帝政から1870年にかけては，フランス市場において，かつ輸出向けに——たとえば，イギリスの産業と趣味との競争にもかかわらず，新たな連邦国（ユニオン）の初期の諸大統領の注文のおかげでアメリカ合衆国向けに——まさしくラグジュアリー製品に対する熱中の高まりによって特徴づけられた。製品の種類は拡がり，メゾンとブランドの創出が数を増やした。この現象の分析においては，政治的要因が重要になってくる。

　ナポレオンの庇護は単に一つのスタイルを誕生させた（ナポレオン1世は流行仕掛人（ストメーカー）となった最後の君主といえるのではないか？）だけではなく，ラグジュアリー産業全体において工芸の価値と実践を強固なものとした。当時誕生

し，その褒賞と収益が卓越性を向上させる国民産業の製品の博覧会——最初の博覧会は1798年10月に大臣フランソワ・ドゥ＝ヌフシャトーが望んで開かれたものだが，その数か月前にゴブラン[14]，セーヴル[15]およびサヴォヌリー[16]のマニュファクチュールで個別に博覧会が開かれていた——は，ギルドの廃止に対する一種の賠償ないしは補償の観点から，そしていずれにせよ近代的な広告の先駆け的な手段として見ることができよう。これらの博覧会は，1851年までは生産者と消費者を近づけることによってラグジュアリー産業を再活性化させるのに貢献する。1851年にはイギリスのイニシアチヴ[17]でその市場は，アンシアン・レジームの官展（サロン）——アカデミー会員だけが加入を認められていたルーヴル宮殿のサロン・キャレ[18]で1737年に開かれた官展以来——が美術分野（画家，彫刻家，版画家）でなしえたものよりはるかに広範なかたちで世界競争に開かれたのであった。シャプタルは1801年からすでに，フランス産業の質だけではなく，まさに競争力や技術革新に報いを与えるために，展覧会を毎年1回開催しようとしたのであろう。しかしながら，それはナポレオン体制の下で，1802年と1806年にしか再開されなかった。ただ1806年の博覧会では，出品者の数——1802年が110人だったのに対して1,422人に上った——によって，そしてフランスの貿易の将来について安心したようすを示した審査員の結論によってその成功が実証された。この意見は輸出による成長牽引力としてのラグジュアリー産業に関するシャプタルの意見の形成に少なからず貢献し

14　Gobelins. 15世紀にまでルーツを遡ることのできるゴブラン家が，フランス王アンリ4世の肝煎りで1601年にパリの現在の13区に設立した絨毯の特権会社。やがて王立マニュファクチュールの称号と資格を授与された。つづれ織りのタピストリーそのものをゴブラン織と称する。

15　Sèvres. フランスのオー＝ドゥ＝セーヌ県（パリ北・西・南に隣接）のコミューン。1740年にルイ15世とその愛妾ポンパドゥール侯夫人の庇護でパリのヴァンセンヌに設立されていた磁器工場が，1756年にセーヴルに移転され，やがて王立，そして第一帝政期には帝国立，次いで国立のマニュファクチュールとなる。

16　Savonnerie. ルイ13世の命を受けて2人のタピストリーの織師ピエール・デュポンとシモン・ルルデが，パリのシャイヨー宮の近くの石鹸工場跡に設立した絨毯マニュファクチュールが起源。1826年に上記ゴブランのマニュファクチュールに合併吸収された。

17　1851年にロンドン万国博覧会が文字どおり国際的な規模で開催されたことを指していると思われる。

18　Salon carré. 方形の間の意味。1667年に王立アカデミー主催で開かれ，1737年からは定期的に開かれた。1793年に最初の一般公開の美術展示室となり，以来第1級の作品の発表の場となっている。

たはずだ。1806年の後は，諸戦争や政治変動のせいで開催は1819年まで待たざるをえなかった。このときから博覧会は4年に1度の開催（1823年，1827年）となり，その後七月王政期は5年に1度（1834年，1839年，1844年）となった。おそらくこうした周期的開催の博覧会の制度を初期の技術工芸学校[19]の設立に関連づけるべきである。これらの学校は，より一般的に，国民産業の，つまりは政治的意義を帯びた発展の見通しのなかで，今日われわれが職業教育というような教育に政権が与えた重要性を表していたのである。

ナポレオン1世による奨励はまったく同様に，セーヴルやゴブランのような大マニュファクチュール，その絹工業が宮殿の壁の中まで侵入していくリヨンの織布工，あるいはフォーブールの高級家具師（ジャコブ兄弟），金銀細工師（オディオ[20]），ブロンズ製作者（アントワーヌ＝アンドレ・ラヴリオ[21]），時計製造者（ブレゲ）といった有力一門にも向けられた。レースの大愛好家であったナポレオンはアランソン[22]，シャンティイ[23]，ブリュッセルあるいはヴァランシエンヌの「工場（ファブリク）」を保護する。だが君主の目の肥えた保護は最も伝統的な製品ないし最も高価な製品に限られなかった。たとえばかれの注文は，壁の内装のために，当時なお「基幹産業」部門の製品であった捺染綿布と壁紙にも向けられたのであった。戦争のさなか，危機のさなかにも，ナポレオンは染色の質，フランス産業の国際的評価に注意深い態度であったことが見て取れた。フランスのラグジュアリー製品は，かれの目からすれば，普通に自分自身の宮廷人と同じく同盟諸君主のそれを魅了しなければならなかったのである。それゆえ，ナポレオンの連続性をもった関与は，新古典主義に向けられた支援によって，供給者のレヴェルでも，趣味のレヴェルでもおこなわれたのである。

19　Écoles des arts et métiers. 1780年にリアンクール（パリ北方のコミューン）に創設されたのを皮切りに，最後のボルドーのそれ（1963年）までフランス各地に設立された。
20　第3章注9を参照。
21　Antoine-André Ravrio. パリ出身のアンドレ＝アントワーヌ・ラヴリオ（1759-1814）は1777年に親方の資格を得たのち，1790年にブロンズ制作工房を開いた。本文のアントワーヌ＝アンドレはアンドレ＝アントワーヌの書き違いだと思われる。
22　Alençon. ノルマンディ地方のオルヌ県にある現在人口26,350人（2013年）の郡庁所在都市。16世紀にこの都市でフランスにおける最初のレース生産が始まり，17世紀には王室に奨励された。
23　Chantilly. パリ北方約39 kmに位置する現在人口11,108人（2013年）のコミューン。フランスのブルボン朝の王族コンデ侯の居城として有名。

第3章　ラグジュアリー，権力，社会　63

　同様にそれは新たな帝政貴族の制定を通じてもおこなわれた。すなわち金融・銀行エリート集団のそれに近い，きわめて顕示的なライフ・スタイルをもった男爵や元帥がこれである。実のところナポレオン1世は，自ら授爵した人びとに対してラグジュアリーの宣伝者としてあるようはっきりと命じた。かれらに多額の貨幣を与えてそれを必ず使うよう命じたのだった。ダヴー[24]やランヌ[25]によって催された豪華な宴会では，皇帝は婦人たちがあちこちにダイヤモンドを身に着けるよう望んだものだ。そしてかの女たちがそれを誇示していなかった場合には，皇帝自ら，自分自身の栄誉のために，かの女らにこれを贈ったのである。
　それから50年後，第二帝政はさらにあからさまなやりかたでこの産業に肩入れをおこなう。ラグジュアリー産業の幅は絶えず広がり，19世紀は私生活においても社会生活においても物質文明の一大洗練の世紀となるのである。とくにシャルル・クリストフルにとっては，この産業に関して純正の銀製品の市場とは別に銀張り製品の市場を開発するという大きな野望に，皇帝のお墨付きが得られたわけである。すでに国王ルイ＝フィリップ[26]は同じ方向に進み始めており，七月王政の最後の数年間にウー城[27]の備品一式の設置のためにこの金銀細工師が国王御用達となっていた。もしもう一度政治紛争と体制のぶつかり合いがほかの要請事項に先を譲るような分野があるとすれば，それはまさしくラグジュアリーの分野なのだ！　1853年3月からすでにクリストフルは巨額の取引に関してエリゼー宮とリュクサンブール宮の側と話し合いをおこなっている。この問題は6か月後に百万フラン以上の金額で成立した。そして第二帝政の宣言の後は注文が増えていくのである。ナポレオン3世は最安値で最大の祝宴を開催したがる。たとえばこの皇帝は，マルク・ド＝フェリエール[28]の指摘するところでは，「馬鹿にされるほど低価ではないにしても，純銀製の

24　Louis Nicolas Davout（1770-1823）．第一帝政期の26人の元帥の一人。
25　Jean Lannes（1769-1809）．第一帝政期の26人の元帥の一人。
26　Louis Philippe 1er. 七月王政期（1830 - 48）のオルレアン家のフランス王。
27　オート・ノルマンディのセーヌ＝エ＝マリティム県のコミューン，ウー Eu の中心に立つ城。16世紀にギーズ公フランソワによって建てられた城で，七月王政期にはこれを相続したルイ＝フィリップの夏の離宮となり，ヴィクトリア女王はここに二度招かれた。
28　Marc de Ferrière le Vayer. フランスのトゥールのフランソワ・ラブレー大学教授。現代社会経済史が専門。パリのクリストフル博物・文書館の学芸員を務めたことがある。

ものにつくような価格とはかけ離れた価格で」優れた商品を得ることができる。「…こうしてナポレオンの個人財産を空にせずに宮廷の豪華さが確保される……そこはまさに外観を重視する第二帝政の典型的なスタイルである。」帝室の一族全体がこれをまね，上級の外交使節団も足並みをそろえる。クリストフルは後に，チャプルテペク城[29]にいるハープスブルク家のメキシコ皇帝マクシミリアーノ[30]に送られる祝儀品を製造しているところへナポレオン3世と皇后が訪ねてきてくれたことを，自分の宣伝のために大いに利用することになる。祝儀品は 4,938 品からなり，そのなかの 16 は枝付き大燭台，60 は食卓中央の飾り皿のみの品であった。今日これらはメキシコのドローレス・オルメド・パティーニョ[31]の私設美術館で鑑賞することができる。第二帝政は，第一帝政と違って，自らの名を一つのスタイルとして残そうとはしない。ナポレオン3世はつまりクリストフルを支えつつも芸術に関心があるのではなく，技術革新の方に目を向けている。その将来をかれは，産業に対する自分の好みや興味にしたがって，信じているのである。

　クリストフル自身もラグジュアリーについて自らの哲学をもっていた。それに基づいて完全に自らを表現したのである。ある総会の折，かれは「わが国の産業の性格は生きとし生けるものにささやかなラグジュアリーを広めるよう求められている」ということだと言明している。この産業は「家庭内において不可欠の必要物となっている」というのであった。クリストフルは，1849年の自分の商品カタログからすでに，当時の新しい資本主義精神のなかから間違いのない論拠を汲みとった。「財産がほとんどもはや貨幣の利子にしか依拠していないとき，どうして数十万フランの金額を不動産化するというのだ？ 数万フランをもっている人の目にも同じ結果が見えよう。」それは 1862 年の商品カタログでも繰り返される。すなわち，電気メッキが芸術の宝庫をブルジョワ

---

[29] Chapultepec. アステカ王国時代からの由緒ある地であり，そこに同王国を滅ぼしたヌエバ・エスパーニャの副王の居城が建てられ，メキシコの第二帝政時代はマクシミリアーノの居城となった。現在は歴史博物館。

[30] Maximilien de Habsbourg（1832-67）．1821 年にスペインから独立して誕生したメキシコ帝国の第二帝政（1864-67）の皇帝。オーストリア皇帝フランツ＝ヨーゼフ1世の弟。第二帝政期のフランスの傀儡ともいわれる。

[31] María de los Dolores Olmedo y Patiño Suarez（1908-2002）．メキシコの女性実業家，音楽家，篤志家。1992 年に膨大な収集品を収めた美術館を開設。

第3章 ラグジュアリー，権力，社会　65

ジーの財布に届くところにまで近づけているいま，「今日知性と趣味の人は，ある品物の豊かさをその芸術的価値よりはるかに，その重さや内在的な価値においていた粗野な偏見をものともしない」。したがってたとえばシャルル・クリストフルの賭けはまさに，自分に続いて消費者が，いまや5〜6倍も少なく支払って（このことはもちろん相当な高さの所得を前提としてはいるが），たしかさと品質のよさ，そしてもちろん「効果」が保たれるだろうという経済的なラグジュアリーが存在するという確信を抱くようしむけるということであった。同時代の社会の進化しつつある慣習に通じた一産業家の賭けである。この時代の社会ではレストラン業やホテル業が拡大している。食する人は食卓に次第に存在感が増している果物や野菜を取り分けるための新しい「道具」を必要としている。そして最後に，カトリーヌ・アルマンジョン[32]が述べているように，「ルイ＝フィリップの治下，第二帝政，そして第三共和政の時代においては，野望が宣せられ，婚姻が結ばれ，ビジネスが交渉されるのは，いまや食卓においてなのであり，自尊心，空想そして大小ブルジョワジーの成功がそこに宿っているのだ」。

　スダンの敗北（1870年9月2日）[33]とそれに続く第二帝政の消滅は，フランスでかくもうまく始まったラグジュアリー産業の発展に対して，1789年の7月14日や8月4日の夜のときのような影響は及ぼさなかった。19世紀の最後の3分の1の時期に起こった産業成長の減速も，実業ブルジョワジーの抗しがたい上昇を妨げることはなかった。この階級の財産はいまや，かつてどちらかといえばきわめて上位の貴族階級や金融界への所属を示していた豪華さの誇示を可能にしていたのだ。ベル・エポック——19世紀末の最後の数年と1914年8月3日の突発事件までの20世紀初めの数年間——は，ここでわれわれの興味をもたせる社会環境の観点からは，都市化，とりわけ室内の快適な設備の近代化と結びついた高級街区の住居の生きいきとした回復によって，同時に新たなエリート，トゥー＝パリ[34]のエリートのいくぶん曖昧な輪郭のデッサンに

---

[32] Catherine Arminjon（1941- ）．ヨーロッパの君侯の食卓や調度品などを専門とするフランスの美術史家．
[33] 普仏戦争（1870-71）でナポレオン3世がフランス北東部のスダンでプロイセンに降伏した事件を指す．
[34] Tout-Paris．パリのお歴々．元来は17世紀にパリ住民全体を示す語として普通に使われていたが，

よって特徴づけられた。それはお金のエリートであるが、また政治、文学のエリートであり、最も旧い典型的な貴族と成り金が混じり合っている。旧貴族の家系は、「ドゥミ＝モンド」[35] に分類されるようなもっとあやしい分子とまったく同じように、キャリアにおいてもサロンにおいても大勢で復帰していたのだ。このエリートはまた、概してファッションとそのクリエーターたちとともに、あるいは観光、初期の自動車および「一流の」スポーツ（テニス、ゴルフ、ヨットあるいは登山）といった新たなラグジュアリー的な活動ともに、密接な関係を維持している。オート・クチュールの潜在的な上昇が見られるのはまさにこうした背景の下であった。オート・クチュールの創始者たちは、たとえまだかなり狭いクラブをつくっているとはいえ、1914年以前からすでに勝者なのである。かれらは、20世紀の大部分の間、まだすべての面を代表しているどころではないが、自分たちだけで、かつてなかったほど国際的な名声をもったフランスのラグジュアリーの象徴的存在になるだろう。

他方、ナポレオン3世が打倒されてチュイルリー宮殿が放棄され、次いで焼失してしまう[36] と、フランスのラグジュアリー製品の生産者たちは、芸術や芸術家の方に向かい、また国際的な博覧会に決まって参加するようになり、君侯の狭いサークルの外にその同盟者を変え、これを強化した。その方向は文化と威信の追究に向けられたのである。

またもやクリストフルのメゾンの歴史はこの動向変化を見事に映し出している。19世紀の中頃になると、同社の生産は、当時の趣味の折衷主義（エクレクティスム）に倣って、諸モデルから着想を得たり、単にアンティークな芸術にも、また18世紀のルネサンス様式の芸術にも属するような作品を模倣しつつ、金銀細工の商品を提示していた。それでも第二帝政になると、クリストフルは、カリエ＝ベルーズ、ジルベール、ロシニュー[37] といった建築家や彫刻家の手助けを借りるよ

19世紀初めに富裕化したパリのエリートたち（作家、政治家、大銀行家、芸術家など）によって形成された非貴族の社交界を指すようになった。

35　demi-monde. アレクサンドル・デュマ（小デュマ）の小説 Le Demi-Monde（1855年）に由来。快楽主義的なライフ・スタイルを好んで実践する人びとの一団。裏社交界。

36　パリ・コミューンのとき蜂起した民衆を弾圧する際に焼失した。現在では庭園のみが残されている。

37　Albert-Ernest Carrier-Belleuse（1824-1887）. フランス北部のエーヌ県生まれの彫刻家。Emile Jacques Gilbert（1793-1874）. パリ生まれの建築家。Charles Rossigneux（1818-1909）. パリ生まれ

うになった。後者はいまや少なくとも商品カタログの一部について，自分たちのスタイルを金銀細工品に認めさせたのである。こうした傾向は，1870年代にこのメゾンが新たな経営陣の管理下に移ってから強まった。なかでも中央工芸学校出身の化学者アンリ・ブイレ[38]は教養人でもあり，芸術を愛し，かつこれを実践するのも嫌いではない人で，中央装飾美術学校の創立者の一人で後に校長となった。『18世紀と19世紀における金銀細工業の歴史』[39]の著者でもあった。マルク・ド＝フェリエールは「帝国の多額の注文がなくなったので，この企業は自社のことを話題にしてもらうためには，新たな生産物を見つけ出さざるをえなくなる。こうして芸術の創出が商業の必需品となるのである」と述べている。そして理想は，万国博覧会の機会に，有名な芸術家の名前を商品のプレゼンテーションに結びつけることができるということである。たとえ芸術的な製品——顧客の伝統的な趣味には合わされている——がその実際の営業資金に比べてごく少数であるとしても，メゾンのある程度の「前衛主義」があると話題にされうるのである。

3. 20世紀のラグジュアリー

　第一次世界大戦はラグジュアリー産業に重大な打撃をもたらした。何社かのオート・クチュールのメゾンの脆弱性然り（婦人服飾のシャネルはカンボン通り21番地にようやく1910年に開業したばかりであった），国防省による強制的な業種転換（クリストフルは軍需品を製造する！）然り，「お針子たち」を動かす社会運動然り，あるいはもちろんインフレーションと通貨の値下がりによって財産と所得に対してなされた天引き然りである。

　第一次世界大戦後，通貨価値の下がった国（ドイツ，オーストリア）への輸出が実現不可能になって新たな市場の獲得が必要だとわかった背景のなかで，画家のモーリス・ドゥヴリエス[40]は1921年に，まったく斬新な宣伝方法を考

の建築家，デザイナー。
38　Henri Bouilhet (1830-1910). フランス北西部のカルヴァドス県生まれ。
39　*L'Orfèvrerie française aux XVIII*ᵉ *et XIX*ᵉ *siècles*, Paris, H. Laurens, 1908だと思われる。
40　Maurice Devriès (1870-1943). グランヴィル（マンシュ県）生まれ。

えついた。それは 1921 年，1922 年および 1923 年に開催されたようなかれの「フランス趣味のサロン」によって実現されたものである。そこではラグジュアリー製品がオートクローム[41]の写真プレートの形態で展示されていた。最初はガラス宮殿[42]に設置された展示室は，その後アメリカ合衆国（ニューヨーク，フィラデルフィア，シカゴ，サンフランシスコ）へ，次いで極東へと輸出された。カトリーヌ・デュプエ[43]の言葉を使えば「国内のラグジュアリー工芸品の白眉をなすもの」がそれらの場所で活用された。なかでもルーヴル，プランタン，ギャルリー・ラファイエットの工房から産まれてきた近代的な装飾品の数々，ルールマン[44]の調度品，ピュイフォルカ[45]やクリストフルの金銀細工品，ドーム[46]やラリク[47]のガラス容器，そしてもちろんブシュロンやショメ[48]の宝飾品，ウォルト[49]，ランヴァン，ココ・シャネルといったオート・クチュールの品々がこれであった。

　ココ・シャネルはオート・クチュールの適応能力に関する実にすばらしい実例を提供する。1919 年に同じカンボン通りの 31 番地にもっと大々的に設立され，ほどなく 3,000 人もの従業員を雇用するこのメゾンは，第一次大戦後には文化も富ももはや別物になっている社会をよく理解できていることを示している。まずは，先の世代の偉大なクチュリエであるあのポール・ポワレをしてココ・シャネルを「ラグジュアリーの悲惨主義（ミゼラビリスム）」をつくったとして咎めさせるの

41　フランスのリュミエール兄弟が特許をとった初期のカラー写真法。

42　le palais des Glaces. 1900 年のパリ万博に際して建造されたアール・ヌーヴォー様式の巨大なガラスの屋根をもつグラン・パレ美術館。

43　Catherine Dupouey. アントニー（パリ近郊のコミューン）市立図書館の現在の館長を指すと思われる。

44　Jacques-Emile Ruhlmann (1879-1933). 普仏戦争後のドイツ占領に際してアルザスからパリに移り住んだプロテスタント系家族の出身で，パリ生まれの室内装飾家，デザイナー。

45　Puiforcat. 1820 年にパリで設立された刃物製造会社。後に金銀細工製品に特化する。

46　Daum. アルザスのビシュヴィレール出身のジャン・ドーム Jean Daume (1825-85) が，ドイツ併合後にナンシーに移住して設立したガラス工芸会社。

47　Marie-Claude Lalique (1955 -). ラリクはガラス細工，宝飾品のブランド。第 2 章注 66 を参照。

48　Chaumet. マリー＝エティエンヌ・ニト（後出）が 1780 年に立ち上げた宝石ブランドが起源であり，やがて装身具・時計がこれに加わった。ショメの名は，19 世紀末にこれを継承するジョゼフ・ショメ（1852 - 1928）に由来。

49　Worth. イギリス出身のチャールズ＝フレデリック・ワース (1825 - 95) がフランスに渡ってつくったオート・クチュールのメゾン。フランス語読みではヴォルト。

は，女性ファッションのその大胆な単純化と人間らしさということである。フランネル，ジャージー，ツイードあるいはズックのような，よりシンプルで，ときにはより男っぽい布地の採用もそうだ。しかしながらシャネルは「私はファッションが街に下りてくるのが好きなの。でもそれが街から出てくるというのはダメなの」と答えることができる。シャネルの戦略のもう一つの側面は，香水と化粧品に向かう多様化である（シャネル 5 番が出たのは 1920 年のことなのである）。シャネルは，その「メゾン」の一階に，香水とアクセサリーもおいた「高級婦人服デザイナーのブティック」を設けた最初のものである。そうしたことをしても，芸術世界との関係——たとえばディアギレフ[50]やコクトー[51]のためのバレエ衣装や舞台衣装——を維持することを何ら妨げないのであった。

　1930 年代の世界恐慌の後の第二次世界大戦は，恐慌そのものよりはるかに耐えがたい衝撃をもたらした。シャネルは 1939 年に店を閉めたとき——1954 年に再開するのだけれども——それを予感しなかっただろうか。戦争によるお決まりの影響とその増幅を除けば，とくに有害な危険性は回避された。つまりそれは，ドイツがラグジュアリー製品生産の世界的中心地をベルリーンへ移転するのに成功するのではないかという危険性であった。戦後は，今度は，大きな楽観主義的な風というもので表される。そしてすぐにも栄光の三十年とよばれる周知の経済成長局面と，それに伴って消費の習慣のなかにラグジュアリーを定着させることになる，西洋諸国の生活水準の上昇の局面に入っていった。たとえ第 1 次計画[52]がラグジュアリー産業には何ら優先順位を与えていなかったとしても，今日オート・クチュールの分野においてなお生き続けている名前の大部分は，この頃の創業の部類に入る。すなわちバルマン[53]（1945 年），ディオール（1947 年），ジヴァンシー（1951 年），ラロシュ[54]（1957 年）

50　Sergei Pavlovich Diaghilev（1872-1929），ロシアのバレエ・プロデューサー。1909 年にバレエ・リュス（ロシア・バレエ団）を主宰。

51　Jean Cocteau（1889-1963）。フランスの詩人，作家。詩のみならず映画，戯曲，小説，批評，デッサンなどあらゆる面で活躍した。バレエ・リュスのために台本も書いている。

52　le premier Plan. 1946 年にフランス政府が採択した経済計画であり，主として公共投資と経済支援（エネルギー，農業機械，鉄鋼，輸送，燃料，セメント，窒素肥料）に重点が置かれた。

53　Pierre Balman（1914-1982）がパリに開いたメゾン。

54　Guy Laroche（1921-1989）がパリに開いたメゾン。ギ・ラロシュ（ギラロシュ）。

がそうである。この部門の活力はさらに1954年に，伝統的な15社（1992年には73社となる）のイニシアチヴによるコルベール委員会の設立となって現われる。この委員会は「フランスのラグジュアリー」を部分的に代表する機関であるが，その役目は情報と販売促進であった。1960年代には免税販売の市場が発達する。1970年代には内外の市場への大胆な浸透政策により売上高の驚くべき急増が始まり，輸出の割合は70％以上にもなる。たとえば，1972年は，広いネットワークをもつ一手販売店に分配されるカルティエ[55]の「レ・マスト[56]」の事業開始の年である。逆にクリストフルは，アルベール・ブイレの指揮下で，1974年にその販売拠点の大半をなくす決定をする。ただしこれは，きっちりとしたイメージ拘束力を支店に課すためである。それと同時に生産子会社（ブラジル）や販売子会社（イタリア，ドイツ）が創設されたのである。1980年代には大グループ化が始まる。その裏でいくつかの家族企業が消えていくが，ラグジュアリー産業には金融界でのきわめて上向きのイメージが与えられるのである。

様ざまな困難

しかし20世紀はこれで完全になったというわけではない。すでに幸福感は質問，疑念に道を譲っている。この分野が多種多様な形態のプレタポルテに占められた状況に直面して，高級ファッションには生き残りはあるのだろうか？ ラグジュアリーは依然フランスのものだろうか？ 顧客の趣味と欲求はどのように進化していくだろうか？ ラグジュアリーの観念は今日どういうことになっているのだろうか？ 新たな消費ルールを前に，それは消えてなくなるはずなのだろうか？ 1990年頃，厳しい経済危機ゆえ苦難の原因として以上の質問が揃えられている。

繰り返しておかねばならないが，ラグジュアリー産業部門が脱したばかり

55　Louis-François Cartier (1819-1904) が28歳のときの1847年にパリで創業した宝飾品の会社。現在は宝飾品のほか，時計，皮革製品，アクセサリー，香水を扱う。
56　les Must. カルティエが始めた，オリエントな芳香をもった独自の香水のコレクション。なお同社のホームページではこの年は1973年とされている。マストのコンセプトはその後指輪や時計，小物などにも使われている。

の危機は，中断なき数十年の，あるいは1980年代の文字どおりの過熱期の終わりに突発的に起きたものである。ジャック・マルセイユ[57]の指導の下でおこなわれた「20世紀におけるフランス企業のパフォーマンス」についての調査結果において，マルセイユは，1978‒1992年——景気が動揺し，わずかな年成長率（およそ2％）を示した期間——のうちに「フランス企業界に影響を及ぼした激しい大混乱」に注意を喚起する。だがまさにこのとき，「この動揺期にその上昇が目覚ましい成長の曲芸飛行パイロットが突き進む」のである。正確にいえば，1992年に30億フランを超える売上高を達成した企業の分類のなかに，マム[58]（448位から175位へ上昇），シャネル（580位から158位へ），テタンジェ[59]（928位から120位へ），レミー・マルタン（291位から102位へ）の名がみとめられる。この同じ期間中の売上高の平均成長率はマムが11％，シャネルが14.5％，テタンジェが22％であった。したがってラグジュアリー産業は，以前は中小企業にすぎなかったのに，その描写がいまや「より型どおりでない」ように見える経済組織の更新に参画することを通じて，大企業になることもあったのである。ジャック・マルセイユは結論づける。「あたかもラグジュアリーと飲料が，低成長期に，最も抵抗力の強い部門であるかのように」と。1980年代の初めに，フランスの会社は世界のラグジュアリー市場の75％を支配していた。だが1993年には，この国のブランドは，3,000億フランと見積もられるこの市場のもはや半分足らずしか占めていなかった。加えて，輸出はもっぱらヨーロッパに向けられており，したがって輸入は世界的には不十分なままだったということだ。フランスの香水だけが農産物加工業によってもたらされた貿易黒字の半分まで，そして自動車販売によって与えられる貿易黒字の3分の2まで，稼ぎ出したことを思えば，まことに憂慮すべき下落である。1986年から1991年にかけて，コルベール委員会に加入する70社の売上高は72％増大した。しかしそれ以降，いくつかの消費品目のブレーキと価格

57　Jacques Marseille（1945‒2010）はフランスの経済史家。パリ第8大学，第1大学の教授を歴任。
58　古くはドイツ貴族にルーツをもつムム Mumm 家の一員が1827年にシャンパーニュ地方のランスにワイン卸会社を立ち上げた。今日 G. H. マムのシャンパンで知られるのは Georges Hermann Mumm が1852年にシャンパン専門のメゾンのパトロンになって以来のことである。
59　ロレーヌ地方出身で1871年にフランス内国に移住した家系に属する Pierre Taittinger（1887‒1965）が，1932年にランスに設立したシャンパンのメゾン。

下落はときとして尋常ではないレヴェルとなった。こうした状況に抗すべくおこなわれた企業集中の増大，オート・クチュールあるいはエペルネーのいくつかの大手のメゾンにおける雇用削減の発生——今度はそれが社会紛争を引き起こした——は，このミクロコスモスのなかで地震の様相を呈している。1990年末から，コルベール委員会は危機の原因をめぐって会計監査を命じた。テーブル・アート部門のような「開祖的な」部門はぐらつく。たとえばクリストフルは「赤字に」滑り落ちる。ラリクと，クリスチャン・テタンジェのルーヴル・グループ[60]では，リストラがおこなわれている。事実，すでにペレールの遺産[61]をホテル業とレストラン業（コンコルド・ホテルとアンヴェルギュール・ホテルのチェーン・ホテル，250のホテル，19,000室）に吸収していたこの高級ワインのグループは，香水に，次いでクリスタルガラスに挑んだのであった。

　最も幅広い消費者の心を打つシャンパーニュ・ワインの危機はもっと別個に調べるべきである。「豊かなシャンパーニュ人と貧しいシャンパーニュ人とをどうやって見分けるのか？」という問いが1980年代末に発せられたものだ。答えは「貧しい方は自分でメルセデスあるいはBMWを洗う」であった。モエ・エ・シャンドンでは，ほとんどすべての社員が月に12,000フランを稼いでいた。葡萄1kgは1976年に7フランから始まって，1990年には36フランまで上がった。それが1993年には20フランに下がったのだ。おまけにこの年は量的にも質的にも並外れてよい年だったのにである。シャンパン1瓶を生産するのに葡萄1.25kg必要だということを想起されたい。

　1950年代初めから価格の大胆ともいえる上昇を伴いつつ，ほとんど中断なく続いた生産の増進（5倍）が，1933-34年以来経験したこともないような販売不振と過剰在庫の危機に至ってしまったということなのである。1989-90年の歴史的な販売記録である2億5,100万本から，1992年には2億900万本へと急落した。1990年から1992年にかけて，モエ・エ・シャンドンの外国発送

60　テタンジェ・ファミリー傘下にあるホテル業（クリヨン），クリスタル（バカラ），銀行（ルーヴル銀行）などを扱うグループ。
61　フランスの初期の鉄道事業やクレディ・モビリエ（動産銀行）の設立で知られるペレール兄弟（les frères Pereire）—エミールとイザーク—が残した諸企業を指す。

第3章 ラグジュアリー,権力,社会　73

は2,460万本から1,940万本へと落ち込み,同社の最高級の製品(ドン・ペリニヨンのキュヴェ[62])のみが利益を出した。1994年の初めに,シャンパンの在庫は10億本に上った。少なくとも4～5年分の販売量に相当する。シャンパン各社は,景気後退におそわれた日本の消費者の行動,あるいは筆頭顧客をなすヨーロッパ市場の動きとまったく同様に,普通の固い購入者の土台をなす数十万ものレストラン業者の行動をじっとうかがっている。

　ほかの2つの大葡萄産地も,価格の分別を欠いたような上昇からの同様の帰結を被った。ボルドーの葡萄畑では1989年から1993年にかけて販売額が50%も落ち込んだ。オスピス・ドゥ・ボーヌ[63]の販売額が受けた打撃も派手であった。すべての葡萄畑は,商売を再活性化させるために,過剰在庫そのものと同じくらい経理に損害を及ぼす実践,つまりは消費を再び押し上げるためにおこなわれる価格の引き下げにうったえざるをえなかった。すなわち低級のシャンパンを1本50フランに,高級銘柄の製造年号のついた極辛口のシャンパンが100フラン,等々。他方1993年末には,ボルドー地方の特級格付けワインの30%がいまや,大規模小売店によって数を増やされた「ワイン・フェアー」において捌かれたと見積もられている。

　問題は,厳しい危機の出口にあって再調整過程に居合わせているのかどうか,あるいはよくあることだが,景況が深く長期的な構造変化を包み隠しきれていないかどうかを知ることである。構造変化についていえば,これはまさしく世界市場と消費者行動の両方に関係していると思われる。すなわち,間違いなく,ラグジュアリー商品の生産者と創造者がその供給品の内容を修正し,想像力のあるところを示すよう迫られている理由はある。創造性か,さもなくば死か,ということだ!

62　la cuvée Dom Pérignon. キュヴェとは特定の葡萄畑で収穫した葡萄から造られるワインの総収量を指す。シャンパーニュ地方では高級銘柄だと悪い年のは普通使わないので,醸造に踏み切られた特定年度のブランド性をもったワインをいう。ドン・ペリニヨン Dom Pérignon (本名はピエール・ペリニヨン) はフランスのベネディクト派の修道士 (1638-1715) であり,シャンパーニュ地方のエペルネー近くのオーヴィリエ修道院で発泡ワインの導入と開発で知られる。現在はモエ・エ・シャンドンのメゾンのブランド・シャンパンである。

63　Hospices d Beaune. 本来は15世紀にフランス・ブルゴーニュ地方のボーヌ (現在の人口 20,000人超) に建てられた施療院を指す。王侯貴族から寄進を受けた同院所有の葡萄畑がブルゴーニュのトップクラスの同名のワイン銘柄を生んだ。ワインの収益は病院や博物館の維持費に使われている。

不可逆的に見える一つの変化はまことに消費者の新しい態度のなかに存する。たしかにコニャックやシャンパンの消費がアメリカ人と日本人のところで変動を被っている。あるいは石油価格の停滞が中東の大金持ちの諸族に購入を手控えさせた。あるいはまた外国の富裕者たちが豪華ホテルで金を出し惜しみしている。そうしたことはまあそうであろう。だがこれらよりもっと重要なのは，ラグジュアリー商品の内外の消費者たちが，いまやコストパフォーマンスに何よりも注意深くなっているほかの消費者の行動に自分たちの行動を合わせてきているということである。高級品の消費者もまた，自分のお金と引き換えにコストパフォーマンスを望み，快適さないし真正価値のために顕示欲を一部放棄しているのである。1930 年代にポール・イリブ[64]は，その『ラグジュアリーの擁護』という著作のなかでなお，「ラグジュアリー，それは必要性が終わるところで始まる欲求である」と書くことができた。イリブはそこに「巨額の資金力をもち，そういうものとして認められることに腐心するエリート」の表現様式を見ていたのである。このような宣言は，1930 年代におけるハンドメイドの手工業仕事を理想化した，製品標準化，大量生産の製品に対する反動にちょうどよくなじんでいた。ヴィシー時代はさほど遠くはなかったのだ[65]。だが 1990 年代初めにおいては，自己顕示と社会的挑発というモチベーションは勢いを失していた。ラグジュアリー，それはよい。だがいくらでもよい，どんな条件ででもよいということではない。1992 年にジェラール・ドゥミュット[66]は「ラグジュアリーは単にエリートのみ相手にするのではなく，われわれの各々のもつエリート的側面にうったえかけるものである」と言明することができる。

 2 つの態度に見られるこの類似性は，売上高で失った地歩を回復するための，ラグジュアリー製品の大衆化，顧客の拡大という戦略変更とぴったり符合している。適応というのがいまや生産者と創造者の側に負わされている。すなわちフランスの伝統にとって大事な洗練さの時代，特注生産 one-of-a-kind

---

64　Paul Iribe（1883-1935）．フランス西部のアングレーム生まれのデザイナー，イラストレーター。
65　ヴィシー政府（1940-44 年のドイツ軍非占領の地帯のフランスの政府）をひきいるペタン将軍が，1943 年に手工業者憲章（la Charte de l'artisanat）という法律をつくって手工業をさせようとしたことと関係していると思われる。
66　Gérard Demuth. フランスの社会学者。

productionの時代は完全に終わったのである．合言葉はいまやラグジュアリーを中産階級の手の届くところにおくこと，それを欲求物の籠のお決まりの構成要素とすることである．一流の料理長たちが範を示した．すなわち「もしラグジュアリー，それが無益なものだとしたら，そのときはそれがだめになったということだ」（ベルナール・ロワゾー，ソーリユ[67]）．「すべての者が少なくとも一度は奮発して真の意味での美食の感動を手に入れることができるはずだ」（ジョルジュ・ブラン，ヴォナス[68]）．ピエール・カルダン[69]は，大規模小売店で自社の香水を販売するためにカルフールとの協定に署名することと，「剽窃から身を守り一定の機密性を再びつくり出していくために」，列をなして生まれてくるかれのオート・クチュールの作品を自分の顧客に取っておきたいとする態度表明との間に矛盾を感じないと言明する．新たな戦略はより高価でないシリーズ製品にとりかかること，いくつかの等級付け――たとえば威信を示すブランド，高級製品，および単にネームブランドのついた製品――をおこなうことである．オート・クチュールはその「シリーズその2」，自社のブティックを始動させている．前出のピュイフォルカは銀メッキした金属を作っているが，同社は1920年には「エリゼー宮テーブルウェア」――18世紀のストラスブール・モデルの純銀製または金メッキの銀製の再現――に乗り出していたことを想起すべきである．

　クリストフルはずいぶん前からすでに銀張りの基材として洋銀（ニッケル・銅・亜鉛の合金）より安いニッケル・亜鉛の合金を使って，購入者の社会経済的レヴェルにできるだけ低く降りていく目的でサブブランドに頼っていたが，1960年代にはテーブルウェアと高級でない金銀細工品用に，並行して高級鋼

67　Bernard Loiseau, Saulieu. ブルゴーニュ地方の人口2,600人ほどの小さなコミューンであるソーリユにあるミシュランガイドの3つ星，ゴー＝ミヨー・ガイドの19点のレストラン（＝ラ・コト・ドール）．創業者のベルナール・ロワゾー（1951-2003）はレジオン・ドヌール勲章をはじめ各種の賞を受賞したほか，著作も多い．ゴー＝ミヨー・ガイドの評価が17点に下げられて自殺したともいわれている．なお現在ゴー＝ミヨーの評価はトック（帽子）数に置き換えられている．たとえば5トック＝19点．

68　Georges Blan, Vonnas. ローヌ＝アルプ地方の人口3,000人足らずの小さなコミューンであるヴォナにあるミシュラン3つ星，ゴー＝ミヨー4トックのレストラン．シェフはジョルジュ・ブラン（1943～）．

69　Pierre Cardin（1922‐）．イタリア出身のフランスのファッション・デザイナー，実業家．ピエール・カルダンは世界で最もよく知られた5人のフランス人の一人とされている．

製のシリーズの生産にも乗り出した。そしてその後 1971 年に，いつの時代にも同社の売上高の大部分を占めたテーブルウェアの製造にもっぱらあてられるルーアン近傍のヤンヴィル[70]工場を建設するのであった。ごく最近，クリストフルはその商品カタログに食卓用布類一式を追加することで，このメゾンのクチュールとしての活動を採用している。この旧メゾンはそれでも，ギー・ドゥグレンヌ[71]（そのグループはラ・ターブル・ドゥ・フランスという持ち株会社を有している）とその「高級ステンレス」のように，新しいブランドとの競争にぶつかっている。今後，今日最も高価な食卓によって差し出される手頃な価格の定食をクリストフルの皿で食べるとして，クリストフルの食卓用具を使う必要があるだろうか？ 宝飾品会社のアラン・モブサン[72]もいうように，「ラグジュアリーは常に適応してきた」のである。しかしもちろん限度はある。大衆化はラグジュアリーの死を招きかねないし，製造者は「貴族階級の言葉で富裕者にうったえ」続けていかねばならないのである。

　だがたぶん政策的介入に頼るときがきている。おそらくフランス共和国大統領府の公的な，つまりは 1% の注文を介してよりも，むしろ 1994 年に文化大臣ジャック・トゥーボンによって始められた工芸再興政策を通じてである。なぜなら，ラグジュアリー産業家たちがそのすべての競争者たちに対して一日の長――つまりは卓越した生産の質にうったえることによってかれらに保証されるもの――を保持していく希望を間接的に左右するのは，次第にノウハウの遺産の保護であり芸術家たちの想像力だということになってきているからである。こうして「工芸協議会」Conseil des métiers d'art[73]なるものが設置された。その使命は 40 の専門分野に「芸術・伝統指導者」を任命し，かれらにそのノウハウの伝承にあてられるべき資金援助を受けられるようにすることである。協議会のメンバーのなかには，ファッション・クリエーターのマルク・ボ

70　Yainville. 人口 1,082 人 (2013 年) のコミューン。
71　Guy Degrenne (1925-2006). ステンレス製のテーブルウェア，シャンパン・クーラー，皿などを扱うフランスの産業家。
72　Alain Némarq Mauboussin. 宝飾品のメゾン，モブサンは 1827 年に創業され，1955 年にパリのヴァンドーム広場に現在のブティックを構えた。このブランドは 2002 年にはスイスの銀行家ドミニク・フレモンに買収された。モーブッサン。
73　文化・コミュニケーション省の諮問機関。

アン[74]，宝飾品のフランソワ・エライュ[75]，青銅彫刻家のディディエ・ランドウスキ[76]，女性の透かし模様刺繍家，レース・デザイナー，刃物工芸家，ステンドグラス工芸家，等々が名を連ねている。1997年初めに，37名の指導者が選抜された。地域別の工芸職の一覧表の作成が準備されている。だが今日これらの仕事の実践は，上記選抜の合格者にとってさえも，やはり富裕な愛好家，収集家ないし古美術商の注文の量的減少によって，さらには公的な注文（遺産管理部，博物館，地方公共団体による発注）──それ自体予算上の未知数，あるいは選挙投票日に運命を握られている──をとりわけ当てにする必要性によって，脅かされている（アラン・ルボードの指摘，1997年2月12日付『ル・モンド』）。

1995年には，ラグジュアリー製品購入者のうちの中・低社会層の割合が増大した。富裕層はあたかも「ラグジュアリー商品を消費する」ことに悪い意識をもっているかのように振舞っており，高級ブランド購入者のなかでのその比重が低下している。限られた中産階級の消費者たちが，反対に，自分たちの購入のうちにその夢のために一部をとっておこうという意思を表明している。われわれはラグジュアリー製品の生産の構造的革命──それは弔鐘を鳴らすどころか，反対にまったく異なった市場への適応を表しているのであって，そうした市場ではラグジュアリーの社会的・心理的な意味がすっかり変わってしまうような革命──に向かって歩んでいるのだろうか？

同時に，最近の危機の前，つまり1990年代初めのたたかいはなお今日的な意味をもっている。1995年，コルベール委員会の企業グループは新たに売上高の350億フラン，率にして4％──たしかに1988年，1989年の飛翔（約20％）からするとかなり後退した伸び率ではあるが──の増大を経験した。この率は，活動全体の4分の3を占めた輸出に関してはもっと高かった（6％）。

74　Marc Bohan（1926- ）．オート・クチュールのグラン・クチュリエ。数々のメゾンで仕事をした後，ディオールのリーダーとなった。

75　François Hérail. 1972年にミシェル・エルムラン Michel Hermelin とともにポワレ Poiray という宝飾品のメゾンをパリで立ち上げた。

76　Didier Landowski. 1870年にかれの大叔父が鐘の製造を始めたことから始まり，父の時代に製品の幅が拡げられた。ディディエ自身はこの伝統をふまえながら，これに現代アートのモチーフを融合した。

120億フランの売上高は日本，韓国を筆頭にアジア・太平洋諸国だけでの販売から来ており，ルイ・ヴィトン，クリスチャン・ディオールあるいはブシュロンに関しては，この伸び率は同じ地帯において上記の最良の諸年のそれをとりもどしたのであった。1995年，LVMH は 300 億フラン近くの売上高のうち，40 億フラン以上の純利益をはじき出している。これによって同グループは 1996 年に 10 億フランでシャトー・ディケム[77]を購入することができたわけである。

したがって，困難期の最後の周期に関係している構造変化の深さを正確に解釈するにも，あるいはこのような時勢のなかで高級ブランドの戦略がどのようなものなるのかを知るのにも，衰退はまだ足りないということである。しかしながら 2 つの結論を出してもいいように思われる。すなわち一方において，ラグジュアリーは依然として力の象徴である。もはや国の力というものは問題にならないとして，相変わらず活発な顕示的な行為を通して行使される社会的な力ということが常にある。他方，ラグジュアリーの意味がだんだんと曖昧になってくるということが，同時にその永続性を保証している。つまりこれからのラグジュアリーは，商品において特権を外されたラグジュアリーと，高品質の製品，伝統品と結びついたラグジュアリーの 2 つの選択肢，2 つともに積極的な選択肢によって命をつないでいくということだ。ラグジュアリー産業の方もこの両足で歩んでいく。1997 年，ラグジュアリーのいくつかの高級ブランドはメ・ガ・ス・ト・ア megastores の戦略を採用したところだ。ヴィトンは，ヴァージン社[78] のようにシャンゼリゼ大通りの，LVMH によってすでに 1996 年に設置されていた世界的な高級香水のスーパーマーケット[79] に面して本拠を構えている。他社もたぶんこれに倣うだろう。グッチはロワイヤル通り，ジョルジオ・アルマーニはサン＝ジェルマン＝デ＝プレに本拠をおいた。この産業・

77　Château d'Yquem. ボルドー地方のソーテルヌ Sauternes というコミューンにあるイケムとよばれる地区にあり，フランスで最も古いシャトーの一つである。同名のソーテルヌという銘柄の甘口の白ワイン（貴腐ワイン）で有名。

78　Virsin. CD，DVD，書籍などの商品を幅広く扱うほか，種々のエンターテインメントの発信をおこなったメガストア。1988 年に開店したが，2013 年に閉店した。

79　セフォラ SEPHORA のこと。セフォラはパリのブーローニュ＝ビアンクールに 1969 年に創業された香水・化粧品店。LVMH による買収で世界的な販売戦略をもつブランドとなった。

商業部門のパトロンの一人は，ラグジュアリーの力を物質的かつ視覚的にも表そうとすると同時に，顧客の二通りのアプローチ——高級ブランド品の選択と大衆消費商品の選択——の間の融合状況を創り上げたいとするアプローチのなかで，「人はほどなくディスクを買うように香水を買いに来るだろう」と言明しなかっただろうか。

第4章
芸術と産業の間のラグジュアリー産業

　1833 年，バルザックはこう書いていた。「われわれは製品はもっているが，作品はもうもっていない」と。これはラグジュアリー分野において，消費者と手工業者との間の人的関係の終焉を示す一つのいい方であった。1834 年にはエンジニアのステファン・フラシャ[1]が，未完成に終わった産業論シリーズの第 1 作で『国民産業製品博覧会』にあてられた論考のなかで芸術と産業についての議論を開く。そこでフラシャは，ラグジュアリーの手工業の技術と対象を詳細に検討している。実際にこの部門は第二帝政下まで，クリストフルとフロマン＝ムリス[2]，セーヴルとゴブラン，等々が勝利する万博においてフランスの表象を支配し続けるのである。さらに数十年後，アー・アン・ド・クラ・フ・ツ運動[3]が特注生産[4]への回帰を求めていくことになる。

　しかしながら——本書はまさにこのことを想い起させることを目指しているわけだが——ラグジュアリーは 19 世紀に消え失せたわけではなく，その種の商品の生産は，技術的に可能な限り，近代産業との接近にきわめて満足したのである。

1　Stéphane Flachat (1800-1884). 本名はクリストフ＝ステファン・モニー。サンシモン主義者で，パリ－サンジェルマン間の最初の鉄道建設をはじめ，多くの土木事業に関わった。後には鉱山や製鉄会社の社長となる。
2　Froment-Meurice. パリの金銀細工師の一族。当時はフランソワ＝デジレ・フロマン＝モリス（1802-55）が頭首であった。
3　le mouvement Arts and Crafts. 1880－2010 年にヨーロッパと北米で起こった中世回帰的・浪漫主義的色調の反産業的な工芸部門における装飾芸術再興の運動。日本でも 1920 年代に見られた。
4　one-of-a-kind production. one-of-a-kind は，ほかにない，独自のという意味。

1. 19世紀の工業化とラグジュアリー

　バルザックが一種の予言を発していたのは本当のことである。というのもそれからすぐ後の 1839 年に——それはまた写真撮影法の誕生した年でもあるが——，機械技師のアシル・コラ[5]（1795 - 1859）がどんな彫刻作品でも実物より小さく，かつまったく正確に複製することを可能にする伸縮式製図機を発明したからである。そのときから，芸術的なブロンズ製造者が生まれる。ラグジュアリー市場で時計職人，高級家具職人あるいは金銀細工師と緊密な関係にあるこれらの手工業者は，相当コストが下がった作品を数百，数千単位で大量に鋳造することができた。有名どころだけを挙げると，リュード，バリー，ダヴィッド・ダンジェ，カルポー，ダルー[6]といった人びとが契約によってこの制作のしかたに賛同した。こうしてブロンズ製造者たちは芸術と産業の同盟の先兵の一つとなったのであった。1806 年の万博で初めて金メダルを授与された 18 世紀の人物であるトミール[7]——オディオ[8]と共作でローマ王のゆりかご[9]を製作した人物——が道を開き，1800 年頃に誕生したドゥニエール[10]，ラヴリオ[11]，ゴノン[12]といったメゾンが後に続いた。1818 年のブロンズ製造者会議の設立はこの部門の活発さの証しである。この組合関係の文書は全部保管されているので，これを使えば，今日のパリ 3 区とフォーブール・サン゠トノレ[13]との間，そしてその後はオペラ座とパリ証券取引所の新たな街区におけるパリ手工業のなかのこの職種の重要性について，きわめて正確なことがわか

---

[5] Achille Collas. パリ生まれ。
[6] Rude, Barye, David d'Angers, Carpeau, Dalou.
[7] Pierre-Philippe Thomire（1751-1843）. フランスのブロンズ製造者。
[8] 第 3 章注 9 を参照。
[9] ローマ王，すなわちナポレオン 1 世の息子，ナポレオン 2 世のために 1811 年に作られたゆりかご。現在ウィーンの美術史美術館所蔵。
[10] Denière. パリ生まれの Jean-François Deninger（dit Denière, 1775-1866）が立ち上げたメゾン。メゾンを継いだ息子の Guillaume Denière（1815-1903）も有名。
[11] Ravrio. パリ生まれの André-Antoine Ravrio（1759-1814）が立ち上げたメゾン。
[12] Gonon. パリ生まれの Honoré Gonon（1780-1850）が立ち上げたメゾン。
[13] Faubourg Saint-Honoré. フランス大統領官邸や各国の大使公邸，高級品の店舗が立ち並ぶパリ 8 区の通り。

第4章 芸術と産業の間のラグジュアリー産業　83

るはずだ。もちろん，1939年の機械の実用開始とともに，その専門の鋳造所が増えた。その筆頭にはバルブディエンヌ[14]のそれがある。1881年にはこの部門は7,000人の労働者を雇用していた。バルブディエンヌのようなメゾン1社だけで，パリにあるその豪奢な店で1日数十の小型ブロンズ彫刻品を売っていた。「かつてはエリート専用のものであった芸術作品をついに皆の手の届くところにもたらしたという理由で」（カトリーヌ・シュヴィヨ[15]），人はこの機械の始祖にもう一人のグーテンベルクを見ていた。疑いなくこの現象は，芸術界にも社会面でも相当大きな影響力をもったのである。

　プロスペール・メリメ[16]は1862年に「われわれは製造者と芸術家の間に親密な協同があってほしいと願う」と記した。事実，彫刻家であり金銀細工師のジャン＝バティスト・クラグマン[17]（1810-67）——パリのルーヴォワ・スクエアの噴水のいくつかの彫像の作者（1844年）であり，1852年からの装飾芸術美術館の設立案の推進者でもあった——は，製造者と芸術家の二者を一つの共通の構造のなかに，すなわち建築家＝装飾芸術家のエルネスト・ギシャール[18]と協働で，1863年の万博の余勢を駆って1864年に創られた産業応用美術中央同盟のなかに結びつけようと試みるのである。スローガンは「美を実用性のなかでつくる」ということであり，芸術家の寄与は産業に永続的な名声と確実な利潤をもたらすということである。装飾芸術協会——同名の美術館の設立を目的として1877年に創られた——は，1882年には上記の産業応用美術中央同盟と合体して，装飾芸術中央同盟となる。

　エリザベト・ロベール＝ドゥオー[19]の研究チームによって調べられたばかりの装飾彫像と芸術的鋳造の歴史は，上記同盟の完全な実例を提供する。その

14　Ferdinand Barbedienne（1810-1892）．ノルマンディ地方生まれの技師，ブロンズ製造者。上記アシル・コラと1838年にコラ・エ・バルブディエンヌ社を結成し，伸縮式製図機を使ったビジネスを展開する。
15　Catherine Chevillot（1961-）．オルセー美術館などの学芸員，ロダン美術館館長を歴任。19世紀の彫刻に関する専門家。
16　Prosper Mérimée（1803-1870）．フランスの作家，歴史家，考古学者。
17　Jean-Baptiste-Jules Klagmann（1810-1867）．
18　Ernest Guichard.
19　Elisabeth Robert-Dehault. オート＝マルヌ県議会副議長（経済・観光開発担当）。

発祥の地は1834年のヴァル＝ドーヌ[20]（オート＝マルヌ県）であった。この村の鋳物工場の財務管理者のジャン＝ピエール＝ヴィクトール・アンドレ[21]は，装飾用の鋳物製品の製造に乗り出す決意をしたのだ。この事業は1855年にはヴァル＝ドーヌ製鉄・鋳物会社となった。これはパリの資本の支持を得て株式合資会社形態で結成されたもので，1986年に閉鎖され，1993年に歴史的建造物のリストに載せられている。同社は，1851年のロンドン万博から1900年のパリ万博に至るまで万博では際立った，別格扱いの存在であり，同じ主題で異なったサイズのものを製造販売し，数か所の専門店で同社のコレクションを提示しつつ，合わせて約4万もの鋳型（そのなかには共和国のシンボルである有名な・マ・リ・ア・ン・ヌ・像も数点あった）をつくり上げた。ヴァル＝ドーヌの工場のために，マチュラン・モロー[22]，バルトルディ[23]，プラディエ[24]，動物をモチーフにするルイヤール[25]といった芸術家が仕事をした。実際，オート＝マルヌ県の芸術系鋳物工場には200人以上の彫刻家たちが通ったことを記憶しておくべきである。実をいうと，ここは旧くから鉄の伝統のある地域であった。1681年にブレーズ川[26]流域の製鉄工場主は，ヴェルサイユ宮殿に暖炉用装飾プレートを納入する御用達となっていたからだ！

最近ではとくにセルメーズ＝レ＝バン[27]のドゥノンヴィリエ[28]やアシェッ

20　オーヌ＝ル＝ヴァル Osne le Val。シャンパーニュ地方の現在人口265人（2013年）のコミューン。当時はヴァル＝ドーヌとよばれ，次に触れる鋳物工場もヴァル＝ドーヌ鋳物工場という名称であった。なおこの工場を含め，全体的にオート＝マルヌ県は19世紀を通じてフランスの主要な製鉄業中心地の一つであった。
21　Jean-Pierre-Victor André（1790-1851）。1836年に小修道院跡地にこの鋳物工場を設立し，はじめは路上施設（ベンチ，街灯，ゴミ箱，標識など）を製造していた。
22　Mathurin Moreau（1822-1912）。パリ美術学校出身。内外に多くの彫像作品を残す。パリ第19区長を務めたこともある。
23　Frédéric Auguste Bartholdi（1834-1904）。アルザスのコルマール出身。フランスからアメリカ合衆国に寄贈されたニューヨークの自由の女神像の製作者として有名である。
24　James Pradier（1790-1852）。ジュネーヴ生まれの新古典派の彫刻家。故国ジュネーヴのルソーのブロンズ像はかれの作（1835年）。
25　Pierre Louis Rouillard（1820-1881）。パリの王立デッサン・数学無償学校（現在の国立高等装飾芸術学校）出身。パリ・オルセー美術館の前に置かれている馬のブロンズ像はかれの作品（1878年）。
26　la Blaise。マルヌ川（セーヌ河の支流）の支流。大半はオート＝マルヌ県を流れる。
27　Sermaize-les-Bains。マルヌ県（シャンパーニュ地方）の現在人口2,014人（2013年）のコミューン。旧称セルメーズ＝シュル＝ソー Sermaize-sur-Saulx。ジャンヌ・ダルクの両親の婚姻の地として知られる。第一次世界大戦のとき役所前の噴水以外は完全に破壊された。

ト・エ・ドゥリウー[29]，そしてとりわけアントワーヌ・デュレンヌ[30]に注目が集まった。デュレンヌは，18世紀のサン＝タントワーヌ市外区の鍋釜製造業者の後裔で，1857年に，ソメルヴォワール[31](1837年以来ここには高炉があった）にブロンズ彫刻家として居を定める。そこは，当時までこの地に富をもたらしていた木炭使用製鉄の衰退が始まって以来，再転換のさなかにあった地域の中心部に位置した。この再転換には製鉄所の旧管理者・従業員，請負技師またはマネージャーといった人たちのイニシアチヴによる経営者の入れ替えが幸いした。かれが「鉄のバルブディエンヌ」とよばれた所以である。1862年からデュレンヌは，クラグマンやカリエ＝ベルーズ[32](1824-87)——1875年から1887年までセーヴルの美術品担当部長であり，当時のすべての青銅彫刻家のために活動した——，ほかの多くの人びとのデッサンに基づいて，真に芸術的な鋳鉄製品を供給するのである。教会用の彫像，無原罪懐胎のマリア像，種々の聖母マリア像，旧作のコピー，路上設備品（標識，噴水，街灯，大燭台風街灯，マンホールの蓋，バルコニーの手摺り，欄干，ガラス張りの庇の装飾帯（フリーズ），庭園の彫像，慰霊碑，地方・全国の名士像，等々）など，すべてのジャンルの製品がここを通っていく。1864年になるとデュレンヌはレジオン・ドヌール勲章シュヴァリエ章を受章した。1878年には万国博覧会審査員となる。かれはパリのフォーブール＝ポワソニエール通り26番地，次いでヴェルリ通り30番地に店舗をもっていた。

しかしながら芸術と産業の結合の推進者たちに提起されている問題は，単に卓越した製品と大量生産による製品との間の関係の問題だけではない。消費者と生産者の趣味の洗練の問題も存在する。これは，ラグジュアリー産業が到達

28　Maurice Denonvilliers (1876-1907)．パリ生まれ。セルメーズ＝シュル＝ソーの製鉄工場主。1844年に鋳物会社（旧称PROUVOST）を設立し，鋳物の芸術作品を世に出した。ローマ教皇レオン13世のブロンズ像（1888年）は有名。
29　Hachette et Driout．サン＝ディジエ（シャンパーニュ地方の南東部，マルヌ川沿いのコミューン）に，義兄弟のフェリクス・アシェットとシャルル＝アドルフ・ドゥリウーによって1868年に設立された，現在もヨーロッパ有数の製鋼会社。
30　Antoine Durenne (1822-1895)．パリ生まれ。アンジェの工芸学校，パリ美術学校を卒業した彫刻家。
31　Sommervoire．オート＝マルヌ県。デュレンヌはここにあった鋳造所を買ったのである。
32　Carrier-Belleuse．前出，第3章注37。

しなければならない，折衷主義(エクレクティスム)というあらゆる種類の模倣の除去の問題である．

ジャン・ドーム[33]（1825-85）は当時自分たちの産業をフランスに移設したアルザスの多くの企業主の一人で，ビッチュ[34]からナンシーに来ていたが，1876 年にこの都市でガラス工場を買い取る．それに続き，さらに，ヴァンヌ＝ル＝シャテル[35]にあった 18 世紀に遡る施設を手に入れる．その息子であるオーギュストとアントナン（1864-1930）[36]の時代，このガラス工場は，やがて顧客に「ナンシー派」[37]として知られるなかで最も重要な工芸ガラス工場の一つとなる．まさしくかれらのところで，数千単位で作品を市場にもち込む能力のある生産者と，芸術家やクリエーターたちとの間——つまりはただ一つの革新的な品物と，中産階級の顧客に向けられた半工業的生産の技術との間——の出会いが実現されたのである．ここで推進者となったのはエミール・ガレ[38]ないしはルイ・マジョレル[39]であった．かれらのおかげで，装飾芸術は，非常に長い間芸術の理論家によっても工芸家自身によっても認められてきた旧来の古典的文化，よき貴族趣味というものに大きな衝撃を与えることができた．1839 年からメス[40]のマレシャル[41]の工房によってステンドグラス製造の再興を経験した一地方において，新たな産業芸術の支えとして役立ったのは，こちらの方は，新たな，あるいは少なくとも再発見された材料——細かく砕いたガ

33　前出，第 3 章注 46．
34　Bitche. アルザス地方に近いモゼル県（ロレーヌ地方）のコミューン．1871 年にドイツ帝国領となるまで，ジャン・ドームはここで公証人として働いた．ドイツを嫌って公証人事務所を売却し，ナンシーへの移住を決めた．
35　Vannes-le Châtel. ムル＝テ＝モゼル県（ロレーヌ地方）の現在人口 579 人（2013 年）のコミューン．
36　Auguste Daum（1853-1909）; Antonin Duam.
37　École de Nancy. フランスのアール・ヌーヴォー（19 世紀末から 20 世紀初めにかけてフランスを中心におこった新芸術様式で，動植物模様や流れるような曲線が特徴）のいわば先兵として活動した，ガラス・鉄・鋼などの工芸品製作者のグループ．
38　Emile Gallé（1846-1904）．ナンシー生まれのガラス工芸師，高級家具師，陶芸家．ナンシー派の創設者にして，代表．アール・ヌーヴォーの開拓者の一人．
39　Louis Majorelle（1859-1926）．ナンシー東方のトゥール（ロレーヌ地方）生まれの高級家具師，装飾芸術家．
40　Metz. モゼル県（ロレーヌ地方）の県庁所在都市．
41　Laurent-Charles Maréchal（1801-1887）．メス生まれのデザイナー，パステル画家，ステンドグラス画家．詩人のボードレールが名づけた「メス派」の指導者であった．

ラスから得られる可塑性に優れ、彩色が容易なガラス素地——である。その源はアール・ヌーヴォーである。その動植物のモチーフによってガレは 1889 年の万博で大成功を収めることができたのであった。やがてモチーフはアフリカ美術、エジプト、中国へと移り、さらに 20 世紀の最初の四半期にはキュービズム、アール・デコ[42]へと進んでいった。シャンパーニュのアイ[43]出身のルネ・ラリク[44]は、自分自身の工場（1909 年）を設立し、次いで宝飾品製造に移っていく前に、大量生産のためにナンシーでガラス製品のデッサンをした。1901 年にはナンシーに芸術産業地方同盟がつくられた。

2. 20 世紀の芸術と産業

　その大義はすんなりと目的に到達したわけではなかった。しかも、19 世紀と 20 世紀の変わり目のとき、文化的諸問題をかかえたナショナリスティックなイデオロギーの干渉によって議論が不明瞭になってしまった。すなわち装飾芸術内部での 18 世紀的諸形態に対する愛着は、いまやドイツ、そして産業におけるそのずっと安価な生産方法の「悪趣味」に決然と立ち向かうための方法の一つとして現われるのである。悪趣味というのは、たとえば、まさしくペーター・ベーレンス[45]が AEG 社[46]のためにデザインした電気湯沸かし器と電気ティーポットがそれである。AEG 社は 1907 年に、デュッセルドルフの応用美術学校の校長であった人物にその芸術顧問になってほしいと依頼していた。ベーレンスは、独特の審美観というものは、産業製品の特殊技術者＝企画者と協働して仕事をする芸術家の創造的な関与から生まれると確信していた。しかしながら 20 世紀の初めの数年にフランスの芸術家たちはこれに逆らった動きを示す。1904 年に装飾芸術家協会なるものが設立される。また 1907 年には

42　l'Art deco=l'Art décoratif＝装飾芸術。ここでは運動体としての装飾芸術を指す。
43　Aÿ．マルヌ県エペルネー郡にある人口 3,978 人（2013 年）のコミューン。第 2 章 129 を参照。
44　René Lalique（1860-1945）．前出，第 2 章注 66 を参照。
45　Peter Behrens（1868-1940）．ハンブルク生まれのドイツの建築家，画家，彫刻家，デザイナー，タイポグラファー。
46　アーエーゲー。1883 年に創業したドイツ総合電機製造会社。1994 年にエレクトロラックス社に吸収され，その後 AEG-エレクトロラックスというブランドで世界に進出している。

装飾芸術家地方同盟が結成されて，芸術的創造の地方分散化を奨励するのである。1920年頃に有名な装飾家となる建築家のピエール・ジャヌレ[47]は，産業－芸術の合流に非常に熱中し，1912年に『ドイツにおける装飾芸術運動に関する一研究』という書物を刊行する。アパルトマンの全体的装飾の施行において現代性と機能性を大事にするジャヌレは，同じ活動に加わったフランツ・ジュルダン[48]やオーギュスト・ペレ[49]と考えを共有している。しかしながら産業デザインが旧来のスタイルの模倣から離れるには，1925年のパリの装飾芸術・現代産業万国博覧会，ならびに1929年の現代芸術家同盟（ル・コルビュジエやマレ＝ステヴァンス[50]のような人物に仕切られた）の結成を待たねばならなかった。第二次世界大戦末のフランス国土解放以降，大半のラグジュアリー産業は有名なクリエーターたちを自分の協力者とする方針をとった。たとえばセーヴルはアレクサンダー・カルダー[51]を招聘したし，ヴァン＝ドンゲン[52]はベルナルド[53]のところに身をおいた，というように。

　オート・クチュールと芸術着想の間の関係はただちにきずかれた。美術史家，収集家でありクチュリエでもあったジャック・ドゥセ[54]のところでは，すでに非常に早くそれができ上がった。ドゥセは，まず18世紀に強く心惹かれ――その魅惑はかれの同時代人の大半が共有した――，1912年にそのコレクションをあちこちに手放してマネ，セザンヌ，ヴァン＝ゴッホ，ピカソ，ポー

47　Pierre Jeanneret（1896-1967）．スイス出身の建築家，デザイナー。従兄弟の有名な建築家ル・コルビュジエ（1887-1965）の共同制作者でもある。
48　Frantz Jourdain（1847-1935）．ベルギー出身でパリの国立美術学校で学んだフランスの建築家。
49　Auguste Perret（1874-1954）．同じくベルギー出身でパリの国立美術学校で学んだフランスの建築家。
50　Robert Mallet-Stevens（1886-1945）．パリ生まれの建築家，デザイナー。モダニストの作風で知られる。
51　Alexander Calder（1898-1976）．アメリカ合衆国のローントン（ペンシルヴァニア州）出身の彫刻家。
52　Kees Van Dongen（1877-1968）．オランダのロッテルダム近郊のデルスハーフェン生まれの画家。パリでフォーヴィズム（1905から1910年頃までフランスで起こった，原色のコントラストや大胆な筆致を特徴とする絵画の流派）の運動に参加した。
53　Bernardaud．フランスのリモージュの名窯。もとはリモージュにレミ・ドゥリニエールが1863年に設立した磁器の工場。ナポレオン3世の御用達となり，その後その協力者のレオナール・ベルナルドが1900年に買い取ってブランドの礎をつくった。
54　Jacques Doucet（1853-1929）．パリ出身の有名高級婦人服デザイナー。

ル・ポワレ[55]などの現代画の方に目を向ける。ポール・ポワレ——かれ自身引退するとき，絵画に没頭した——は，自分のモデルを練るときイリブ，ルパプ[56]，ヴラマンク[57]，デュフィ[58]を協同者とした。

　戦間期以降，クチュリエたちの同時代の絵画に対する本当の情熱がはっきりとなった。コクトー，モンドリアン[59]，マチス，ブラーク[60]，ヴァン=ゴッホがこれである。イリア・ズダネヴィッチ[61]は，自らもシャネル・コレクションのために幾何学的なデッサンの作者であったが，1921年には捺染布を使った創作に関してソニア・ドゥロネー[62]と協同する。ズダネヴィッチ自身の本にはピカソ，ブラーク，マチス，ミロ，ジャコメッティ[63]の挿し絵が載った。1995年7月においてもなおディオールのところで，ジャンフランコ・フェレ[64]は，次の秋にジャコメッティに献じられるグラン・パレでの大展覧会の一般公開に先立ってセザンヌに捧げられた冬コレを展示したのである。

　芸術・文学界の高級ファッションの生産に対する支持も，広告に関して高級ファッション側によって求められる。とくに戦間期には，高級ファッションのために豪華な素材で挿し絵が豊富に入った数十頁の小冊子を配布するという慣行が広がる。この小冊子にはパリのお歴々のメンバーである評判の作家や芸術家たちの賛助があった。このタイプのパンフレットないしカタログはしば

55　前出，第2章注48。高級婦人服デザイナー。
56　Georges Lepape（1887-1971）．パリ生まれのグラフィック・デザイナー。
57　Maurice de Vlaminck（1876-1958）．パリ生まれの画家，陶芸家。
58　Raoul Dufy（1877-1953）．画家，デザイナー，彫刻家，室内装飾家。
59　Piet Mondrian（1872-1944）．オランダのアメルスフォールト出身の画家。抽象画のオアイオニアの一人。
60　Georges Braque（1882-1963）．パリ郊外のアルジャントゥーイユ生まれの画家，彫刻家，陶芸家。フォーヴィズム，キュービズム双方に関わった。
61　Ilia Zdanevitch（1894-1975）．ロシア出身の詩人，美術史家，書籍出版業者。
62　Sonia Delaunay（1885-1979）．ウクライナ出身の画家，彫刻家，高級婦人服デザイナー。フランスに帰化してフォーヴィズム，オルフィズム（キュービズムの構成に未来派の発想を加えたもの），抽象画を推進した。
63　Alberto Giacometti（1901-66）．スイスのグラウビュンデン州に生まれ，ジュネーヴ美術学校を出て，パリで活躍した画家，彫刻家。
64　Gianfranco Ferré（1944-2007）．イタリアのルガーノ出身のファッション・デザイナー。主にミラーノで活動し，ジョルジオ・アルマーニ，ジャンニ・ヴェルサーチェとともに「ミラーノの3G」と称された。1989-96年にディオールのチーフ・デザイナー。

しばドゥレジェ[65] によって刊行された。ドゥレジェのモンルージュ[66] の工房は，その仕事の洗練さで好評を得ており，また同社はアメリカ合衆国やフランスの毛皮や自動車（こういった商品はこの時分ではまだ高級住宅街の人たちの消費向けではなかっただろうか？）の紹介のしかたに関して独特の趣味を発揮している。『リヨンのベルリエ[67] 訪問』（1908 年）という 56 頁のリブレットはトリスタン・ベルナール[68] の解説を含んでいる。1910 年には，40 頁の小冊子（ドゥレジェ刊）のなかで，「ホテルのなかで最もアメリカ的であり，かつパリ的である」といわれるクレベール大通り(アヴニュ) 19 番地のマジェスティック・ホテル[69] に焦点が当てられ，そのサロン，部屋，配膳室，そのルーフ・ガーデンの写真が活用された。1927 年にさらにドゥレジェから，1896 年，リヨンのクロワ＝ルージュ・ブルヴァール 170 番地にあるクルデュリエ・フリュクテュス・エ・ドレシェ社[70] の絹織物工場（店舗はパリのラ・ペ通り 17 番地，それからロンドン，ブリュッセル，ニューヨークにもある）の創業 30 周年――このマニュファクチュールは 1896 年にオラニエ，フリュクテュス・エ・ドレシェによって設立され，1905 年にパリ出身のジャン・クルデュリエと合併していた――の折に 25 頁のパンフレットが出される。工場，織機，会社の事務所の写真に沿えてジャン・コクトーの「絹織物の誤った歴史」という一文が載っていた。同じくドゥレジェのところで 1932 年にシャネルの小冊子が宝石に使われる。そこではダイヤモンドのアクセサリーがポール・イリブによって描かれ，

65　Draeger. ドイツのトリーア（当時はフランス領）に生まれた印刷業者のニコラ Nicolas Draeger（1813-1913?）の息子，シャルルが 1887 年に創業したフランスの印刷会社。広告業のパイオニアの一人。1980 年に解散。

66　Montrouge. イル＝ドゥ＝フランス地方のオ＝ドゥ＝セーヌ県（パリの南）の現在人口 46,800 人（2006 年）のコミューン。

67　Berliet. リヨンに工場をもったフランスの自動車メーカー。マリユス・ベルリエ（1866-1949）が 1901 年に自動車を製作。その後 1967 年にシトロエンに買収され，1975 年にはルノー公社の傘下に入るが，1978 年にブランドは消滅。戦車やトラックのメーカーとしても知られる。

68　Tristan Bernard（1866-1947）. 本名はポール・ベルナール。フランスのブザンソン生まれの劇作家，小説家。

69　Hôtel Majestic. スペイン女王イサベラ 2 世が住み，アメリカ合衆国大使館に供された後，1908 年にレオナール・トーベが凱旋門のすぐ近くのこの場所に建てた高級ホテル。1936 年に政府が軍事施設に転用し，その後外務省，ユネスコ本部などに使われ，さらに 2007 年には民間に売却されてザ・ペニンシュラ・パリという名称のホテルとなった。

70　Courdurier, Fructus et Drescher.

ロベール・ブレソン[71]によって撮られた写真が添えられている。ランヴァンは1945年に18頁の同じような小冊子を香水に使っている（カップ[72]刊）。それは選ばれた顧客用の限られた部数の御祝儀カタログであり，純正オーヴェルニュ産麻布を原料とする手製紙（前産業時代の手工業生産様式が必然的結果としてラグジュアリー製品の気高さを付与するように思われる品物の一つ）の上に印刷されていた。もう一つの小冊子の例は1949年に刊行されたもの（47頁，アンジャルヴィク[73]社）である。最後の2つの事例においては作家と画家が協働している。すなわち一方のコレット[74]，ルイズ・ドゥ＝ヴィルモラン[75]（詩，図形詩(カリグラム)），ポール・ヴァレリー[76]，ジャック・ドゥ＝ラクルテル[77]，他方のドゥラン[78]，マチス，ヴァン＝ドンゲンがこれである。

　今日，ラグジュアリーと芸術の間の関係は完全に逆転している。オート・クチュールは芸術庇護(メセナ)の活動に関わっている一方で，その最も典型的な生産物は，芸術品という地位は獲得しないとしても，コレクションの商品となっている。ファッションは，その年次発表が盛大で荘厳な集会となっている一つの芸術として神聖視されているのである。1984年，アラン＝ドミニク・ペラン[79]は現代芸術のためのカルティエ財団を創設する。その本拠は10年後にジャン・ヌヴェル[80]の建築様式――「全体が優雅さ，ガラス，繊細に格子縞にされた鋼でできており，その機能は……堅固な量感の解釈を不要なものとすることにある」――でブルヴァール・ラスパイユに定められる。財団によるコレクション，博覧会，注文は，最新の芸術の大まかな趨勢と自分自身活発な芸術家たちを代表し，支持していこうという財団の強い意志の表れである。

71　Robert Bresson (1901-1999). フランス中部のピュイ＝ドゥ＝ドーム県出身の映画監督。
72　Kapp.
73　Anjalvic.
74　Sidonie-Gabrielle Colette (1873-1954). フランスの女流作家。
75　Louise de Vilmorin (1902-69). フランスの女流作家。
76　Paul Valéry (1871-1945). フランスの作家，詩人，哲学者。
77　Jacques de Lacretelle (1888-1985). フランスの作家。
78　André Derain (1880-1954). フランスの画家，彫刻家，版画家。
79　Alain-Dominique Perrin (1942-). フランスの実業家，美術収集家。1975-98年にカルティエの社長。
80　Jean Nouvel (1945-). フランスの建築家。

第 2 部

ラグジュアリーのカテゴリー

第5章

守勢に立つ食卓の芸術

　ちょっと想像してみていただきたい。ある金持ちの芸術庇護者があなたを食事に招待して，純銀製の食器でブロッコリを出してくれたとする。あなたはきっとかれに注意を促すだろう。今日グルメの人は，たとえきれいに盛りつけられた食卓を相変わらず高く評価するとしても，皿そのものより皿の中身の方をむしろ重視すると。それは数世紀経つうちに価値観の転換が起こり，食卓と口との間の均衡が反転して，口の方が大事になったということである。たとえば，とくに新婚夫婦などは，豪華な食事の結婚披露宴をあきらめることより，むしろ御祝品のリストのなかでテーブルウェアのフルセットをもらうことの方に不満顔をする。

　シャンパン会社モエ・エ・シャンドンの創業250周年記念の機会に決定されたLVMHの芸術庇護行為は，「17～19世紀におけるヴェルサイユとヨーロッパの王室の食卓」という博覧会を支援することであった。それはアンシアン・レジーム下，そしてそれ以降もフランスの諸王が食卓の装飾に関してヨーロッパ大陸のほかの諸宮廷に対して手本を示したということを想い起こさせる好機であった。その実行は国王の特任を帯びた文字どおり金銀細工の名家に委ねられていた。国王の栄光とともに趣味のために尽くすということが重要であった。アンリ4世はかれらをギルドの枠外におき，ルーヴル宮に住まわせた。ルイ14世の絢爛豪華さの前にも「金銀細工品ならびに食卓について非常に発達した趣味が明らかに存在していた」と，前出のカトリーヌ・アルマンジョンは指摘する。アンヌ・ドートリシュ[1]，マザラン[2]，コンティ[3]あるいはリシュ

1　Anne d'Autriche (1601-1666). フランス王ルイ13世の王妃，ルイ14世の母。
2　Jules Mazarin (1602-1661). イタリア中部のペシーナ生まれ。枢機卿。最初はローマ教皇に仕えたが，1639年にフランスに帰化して摂政アンヌ・ドートリシュの顧問，次いでルイ14世のとき宰

リュー[4]の財産目録は「すでに貴金属についての趣味の証拠となるものである」が，まったく同様に「家具と用品の驚くほどのラグジュアリー」を証明している。これについてはフランソワ1世とベンヴェヌート・セッリーニ[5]に，そしてまたイタリア，ドイツ，フランドルの金銀細工師たちのパリへの到来にまで遡る必要がある。

　ルイ14世のおかかえの金銀細工師ピエール・ジェルマン[6]（ただし16世紀にまで遡る家系をもつ）の血筋から，その息子で18世紀には最も有名な金銀細工師となるトマ・ジェルマン[7]，孫のフランソワ・ジェルマン[8]が出た。同じく国王おかかえの金銀細工師にニコラ・ドゥロネー[9]は，1674年から1715年まで食器に関してただ一人の王室御用達であった。ドゥロネーの義兄弟のクロード・バラン[10]もこれに劣らず著名であった。ルイ14世の貨幣彫金師の息子のジャック・レティエ[11]は，1737年に国王ルイ15世のおかかえ金銀細工師となった。1765年にはその息子のジャック＝ニコラ——通称レティエ・ドゥ・ラ・トゥール——と組んでこの仕事を続け，金銀細工ギルドの監視官となり，そして上級貴族層にも製品を納入した。ルイ14世とルイ15世の治下，3,000〜5,000の人びとを数えた宮廷においては，宮廷人に数多くの食事を給仕しなければならなかった。そこからまた国王付き食卓官吏の職が非常に重要になっていたのである。

相となる。
3　Conti. コンティ侯の称号はフランスのブルボン＝コンデ家の分家の家系の称号。当時はコンティ侯アルマン・ドゥ＝ブルボン（1629-66）がこれに当たる。
4　Armand Jean du Plessis de Richelieu (1585-1642). 枢機卿。ルイ13世の宰相。
5　Benvenuto Cellini (1500-1571). ルネサンス期に活躍したフィレンツェ生まれの金銀細工師，デザイナー，彫刻家，メダル原型彫刻家，青銅彫刻家。祖父は石工，父は音楽家・楽器製造者。1540年にフランス王室に招聘され，多くの注文を受けた。
6　Pierre Germain (1645-1684).
7　Thomas Germain (1673-1748).
8　François Germain (1726-1791).
9　Nicolas Delaunay (1646-1727).
10　Claude Ballin (1615-1678). パリの金銀細工師。ルイ15世に金銀製の調度品を納入した。
11　Jacques Roettiers (1707-1784). アントウェルペンの家系に連なる，フランス生まれの彫刻家，金銀細工師。

1. 金・銀の食器

　ルイ16世にも国王付きのロベール＝ジョゼフ・オーギュスト[12]という金銀細工師がいた。その息子のアンリは第一帝政期にも皇帝に仕え，ナポレオン1世の戴冠式用の黄金の王冠，ならびに1804年にセーヌ県知事の発注で皇帝に贈られた「グラン・ヴェルメイユ grand vermeil」という金メッキした銀製の食器セットの製作にもあたった。マルタン＝ギヨーム・ビエネ[13]（1764 - 1843）はサン＝トノレ通り283番地に拠点をおく（この通りは第一帝政期には100人ほどの金銀細工師を数えた。さらにいえば，かれらほど有名ではない同業者たちが，単独の金銀細工師の能力を超える大量の王室からの注文品の納入を手伝うべく，下請け仕事をしていた）。「皇帝・皇后両陛下ならびに国王・王妃両陛下の金銀細工師」であったビエネは，1804年から帝室のすべての金銀細工品製造にあたったが，それだけではなくしばしばペルシエ[14]やロベール＝ジョゼフ・オーギュストによって描かれたモデルに基づいてナポレオン硬貨(ナポレオニド)の造幣にも関わったのであった。ビエネはまた，ウィーンの皇帝の宮殿の「グラン・ヴェルメイユ」（1798年と1809年の間に製造）の納入も手がけた。これらの食器セットはこの宮殿で1918年まで使用された。そしてその品数は19世紀末の時点で45,000以上を数え，総重量は850kgを超えていた。ジャン＝バティスト＝クロード・オディオ（1763 - 1850）もナポレオン1世から特別の注文を受け，ロシア王アレクサンドル1世やバイエルン王マクシミーリアーン1世のためにも仕事をした。さらにその後もルイ18世，シャルル10世，次いでルイ＝フィリップといった歴代のフランス王の金銀細工師としてそのキャリアを続けたのであった。

　1806 - 07年，次いで1810 - 11年に銀製およびヴェルメイユ製の食卓用金銀細工品の相当な量の注文を出したナポレオン1世の役割はここでもまた強調さ

12　Robert Joseph Auguste (1723-1805). ルイ15世の愛妾ポンパドゥール公爵夫人の口添えで売り込まれ，国際的に知られる金銀細工師，彫刻家になった。
13　Martin-Guillaume Biennais.
14　Charles Percier (1764-1838). パリ生まれの新古典派の建築家，装飾家。

れるべきである。その手本は最後にナポレオン3世によって踏襲された。かれはまだ皇子＝大統領だった1852年[15]に，銀メッキの50のテーブルウェア・セットを注文していたが，皇帝になった翌1853年には，チュイルリー宮用に，20人分の食器一揃い（クーヴェール）に必要なすべての品といっしょに，銀メッキの大型の飾り皿を注文した。すなわち121の飾り皿，1,200の金銀細工品，2,426人分の食器一揃い，952の食卓用金物がこれである。クリストフルは，この注文に応じるために，セーヴル・帝国マニュファクチュールを協力者としたのであった。

　フランスで造られた主要な製品は，昔から，財政難の折に金属貨幣を供出するために（1709年にスペイン継承戦争の資金調達のためにルイ14世の金の食器はことごとく溶解された），あるいは別の形，別のスタイルで再現させるために（ルイ15世とルイ16世の治下に，ルイ14世のすべての銀の食器は再溶解され，より近代的な金銀細工品に変えられた）しばしば再溶解されたが，フランス革命のとき消えてなくなった。今日その跡を追い求めるとしても，それは国境の外，つまりイギリス，デンマーク，ポルトガルあるいはロシアのコレクションのなかにしかない。フランス諸王の自身の金銀細工品も物語，古文書あるいは財産目録以外のところでは原形を再現することはできない。ナポレオン1世の「グラン・ヴェルメイユ」という金メッキした銀製の食器セットは第二次帝政までしか生き残らなかった。第二帝政のとき，それはクリストフルに発注された新たなテーブルウェア・セットのために溶かされたのである。

　実際，19世紀が進むうちに，クリストフルによって名が上がった銀メッキ品だけでなく磁器，クリスタル，芸術的な陶器の影響によって，食卓装飾から貴金属が消えたのである。

2. リモージュ

　フランス産のカオリン[16]の最初の鉱脈——磁器に匹敵する白味を与える鉱

15　シャルル＝ルイ・ナポレオン＝ボナパルトまたは通称ルイ＝ナポレオン・ボナパルト（ナポレオン1世の甥）はまずはフランス第二共和国大統領（「皇子＝大統領 Prince-Président」）となり，その後皇帝ナポレオン3世（1852年12月2日〜1870年9月4日）となる。
16　kaolin. 白陶土。中国の高陵Kaolingで産出された粘土鉱物（カオリナイトが主成分）を語源とする。

石——は，1765年にサン＝ティリエ＝ラ＝ペルシュ[17]（オート＝ヴィエンヌ県）で発見されていた。すでに1749年に，ヴァンセンヌ王立マニュファクチュール——ほどなくセーヴル（ここで申し分のない配合を見出す努力がなされた）に移転——の工場長であったピエール＝ジョゼフ・マケ[18]は，フランスの国土に同じものを発見した者には報奨を申し出ていた。こうしていまやリモージュが，中国ないしは日本の上質の硬磁器と競争できるような製品の製造中心地となる可能性が開かれた。1768年になるともうモケは，セーヴルでまばゆい白の磁器を製作している。1771年にはリモージュで最初の作品が世に出されるのである。

　1756年からすでにルイ15世はセーヴルのマニュファクチュールに，家族用または外交用の贈物用にマイセンと競争するような代物を発注していた。1807年には，ナポレオン1世がアレクサンドル1世にエジプト風の食器セットを贈った。これは1802年に地図付きで出版されたヴィヴァン・ドゥノン[19]の『ナポレオン将軍の遠征中の高・低地エジプト旅行記』の挿し絵をもとにして，エジプトの風景をモチーフに装飾を施したものであった。1800年からセーヴル・マニュファクチュール——帝国マニュファクチュールとなる——の工場長兼再編成担当者であったアレクサンドル・ブロンニヤール[20]によって創造されたこの食器セットには，ビスキュイ[21]製の上に神殿とスフィンクスの絵柄を見ることができた。実際にこの食器セットは画家スウェバシュ[22]とピエール＝ルイ・ミコー・フィス——ミコー・フィス[23]は同様にジョゼフ・

17　Saint-Yrieix-la-Perche. フランス中部のオート＝ヴィエンヌ県南端にある現在人口6,922人（2013年）のコミューン。有名な陶磁器の産地リモージュ Limoges の近傍。
18　Pierre-Joseph Macquer（1718-1784）．パリ生まれの医師，化学者。1768年にセーヴルのマニュファクチュールにマイセン（ドイツ・ザクセン地方）の磁器を導入したことで知られる。マイセンで磁器生産が始まったのは18世紀の初頭のことであった。
19　本名は Dominique Vivant Denon（1747-1825）．フランスのジヴリ（ブルゴーニュ地方）生まれの彫刻家，作家，外交官。
20　Alexandre Brongniart（1770-1847）．パリ生まれの植物学者，地質学者，化学者，鉱物学者，動物学者。科学アカデミー会員
21　biscuit. 釉薬を施さずに二度焼きした白色陶器。
22　Jean-François-Joseph Swebach-Desfontaines（1769-1823）．メス（ロレーヌ地方）生まれの画家。戦闘シーンやナポレオン1世の武勲を描いた。
23　Pierre-Louis Micaud の息子 fils。

ゴダン・ジュニア[24] といっしょに金箔張りの仕事に従事した——によって仕上げられた。その後フランス革命を利用してセーヴル独占の崩壊をきっかけに誕生したパリの民間工場——たとえばディル=エ=ゲラール[25]，ナスト[26]，ダゴティ[27] の工場——は競争者として次第に広汎な顧客に供給するようになる。同じ頃パリにあった磁器製造人の一人でイギリスのスタッフォードシャーからの亡命者（ローマ・カトリック教会へ帰属するという理由で）クリストフ・ポッター[28] は，シャンティイに身を落ち着けて，そこで磁器と精陶器の両方を製造した。ポッターの下で，後にクレイユ[29] で操業することになるジェイムズ・バグノール[30] が修業した。あるいはまた，セーヴル・マニュファクチュールの製造機密の保持者である化学者のガスト[31] もここに引き寄せられたのであった。

　20世紀の終わりはリモージュの磁器のきわめて重大な危機によって特徴づけられる。すでに久しい以前から動揺させられていたその独占は，いまや市場のグローバル化の影響で重傷といえるまでに損なわれている。そもそもこの都市はいまや国内磁器生産の55％しか供給していない。35％はシェール川[32] 流域（とりわけ19世紀初めにスイス人ピリヴュイ[33] によってマニュファクチュールが建てられたムアン=シュル=イエーヴル[34] において）ならびにショヴィ

24　Joseph Godin jeune.
25　Dihl et Guerard. パリにあったアングレーム公 (1775 - 1844, フランス王国の王太子) のマニュファクチュール (1771-1829) の別称。
26　Jean-Népomucène Hermann Nast (1754-1817). オーストリア出身の磁器製造人。パリに移りヴェルサイユで仕事をした後，1783年に磁器工場を設立していた。
27　Pierre-Louis Dagoty (1771-1840). 画家。第一帝政期にその工場は，王妃マリー=アントワネットに倣って，皇后ジョゼフィーヌにより「皇后陛下のマニュファクチュール」の称号を得た。
28　Christophe Potter (1751頃-1817). もとはイギリスの政治家。移住の理由は，議会で対米戦争に反対して，ウィリアム・ピットと決闘して敗れたともいわれている。
29　Creil. パリ北方のオワズ県の，現在人口34,262人（2013年）のコミューン。
30　ジャック・バグノール Jacques Bagnall (1762-?) の英語読みだと思われる。ジャック・バグノールはイギリスからの移住者。ウェジウッド社の創設者ジョサイア・ウェジウッド (1730-95) の弟子であった。
31　Gast.
32　le Cher. ロワール河の支流。この川がシェール県（フランス中部）の語源。
33　Jean-Louis Richard Pillivuyt. その名がブランド名となった陶製造のピリヴュイ社は1818年に創業。
34　Mehun-sur-Yèvre. シェール県にある現在人口6,804人（2013年）のコミューン。

ニ[35]（ヴィエンヌ県）によって供給されており，残りは全国の小規模の生産単位に散らばっている。リモージュならびにオート＝ヴィエンヌ県[36]では，磁器業は約 2,000 人の従業員を雇用しており，それに子会社全体の従業員を含めれば 4,000 人である。だがかれらは競合する 50 ほどの中小企業に分けられている。そのうち 3 社だけが従業員 100 人以上を雇っている。すなわち旧王立マニュファクチュールを復活させたベルナルド（400 人近く），家族が 19 世紀にニューポート（ロードアイランド州[37]）から移住していたロベール・アヴィラン[38]（200 人超）およびアンドレ・レノー[39]（100 人を少し超える）がこれである。製品制圧の方向の歴史的逆転によって，いまやフランスの業者たちによって公衆の憎しみにさらされているのはアジアの偽造品である。リモージュの業者は，「白色顔料」から絵柄の焼成(しょうせい)にいたるまで完全にオート＝ヴィエンヌ県の製品であることを証明する「AOC」[40]を要求するところまでいっている。フランスの賃金はとくに高い。ポルトガルの磁器業で支払われる賃金はその 3 分の 1 にすぎないのである。中国の製造業者たちが 6 個のティー・カップを 25 フランで売りたいというのに対して，フランスの顧客の要望が生産者に対して仕事を複雑なものにしている。結婚祝いの目録は品数が少なくなっている。大衆はいまや顧客の好みで食器セットを製作してくれること，直径 31 cm の皿と一新された絵柄のものを作ってくれることを望んでいるのだ。

　1990 年代初めに，ある業界防衛形態が組織された。22 の会社が一つになってリモージュ磁器製造者同盟というものに再編成されたのだ。しかしこれらの製造業者たちは，非常に個人主義的な精神をもっているので，むしろ職業や地域の枠の外にあるパートナーに助けを求める傾向があるように思われる。たと

35　Chauvigny. ロワール河の支流ヴィエンヌ川が流れるヴィエンヌ県（県都はポワチエ）にある現在人口 7,086 人（2013 年）のコミューン。
36　la Haute-Vienne. ヴィエンヌ県の南東に位置する県（県都はリモージュ）。ヴィエンヌ川の上流地域。
37　アメリカ合衆国北東部のニューイングランド地方にある州。Newport は同州南部の港湾都市。
38　Robert Haviland（1897-?）．アヴィラン社は，デーヴィッド・ハヴィランドによって 1842 年に創業された高級テーブルウェアメーカー。ロベールはその後裔。
39　André Raynaud. 1919 年にマルシアル・レノーがリモージュに磁器のブランドを立ち上げた。アンドレはその後裔。
40　Appellation d'origine contrôlée. 原産地統制呼称。最初は 1935 年の法律によってフランスのワインに適用されたもの。

えばアヴィランの資本にはルーヴル会社（テタンジェ・ホールディング）が35％入っているし，ほかの複数の磁器業者の資本にオタンゲ[41]，公務員相互保障会社（GMF）[42]，エルメス，ラリクないしラギュイヨル[43]の資本が入っている。主要メーカーであるベルナルドは，生産の60％を輸出し，同社に統合された開発部のなかでミラーノのエットーレ・ソットサス[44]やパリのオリヴィエ・ガニェール[45]といったクリエーター＝デザイナーたちとともに働いているが，そのうえその資本の40％はラリクとクレディ・リヨネ[46]に掌握された。リモージュは日本磁器の歴史的中心地，九州の有田市との関係もきずいている。さらに，1981年に美術専門学校とアドリアン＝デュブシェ[47]美術館――産業のために職業訓練をする芸術家たちがそこで自分たちの着想源を見つけることができるように，19世紀に集められたコレクションが収められている――を同時に国家施設に転換した政府の努力にも同様に注目しなければならない。

だが1995年1月と1996年1月の間に販売は20％の減少を見た。追究された打開策は，投資家たちの目を引く熱中がむしろラグジュアリーのほかの部門において追い風となっているなか，今後十分な防御壁をなすであろうか。

加えて磁器産業は，19世紀からすでに，芸術性のある陶器との競争に直面しなければならなかった。後者は，数百のレパートリーからなるモデルから出

41　Hottinguer. 1786年にチューリヒ出身のハンス＝コンラート・ホティンガー（1764-1841）がパリに創業した銀行。

42　la Garanrie Mutuelle des Fonctionnaires. 1934年に設立されたフランスの相互保険会社。2005年にコヴェア Covéa という相互保険グループ会社の傘下におかれている。

43　Laguiole. 19世紀初めに刃物で有名であったラギュイヨルというフランス中央山塊地方南西のアヴェロン県にある小さなコミューン名に由来する。ラギュイヨルはこの地で産したナイフそのものを指す総称であり，商標はなかった。1993年に Gilbert Szajner がブランド化した。現在，アヴィランとともにサジル Sagil（1957年に時計・宝石店として立ち上がったメゾン）の傘下に入っている。

44　Ettore Sottsass（1917-2007）．オーストリアのインスブルック生まれ。イタリアで活躍した建築家，デザイナー。

45　Olivier Gagnère（1952-）．パリ生まれのインテリア・デザイナー，高級家具師。

46　Crédit Lyonnais. 1863年にリヨンで誕生した銀行。1945年に国有化され，1999年に民営化され，現在はクレディ・アグリコール（全国農業信用金庫）が親会社である。

47　Adrien-Dubouché（1818-81）．リモージュ生まれの卸売商で文芸庇護者。リモージュ市長。リモージュに美術館を設立し，そのなかに美術専門学校をつくった。同館のHPによれば，すでに1881年にこれらは国の施設とされている。

発して，伝統的な形態と旧来の地域的スタイル（ルーアン，ヌヴェール[48]，ムスティエ[49]，デルフト[50]，等々）を模倣し，これらを空想的な主題にも実用向きの製品にも適用したのであった。1世紀以上前からこのやり方に抜きん出ているのは，フルマントゥロー＝クールカン（1872年創業），エミール・フルマントゥロー，ジュール・フルマントゥローの兄弟（1882年創業）[51]およびその後継者のジェオ・マルテル（1900年創業）あるいはマス[52]といった，デーヴル（パ＝ドゥ＝カレ県）[53]の諸メゾンである。

3. クリスタルガラス

18世紀には，同様に，フランスではクリスタルガラス製造の大発展がある。技術，経済，社会文化的な面で，ここでも王国自らが奨励した。周知のようにクリスタルガラスは並外れてラグジュアリーで，繊細で，混じり気がなく，かつ透き通ったガラスであり，ムラーノ[54]島のヴェネーツィア・ガラス工が15世紀に開発したものであるが，ほかのヨーロッパ諸国もほどなくその技術を羨むようになった。ヴェネーツィア共和国の禁令にもかかわらず，16世紀から同国の業者たちはクリスタルガラスをボヘミアに輸出した。17世紀後半からボヘミアのクリスタルガラスはヴェネーツィアのそれに対して強い競争力をもち始める。17世紀末になると今度はイギリスにおいて鉛を含有するクリスタルガラスが開発された。この技法によって，石炭エネルギーの熱で溶解される製品に特別に高い純度が与えられることになったのである。18世紀にはイギリスとオランダのガラス工業が，ガラス器の生産にシャンデリアの生産を追加

48　Nevers. フランス中部のニエーヴル県の県都。
49　Moustiers-Sainte-Marie. フランス南東のアルプ＝ドゥ＝オート＝プロヴァンス県のコミューン。イタリア出身の陶工が16世紀に移住して来たときから開始したものの，19世紀中にほとんどの窯が閉鎖されていたが，20世紀に再興した。
50　Delft. オランダの都市。17世紀初め以降，青色の中国趣味の陶器で有名。
51　フルマントゥロー Fourmaintraux はデーヴルの製陶業一族。Fourmaintraux-Courquin, Emile et Jules Fourmaintraux.
52　Géo Martel, Masse. いずれも20世紀の製陶業者。
53　Pas-de Calais はフランス最北端の県。Desvres. 現在人口5,094人（2013年）のコミューン。
54　Murano. ヴェネーツィアの北東にある島。

する。カットされたクリスタルガラス製のナシ型の下げ飾りは，蝋燭の炎による照明効果を増大させ，これによってインテリアにおけるライフ・アートに一層の洗練さをもち込んだのであった。

　同じ頃フランスでは，イギリス式の鉛含有のクリスタルガラスの模倣に夢中になる。1781 年におけるロレーヌ地方のサン＝ルイ[55]・マニュファクチュールにおける最初の鉛含有のクリスタルガラスの製造，次いで 1783 年におけるアンシアン・レジーム期最後の王立マニュファクチュールの一つ，王妃のクリスタルガラス工場(クリスタルリ・ドゥ・ラ・レーヌ)の設立というのは，クリスタルガラス部門におけるフランスの遅れた躍進の歴史を物語っている。王妃のクリスタルガラス工場は，最初はサン＝クルー[56] 城公園内のセーヴルに設置されたが，まもなく 1787 年にモンスニ[57] に，正確にはル・クルゾー[58] に移された。ル・クルゾーの石炭層によって工場に必要な熱量が供給されたからである。第一帝政期の輝かしい時期の後，このマニュファクチュールは復古王政期には，シャゴ兄弟[59] の掌中にあって，衰退の余儀なきにいたった。

　だがフランスの真のリーダー企業は，ロレーヌ地方のムルト川沿いにあるバカラで 1764 年に誕生していた。ロレーヌ地方はすでに中世以来今日までフランスの最も重要なガラス製造地域であった。メス司教ルイ・ド＝モンモランシー＝ラヴァル[60] は前からその司教領においてサン＝キラン[61] のガラス工場をもっていたのだが，この司教のイニシアチヴでつくられたバカラの芸術ガ

55　正確には Saint-Louis-lès-Bitche. モゼル県（ロレーヌ地方）の現在人口 512 人（2013 年）のコミューン。最初のガラス工場は 16 世紀に遡る。フランス併合後の 1767 年に王立ガラス工場の称号を得た。現在はエルメスの所有。

56　Saint-Cloud．パリの西にあるコミューン。ルイ 14 世の弟のオルレアン公フィリップがここに城館と公園をつくった。後にルイ 16 世はこれを王妃マリー＝アントワネットに提供した。

57　Montcenis．セーヌ＝エ＝ロワール県（ブルゴーニュ地方）の現在人口 2,195 人（2013 年）のコミューン。

58　Le Creusot．現在人口 22,308 人（2013 年）のコミューン。モンスニ近くの小村が，まずは 1782 年に王立鋳物工場，次いで 1786 年にこのクリスタルガラス工場移転に伴ってはじめて工業都市として再生し，急成長を果たした。

59　les frères Chagot．ジャン＝フランソワ Jean-François とアンリ Henri。

60　正確には Louis-Joseph de Montmorency-Laval（1724-1808）．後には枢機卿になる。フランスの古来の高級貴族モンモランシー家の出身。フランス革命期には亡命。

61　Saint-Quirin．モゼル県にある現在人口 768 人（2013 年）のコミューン。15 世紀ガラス製造が始まり，ロレーヌ公の御用達となった。

ラス工業は，1816年にエメ＝ガブリエル・ダルティーグ[62]の手に渡った。化学に造詣が深いこの人物は，1791から1795年まで上記サン＝ルイの工場長をしていたが，1802年にはナミュール[63]近傍のヴォネシュ[64]のガラス工場を買い取り，そこで1805年以降クリスタルガラスの製造に没頭していた。そして1815年の講和後フランスにもどり，バカラを買い取ったわけである。ダルティーグが後にいなくなると，この施設は新たにパリ人ピエール＝アントワーヌ・ゴダール＝デマレ[65]によって支配される会社によって買収されたが，クリスタルガラスが1823年から全国産業博覧会で最初の金メダルを獲得したことについては，まさにダルティーグに負っているわけであった。とはいえゴダール＝デマレがその企業に目覚ましい躍進を刻印することになったのもたしかなことである。

　巡り合わせもよかった。というのもシャンデリアの流行に，復古王政期以来上流社会や当時増殖中のレストランの食卓にガラスの食器セットを導入するという習慣が付け加わるからである。すなわちこの頃まさに，今日普通になっているように会食者ごとに1個の水用のグラス，赤・白用2個のワイン・グラス，ならびに1個のシャンパン用のフリュート型グラス（または広口のグラス）を置くという慣例が確立されるのである。政治権力もまたもやその役割を果たした。フランス王ルイ18世[66]は，1823年の万博を訪れた後，食器セットを一つ注文した。またシャルル10世[67]も同じく1828年にクリスタルガラス工場を訪問して同じように発注したのであった。

　まさにクリスタルガラスに対するこうした熱中のなかで，この新しい事業の最初のオーナーであるピエール＝アントワーヌ・ゴダール＝デマレとその息子のエミールは，手頃な値段を提示しつつもラグジュアリー製品に重きをおく

62　Aimé-Gabriel d'Artigues (1773-1848). パリ生まれの技師，バカラの鉛含有クリスタル工業のパイオニア。後に独立（1830年にオランダから独立）後のベルギーに帰化（1831年）。
63　Namur. ベルギー南部のワロニー地方の現在人口110,691人（2015年）の都市。1802年当時はフランス領であった。
64　Vonêche. 同じくワロニー地方にあったフランス領コミューン。1977年にボーラン Beauraing というコミューンに統合された。
65　Pierre-Antoine Godard-Desmarest (1767- ?). フランスの郵政役人，軍人，後に実業家。
66　Louis XVIII. ルイ16世の弟。在位 1814 – 15 年，1815 – 24 年。
67　Charles X. ルイ16世，ルイ18世の弟。在位 1824 – 36 年。

という戦略を選択する決意をなしえたのである。要するにそれは，ほぼクリストフルが銀メッキを使って実践することになるやり方を先取りするものであったが，いずれにせよ原料の厳密な選択についても，最も富裕な顧客向けの最高級品の製作に際しての手作りの完成度の高さについても一切ないがしろにしないというものであった。多様な需要に応じた製品のシリーズ化によって君侯と，はるかに範囲が広くなった大衆を同時に満足させつつ，フランスに広大な市場を切り開く——こういった目標は伝統と現代性との間の巧みな組み合わせによって達成されえた。ダニー・ソート[68]は，クリスタルガラスが「ブルジョワの調度類，つまりグラス，コンポート皿，チーズ用ディッシュカバー，食卓塩入れ，砂糖入れ，マスタード入れといった食器のかたちをとって食卓に，そして球体の香水瓶，エトルリアの壺風の香水瓶，花瓶，『水差し』セット，等々とともに寝室に」入ってきたと述べている。

バカラは実際，その創業以来，いつも変わらぬ態度と不断の技術革新追求の共存の場である。すでに1824年から，バカラのある労働者は宙吹き法によっていくつかの製品のボディの成形法を考え出す。1834年には，1827年にアメリカ合衆国で発明されていた新たな加圧成形法が採用される。カッティングは水力で動く旋盤の採用によって改善される。旋盤には数多くの歯車とグラインダーが取り付けられガラス加工職人は直接その上で仕事をする。ウラニウム・イエローのような新しい彩色法が発明される。1838年にエミール・ゴダール＝デマレと工場長がおこなったボヘミアでの調査旅行に続いて，バカラはいまやボヘミアの着色クリスタルガラスと競争できるほどになり，1名のガラス工と1名の彫刻師を雇用する一方，色彩群を拡大した。1840年から，中央学校[69]出身者の一技師，フランソワ＝ウジェーヌ・ドゥ＝フォントゥネー[70]の指揮下で，バカラは色重ねの工法によってこの製品の製造を改善する。この工場長はガラス溶解の加速化と一定化をおこなう工法を導入し，その脱色工程を改良する。1860年代には非常に経済的なシーメンス窯[71]の採用が見られる。

68　Dany Sautot. バカラ美術館の館長。バカラについての著作がある。
69　École centrale. 1829年に創立された旧称中央工芸学校（École Centrale des Arts et Manufactures）が起源。
70　François-Eugène de Fontenay.
71　un four Siemens. シーメンス（ドイツ語発音はジーメンス）は，1847年にヴェルナー・フォン＝ジー

そのすぐ後には石炭による加熱法に移る。さらに酸浴による腐食法という新しい金属工芸彫刻が発明され、トーチランプを使ったガラス周縁部の再カッティングと再加熱がわずかの差でこれに続いていく、等々。技術進歩の温床（そして半面では社会経済の実験室）であったバカラは、こうして1870年代以降、当時芸術と産業を対比し続ける論争のなかで仲裁的なポジションを占めることができるのである。というのも同時に、フランソワーズ・ビルク[72]が想起させているように、エミール・ゴダール＝デマレはラグジュアリー製品の社会的な機能を見失わなかったからである。すなわち、「価格が高い場合には特定の富豪にふさわしい商品も、価格が下がったときにはかれらにはもはやふさわしくないし、ラグジュアリーの度合はより小さなものになっているであろう……商品は高い価値をもった物によって置き換えられ……商品によって顕示されるべき富の状態と釣り合いのとれたラグジュアリーを表すことになるであろう」とビルクはいう。しかしながら19世紀末頃には、バカラの幹部たちは生産の大衆化というものが可能であることを認める。「最多数者ではなく、地代や産業投資利得の減少のために……収入が減少している富裕顧客の手の届くところに価格をもっていくような、価格の引き下げが大事であるということだ。こうしてかれらは、知識豊富な顧客向けに『穏当な』ラグジュアリー製品の生産という〔戦略[73]〕に到達するのである。」

　自社製品の盛名によって、バカラはフランス市場において他社を押しのけてのし上がることができた。1826年から1874年まで、同社はトゥレロン[74]（ノール県）のガラス工場を併合した。1832年に、バカラは競争を抑えるために、上記サン＝ルイと、次いでパリ周辺の2つのクリスタルガラス・メーカーと販売協定を結ぶ。同じ年に、モンスニのクリスタルガラス工場をシャゴ兄弟から買収し、そのうえでただちにこれを閉鎖した。19世紀末頃になると、バカラは別の活動機軸をもつことに成功する。すなわち一方においては、同社は、製品カタログに香水用小瓶（フラコン）を付け加えることによって、ラグジュアリー市

　　メンス（Werner von Siemens）がドイツのミュンヘンに設立した電信会社を起源とする多国籍的な総合機械メーカー。
72　Françoise Birck（1936- ）。ロレーヌ大学社会科学研究所の研究員。
73　著者による挿入。
74　Trélon。フランス北部のベルギーとの国境近くの現在人口2,916人（2013年）のコミューン。

場への躍進に香水を組み込むことに成功する。1907年，この目的のためにランベルヴィレ[75]に新たなカッティング工場も創設されるのである。そのうえゲランは第一帝政からここの顧客であった。フランソワ・コティ[76]やウビガン[77]から最初の大量の注文がやってくる。ただしオート・クチュールの世界全体がかれらに合流するのは少しずつであった。とくにクリスチャン・ディオールは1949年からである。この地において芸術的創造と大量産業生産とが出会う。これはバカラがとくに誇ってよい同盟である。

　他方バカラは，20世紀初めから，国内市場のある程度の伸び悩み——百貨店や直接購入の顧客の注文は増えても地方がほとんど動かない——に対処すべく，外国市場を攻める。営業社員が世界中を縦横に駆け巡る。1896年以来，ニコライ2世の注文によってロシアは特別の顧客となっていた。1909年には日本の皇室用の最初の食器セットの注文が入る。第一次世界大戦の直後は，アメリカ合衆国における禁酒法によって，この国へのガラス食器セットの輸出がゼロになった。また1929-37年の世界恐慌期には，生産と販売が深刻なほどに減速させられる。だが第二次世界大戦後になると，南北アメリカに向けて，そして1970年以降はアジアへと再び商業攻勢がかかる。最近バカラは東京にすべて自社創作品に割かれた美術館を設立することができた。1989年には，輸出販売額は生産の72％に達した。こうした成功には2つの要因がはたらいたと思われる。すなわち一つには技術革新がある。たとえば天然ガス窯への燃料供給によって空前の純度の高さをもったクリスタルガラスが得られるようになっている。もう一つの要因はクリエーターや芸術家にかつてないほどに広く解放したこと，それによって芸術作品のうちガラスやクリスタルガラスの彫刻にあてられる部門が増大したということである。

　こうした戦略は，1987年にヴァンヌ＝ル＝シャテル[78]にガラス工芸家養成

75　Rambervillers. フランス東部のヴォージュ県にある現在人口5,505人（2013年）のコミューン。
76　François Coty (1874-1934). 企業家，政治家，香水製造業者。世界的な大富豪の一人として知られた。
77　Houbigant. 1775年にジャン＝フランソワ・ウビガン（1752-1807）がパリで起こした香水メーカー。
78　Vannes-le-Châtel. フランス北東部のムルト＝エ＝モゼル県（ロレーヌ地方）にある現在人口579人（2013年）のコミューン。

第 5 章　守勢に立つ食卓の芸術　109

センターが創立された──クリスタルガラスのドーム社との接触によって──ことと同列に見ることができよう。同センターは，ノウハウの保持をはじめ，最も現代的な技術の研究（同じく超高圧の水噴射による切断の研究），そしてまた芸術創作の奨励と工芸工房レヴェルでの生産の再活性化を目的としており，さらに商品化の機関も兼ねているのである。

　ラグジュアリー産業（ワイン，蒸留酒および美食系製品を除く）の 345 億フランの売上高に関する 1993 年の統計は，香水（57％）と，これにきわめて密接に関係している衣料（17％）の圧倒的優位を明らかにしていた。その一方で磁器，陶器，クリスタルガラスは合わせて 5％を辛うじて超えるくらいであった。さらにこれらに「宝石，金銀細工品，その他」という項目（同じく 5％）が加えられる。

　それゆえ，クリストフルの発進から 50 年後，19 世紀の躍進の立役者たる，ラグジュアリー消費の牽引車はかなり控えめな役割のなかに追いやられているわけである。20 世紀末にリーダーシップは急激にその担い手を変えた。おまけに 1990-93 年の経済危機の間に，ラグジュアリーな皮革・靴が輸出を 34％も増加させるのに成功した（もちろん国内消費の収縮を考慮してのことであるが）。衣料はこのとき 29％，香水は 15％の伸びであった。対照的に金銀細工品とクリスタルガラスは大きな赤字を経験した。磁器と陶器はまったく取るに足りない結果であった。これらの部門全体でいえば，たぶん後退は 10％を超えていた。

　クリストフルは，1992 年に売上高 6 億 2,300 万フランのうち 4,000 万フラン近くの欠損を出した後，1994 年には 5 億 3,500 万フランの売上高のうち 1,600 万フランの利益を出した。回復といえば回復だ。だが，アルベール・ブイレ社長から，マウリツィオ・ボルレッティ[79] を代表とするグループへの移行（1993 年 9 月）とともに，「歴史的」変質も見られた。

　1994 年にもまた，バカラは 4 億 9,600 万フランの売上高のうち 100 万フランというしるしばかりの利益を出す。社長アンヌ＝クレール・テタンジェ＝ボンヌメゾン[80] は経営権を，1988 年以来バカラの株主であったソシエテ＝デュ

79　Maurizio Borletti. イタリアの投資家。ミラーノ大学卒。
80　Anne-Claire Taittinger-Bonnemaison（1949-）。

＝ルーヴル[81]（テタンジェ家によって支配され，クリストフルの資本にも加わっていた）に移管する。企業がなお繁栄しているマリー＝クロード・ラリク[82]でさえ，支配権を小瓶メーカーのポシェ[83]に譲渡する選択をおこなうのである。

　1995年，一地域の惨事となるようなことが突発する。ある意味では国民的惨事ともいえよう。ドーム（フランスのクリスタルガラスの会社）の，フランスの再建人——最終的にはSAGEM[84]グループとなった——への思いもかけない売却がこれである。ヴァンヌ＝ル＝シャテル（トゥールの近く）の工場とナンシーのクリスタルリー通りの工房——このメゾンの歴史的な本拠であり，1997年時点で約30人の労働者のみが依然ガラス皿を加工している——の間にあって雇用だけが脅かされていたのではなかった。この再建はまた，形と色に同時にはたらきかけることを可能にする一種の錬金術のなかで，加熱や送風によって加工されるガラス細工のノウハウ——今日最も完全なラグジュアリーのイメージの一つである——に対する一種の象徴的な死刑宣告にも見える。複数の助手の吹き手に囲まれた親方のガラス工は，全体のなかに部品を付け加えるというかたちで作品づくりに関わっていた。そして親方の「即座の」創造はそこで終わり，フォルムは不可逆的なしかたで封印されていたである。しかしガラス製品がこうしたつくり方で1個当たり600フランにも上るとき，アルク[85]の機械製クリスタルガラスとどうやって競えようか。過剰生産力に際しては非常にすばやく対応する。ここでもどこでも投資不足が見られたのだろうか？　商品化に関する適応が不十分だったのだろうか？

　ドーム，それはこの企業によって制作された約3,000もの製品——グラス，ゴブレット，花瓶，飾り鉢——のコレクションでもある。そのなかでも一番美

81　Société du Louvre. ホテル業。もとはルーヴル百貨店。持ち株会社ルーヴルの傘下にある。
82　Marie-Claude Lalique（1935- ）．前述のようにラリクはガラス細工，宝飾品のブランド。
83　Pochet. 17世紀にまで歴史を遡ることができる老舗の小瓶メーカー。ポシェのブランドは19世紀に生まれる。
84　Société d'applications générales d'électricité et de mécanique. サジェム（電気・機械一般応用会社）。1925年に設立され，2005年にサフランSafran・グループに吸収された。
85　Arques. フランス北端のパ＝ドゥ＝カレ県にある現在人口9,936人（2013年）のコミューン。1968年に「クリスタル・ダルク・パリ」というブランドで，オートメーション式の機械生産で手頃なクリスタルガラス製品が作られるようになった。

しい 124 の製品は 1980 年にナンシー美術館によってすでに購入されていた。こうすることによって所有者自身が関わった売却が追い込んでいた散逸から救われたのだ。それから日本やアメリカ合衆国の収集家たちもドームが苦しい資金繰りを克服するのを支援したのであった――そこにはガレ，マジョレルあるいはグリューベルといった署名の入った製品もある。だが 1996 年の末，コレクションの半分は，ルヴァロワ＝ペレ[86] にある鋼板で覆われた部屋のなかに保管するため，正当であるとはいえ，同市のアイデンティティと記憶に対して無礼ともいえる条件でナンシーから移転させられたのである。

86　Levallois-Perret. オー＝ドゥ＝セーヌ県（イル＝ドゥ＝フランス地方）にある現在人口 65,264 人（2013 年）のコミューン。パリの北西郊。

第6章
綺羅星のように輝く高級ファッション

　20世紀において，いくつかの新しい消費部門（美食，旅行，余暇，等々）が拡大するその活力がどのようなものであれ，ラグジュアリー産業の「起動力」ないし「パイオニア」の役割は，結局は疑いなくオート・クチュール（高級注文服）の——そしてこれと関係し，これによって指導された活動ないし製品の全体——のものである。時代とともにラグジュアリーははるかに社会層的なものでなくなり，はるかに個人的なものになってきた。また，より身体に近く，最も多様で最も洗練された快楽追求に近くなった。

1. オート・クチュール

　しかしいったいどこからオート・クチュールはわれわれのもとへやってきたのか。 実は第二帝政期に，富裕階級向けの婦人服生産過程内での役割の配置転換からそれは生まれたのである。
　オート・クチュールの前段階において，向かい合う役者は布地卸商（なかんずくシュヴルー＝オベルト[1]といったような人物），卸商から直に布地を買う婦人顧客，そして自分の婦人顧客との直接的な関係によってか，あるいはある卸商のためにこれらの布地をつくり上げることを担う女性の高級婦人服仕立屋（クチュリエール）であった。このように複雑な関係の連鎖のなかで，仲介役はもちろんファッションであった。これは専門の刊行物——たとえば『婦人・ファッション新聞[2]』，あるいは展示紹介され，次には複製されるとくに王室の結婚祝い品リ

---
[1] Chevreux-Aubertot. 富裕な繊維卸商カジミール・シュヴルー（1766-1846）がパリの2区のボワソニエール通りに起こした商会。
[2] *Journal des dames et des modes*. 1797年にセレック書店によって創刊され，1839年まで継続発

スト——によって導かれる一種の見えざる手であり，布地の売り手も創り手もこうした刊行物の推進力を予知し，これに従おうと努めるのである。そして刊行物の方は，クチュリエールに布地をもっていって自分の願望を伝える婦人顧客を導いていたのである。

オート・クチュール——男性形ではここでの当事者はクチュリエとなるが——は，こうした関係のなかに割って入ってきて，一つの中心的な機能を創り出すことができた。すなわち婦人服モデルのクリエーター，考案者としての機能がこれである。そうしたモデルに関してかれらは布地の選択と供給を自分の仕事として保持していた。かれらは，生身のマヌカンに着せて呈示されるこうしたモデル服を提案し，そのあと婦人客にこれを認めさせる。そうしてかれらは婦人既製服製造に影響力を行使するようになる。そのとき婦人既製服製造は，これに先行していた男性既製服製造の躍進に匹敵するような発展をとげることになる。こうして主役が逆転する。布地のカットが材料に勝るのである。署名，ネームブランドがいまや，財産に恵まれた顧客層との連携をもち込んで，原価をはるかに超える価格設定を可能にするのである。

オート・クチュールの時代はそれゆえ，19世紀前半に爆発する織物に対する情熱の時代に先行された。オート・クチュールの時代は「新製品」と新作品店の時代であり，周知のようにそれらは百貨店への道をつけたのであった。すでに魅力の度合を増していた装飾のなかで目くるめくような主題，色，模様を見せようとしていた。思うにこうした図柄の増加に関しては，すでにアンシアン・レジーム末期から，当時繊維産業大中心地に設立されたデッサン学校によって提供されていた職業養成の有効性が称賛されるべきところである。たとえば1782年にモリス＝カンタン・ドゥ＝ラ・トゥール[3]によって開校されたサン＝カンタン[4]の学校は，機械工芸ならびに様ざまな手工業——とりわけこの地の繊維マニュファクチュール——を志す中産階級の若者たちのための王立の学校である。この学校では幾何学，建築学，人物像・動物像描写の講義がお

  行されたフランスで最初のグラフィック・ファッション誌の一つ。
3 Maurice Quentin de La Tour（1704-1788）．サン＝カンタン生まれのパステルを使った肖像画家。ルソー，ヴォルテール，ポンパドゥール公爵夫人，ルイ15世などの肖像画を描いた。
4 Saint-Quentin．フランス最北部のエーヌ県の県都。

こなわれていた。後に画家のアンリ・マチスもここで授業を受けたはずだ。

　シャルル・ウォルト[5]（1825-95）をパリのオート・クチュールの父とすることには異論はないはずである。このイギリス人はパリでガジュラン[6]社の販売専門の店員職でスタートした。ガジュランは復古王政の末期にヴェルサイユに設立され、後にパリのリシュリュー通り93番地に移転したメゾンである。ガジュランはショール、インド・カシミア製毛織物、絹製品といった新製品の大手のメゾンの一つであったが、1850年頃、既製服製造に移っていった。刺繡入りドレス、宮廷礼服を専門とし、顧客はイギリス、アメリカ、スウェーデン、ロシアにまで広がっていた。1853年、ウォルトはガジュラン・オピジェ・エ・シャゼル社[7]の社員となる。しかし1858年ガジュランを去り、ギュスタヴ・ボベール[8]と組んで、自身のメゾン[9]を立ち上げる。1860年からウォルトは最初の自分のモデル服を創り、皇后のクチュリエの地位を得て、ファッションのスタイリストとなるのである。クリノリン[10]に致命的な打撃を与えたのはウォルトであった。1870年2月26日、ウォルトの店でかれの高級婦人服の最初のファッションショーが催されたのであった。

　続く数十年にウォルトのあとをいく別のパイオニアたちがいた。ジャック・ドゥセ（1853-1929）は、1824年に祖父が開き、その後1871年にクチュールにまで拡げていたレース製品のブティックを相続した。ドゥセという名前の記憶は今日、1918年にかれがパリ大学に寄贈した芸術・文学関連蔵書の名によって生き続けている。カロ姉妹[11]は1898年にランジェリー、レースのランジェリー・セットのメゾンを開業する。ジャンヌ・ランヴァン[12]（1867-1946）はまずは1890年にはフォーブール＝サン＝トノレ通り22番地においてモード

5　第3章注49を参照。英語読みではチャールズ・ワース。1845年にパリに移り、ガジュラン社内でオーダーメイドの製造・販売に着手した。
6　Gagelin.
7　Gagelin, Opigez（ガジュランの娘婿）et Chazelle（ガジュランの義父）。
8　Otto Gustave Bobergh. スウェーデン人。
9　社号はWorth et Bobergh. 場所はパリのラ・ペ通り7番地。
10　crinoline. 馬毛crinと麻の混紡地を用いた、スカートを広げるためのアンダースカート。
11　les soeurs Callot. 四人姉妹でパリの9区テブー通りに開いた。1937年にカルヴェ・メゾンに買収された。
12　Jeanne Lanvin. メゾン・ランヴァンの創立者。ココ・シャネルのライヴァルとしてオート・クチュールを牽引した。

店主となり，次いで1900年に婦人・子供向けのクチュリエールとなった。その後1926年にその通りの正面に男性着ならびにスポーツ着のための「ランヴァン・タイユール（テーラー）」を，しかし時を移さずにシャンゼリゼのロータリー[13]に面して「ランヴァン・パルファン（香水）」および「ランヴァン・フリュール（毛皮）」も開いたのであった。さらに1920年代は，かの女がパリ劇場の上演に際して芝居用の服を仕立て，海水浴場のあるすべての都市に支店を開設する時期だ。ジャンヌが亡くなると娘のポリニャック伯爵夫人[14]（早い時期から最良の貴族階級を高級ファッションに結びつける無数の絆の一つがここに見て取れる）が，1950年にアントーニオ・デル＝カスティーリョ[15]をクチュリエとして雇う前に，創造性を指揮したはずだ。1958年にこの伯爵夫人が亡くなると，このメゾンはジャンヌの甥のイヴ・ランヴァンに，次いでイヴの息子のベルナール・ランヴァンに受け継がれた。

　ジャンヌ・パカン[16]については，1891年にメゾンをパリのラ・ペ通り3番地に立ち上げ，かくして上記ウォルト社と隣接し，競争者となった。アンナ・ドゥ＝ノアイユ[17]の友人でもあったパカンは，ロンドンに支店を開き（1896年），1910年にファッション・モデルたちを引き連れ150のモデル服を携えて外国ツアーを組織し，フランス・ファッションの輸出の発展に斥候としての役割を果たした。

　ポール・ポワレ（1879-1944）は，ドゥセのもとで（1897-1900），次いでウォルトのもとで（1901-04）スタイリストとして働き，1904年に自らのメゾンをパリのオベール通り5番地に開設した。その後イエナ大通り26番地に（1909

13　シャンゼリゼ，モンテーニュ，マティニョンそしてフランクリン＝ローズベルトの4つの大通り avenues が出会う円形交差点。
14　Marie-Blanche de Polignac. ジャンヌ・ランヴァンの一人娘のマルグリットのこと。かの女はジャン・ドゥ＝ポリニャック伯爵と再婚して貴族の仲間入りをし，服飾に関してもアイデアを出して母親を助けた。ロゴの「マルグリット」はかの女に由来する。
15　Antonio del Castillo 正式には Antonio Canovas del Castillo de Rey（1908-84）。スペインのマドリード生まれの服飾デザイナー。1964年にランヴァンを去り，パリに自身のメゾンを立ち上げた。
16　Jeanne Paquin（1869-1936）。パリ北郊のサン＝ドゥニ生まれで，19世紀末に世界的名声を得たモデリスト，グランド・クチュリエール。メゾン・パカンは1956年に活動を終える。
17　Anna de Noailles（1876-1933）。パリ生まれの詩人，小説家。ルーマニアの貴族の血筋をもち，フランスの名門ノワイユ伯爵と結婚した。かの女が主催するサロンにはポール・ヴァレリーやアンドレ・ジードなど多くの知識人・文化人が集った。

第6章　綺羅星のように輝く高級ファッション　　117

年),さらにシャンゼリゼ・ロータリー1番地に(1925年)移った。ポワレはサラ・ベルナール[18] の『エグロン[19]』での衣装をデザインする。これはオート・クチュールとあらゆる種類の芸術世界との間にきずかれた一つの架け橋であった。1914年の前からすでにポワレはキュロット・ドレス[20] を世に出して,コルセットを退ける。婦人ファッションにおける新たな革命であり,これに伴って衣服からレースと縁飾りが追いやられたのである。

1912年には,マドレーヌ・ヴィオネ[21] のメゾンも開かれる。20世紀初めにパリには10ほどの高級婦人服の「立派なメゾン」があったのである。

シャネル

だが第一次世界大戦前夜の数年間は,ガブリエル・シャネル——1883年にソーミュールのつつましい家庭に生まれた——が,波乱に富んだ感傷的生活を通して社会に出て自分の職業をつかんでいく時期でもあった。以下,スターのラヴ・ストーリーに賛辞を送るというのでなく,じっとそれに注目するということで,すでにオート・クチュールがその中心にあった社会全体の形成と機能のしかたを想像していただきたい。シャネルは1906年にエティエンヌ・バルサン[22] と同棲生活に入る。バルサンはシャトールー[23] の毛織物業をおこなう一家(100年以上も経ていたその財産はとりわけ軍事関連の毛織物の受注に結びついていた)の金持ちの相続人であったが,同時に馬と競馬騎手のトレー

18　Henriette-Marie-Sarah Bernhardt (1844-1923). パリ生まれのフランスで最も著名な女優の一人とされる。
19　Aiglon. 作家エドモン・ロスタンが1900年に書いた詩劇名。エーグルとはローマ王ともよばれたナポレオン2世(=ライヒシュタット公)を意味し,その悲劇がうたわれる。サラ・ベルナールが主役で大ヒットした。
20　robe-culotte.
21　Madeleine Vionnet (1876-1975). パリ南方のロワレ県(オルレアンが県都)生まれのグランド・クチュリエール。ジャック・ドゥセのところで働いていたとき,コルセットをまったく使用しないデザインを始めていた。この点で,上記ポール・ポワレとの間で最初の婦人服革新者としての真実をめぐって論議をよんだ。
22　Étienne Balsan (1878-1953). 実業家,政治家の末子としてパリに生まれ,シャネルに出会うまで軍人,次いで競走馬関係の仕事についていた。
23　Châteauroux. フランス中部アンドゥル県の県都。バルサンの王立毛織物マニュファクチュール(Manufacture Royale du Château du Parc) は1751年にこの地に設立された。

ナーであり，かつ大変なプレーボーイであった。シャトールーの牧場に加えてバルサンは，1904 年にコンピエーヌ[24]の国立種馬牧場とシャンティイの競馬場の間にあるラクロワ＝サン＝トゥワン[25]に，調教用の所有地一つ，ならびに祝宴を催すのに使うロワイヤリユ大修道院[26]を手に入れた。シャネルがバルサンを離れてイギリス人実業家ボーイ・カペルについていくと，カペルは今度はかの女をロシア皇帝ニコライ 2 世の実のいとこであるディミトリ大公[27]に引き合わせる（シャネルがこの後の 1945 年に文豪トルストイのひ孫であるエリー・トルストイ伯爵をティシュー・シャネル[28]の製造責任者として迎えなければならなかったその選択に思いがいくところである）。シャネルはまた 7 年間ウェストミンスター公とともに暮らした。さらに 4 年間ポール・イリブ（1883－1935）とも生活をともにした。イリブは風刺ジャーナリストであり，1911 年から宝飾品のクリエーター，1927 年からはドゥレジェのところで宣伝用小冊子のクリエーターとなった人物である。

　マルセル・エドリシュ[29]，次いでエドモンド・シャルル＝ルー[30]といった人たちが相次いでこのような人物の伝記を書きたい気にさせられた。シャネルの周りにはハイ・ソサイエティの専用であったスポーツ（たとえば際立って優雅なスポーツであるポロ）をおこなうために，新旧の貴族たちが集まり，交わり合った。他方そこには知的エリートたち，少なくとも文学と芸術のエリート（コクトーとの出会いが想い浮かぶ）もいた。少し後れて戦間期にシャネルは，工場（アニエール[31]のメリヤス工場，マレ[32]の織布工場）のトップにビザンチウム学者のイリア・ズダネヴィッチを配することになる。1894 年にトゥビ

---

[24] Compiègne. パリの北方 70km のところにある現在人口 40,430 人（2013 年）のコミューン（オワズ県）。18 世紀に建てられた宮殿があり，ナポレオン 3 世と皇后はここにしばしば滞在した。
[25] Lacoix-Saint-Ouen. オワズ県にある現在人口 4,334 人（2013 年）のコミューン。
[26] l'abbaye de Royallieu. 14 世紀に起源をもつベネディクト会系の大修道院。
[27] le grand-duc Dimitri Pavlovitch Romanov（1891-1942）. ロシア革命前にラスプーチン殺害容疑で国外追放されていたので，その後も長らえた。
[28] Tissus Chanel. 高級布地を扱う部門。
[29] Marcel Haedrich.
[30] Edmonde Charles-Roux.
[31] Asnières-sur-Seine（旧称 Asnières）. パリの南東のオー＝ドゥ＝セーヌ県にある現在人口 86,020 人（2013 年）のコミューン。
[32] Maretz. フランス北部のノール県にある現在人口 1,473 人（2013 年）のコミューン。

第6章　綺羅星のように輝く高級ファッション　　119

リシ³³ に生まれたズダネヴィッチは書籍出版業者であり文字主義³⁴ の父祖であるが，あらゆるビッグネームの画家たちとつながっており，後者がシャネルの布地の染色・捺染，幾何学的な図柄の創造に際して手助けとなったはずである。

　1920年代，1930年代はもちろんココ・シャネルだけによって支配されていたわけではない。エドワール・モリヌー³⁵ は1919年にロワイヤル通りに，ニナ・リッチは1932年に開店する。1937年にはジャック・ファト³⁶，同じくスペインからの亡命者クリストバル・バレンシアガ³⁷ ——1939年³⁸ がオート・クチュールを「つぶす」前に——がその最初のコレクションを発表する。シャネルの大きなライヴァルはジャン・パトゥ³⁹，1935年に開業したエルザ・シャパレッリ⁴⁰ (1890年にローマで生まれ，コクトーやダリ⁴¹ の親しい友人) であった。だがシャネルは1914年以前から1945年以後まで，着想と影響力のはっきりとした連続性を保持しつつ，ファッションの舞台において存在感をもって歴史的な個性を示しているのである。

ディオール，カルダン，ジヴァンシー

　解放直後に，モンテーニュ大通りとフォーブール・サン＝トノレの間に設立されてこの街区に「黄金の三角形」という名をもたらすことになる一連のメゾン叢生を特徴づけるのに不可欠な語は，おそらく再燃と刷新である。シャパ

33　ロシア帝国領のグルジア（2015年以降ジョージア）の首都。
34　lettrisme. ルーマニア出身のイジドール・イズーがパリで起こした前衛的芸術運動。ズダネヴィッチが父祖であるというのは著者による誤認か。ズダネヴィッチの言説とむしろ対立した。
35　Edward Molyneux (1891-1974). ロンドン生まれのグラン・クチュリエ，香水製造者，画家。先祖は亡命ユグノーのアイルランド人。
36　Jacques Fath (1912-54). パリ近郊のイヴリーヌ県にあるメゾン＝ラフィットという現在人口23,194人（2013年）のコミューンに生まれる。グラン・クチュリエ。
37　Cristobal Balenciaga (1895-1972). スペインのバスク地方生まれ。グラン・クチュリエ。
38　スペイン内戦（1936–39）がフランコ将軍の勝利で終わり，独裁国家が生まれた年を指す。
39　Jean Patou (1887-1936). パリ生まれ。オート・クチュールと香水で名をなした。
40　Elsa Schiaparelli (1890-1973). イタリア・モードを世に広めたファッション・デザイナー。いわゆるショッキング・ピンクの考案で有名。
41　Salvador Dali (1904-89). スペインのシュールレアリスムの画家。デッサン，彫刻，写真，著述も手掛けた。

レッリは閉店し，ウォルトはパカンに吸収される。だが1947年の初めにディオール（そのわずか10年後に亡くなるのだが）は，マルセル・ブサック[42]の融資を得て，モンテーニュ大通りの小さなホテルでかれの最初のコレクション（コレットがフランス語で *nioulouque* と書いた，ニュー・ルック[43]をうち出したコレクション）を発表する。するとシャネルは叫んだ。「えーっ，こんな男の子たちが皆クチュールをやるなんて！ 私は自分のメゾンを再開するわ。そしたらファッションがどんなものかわかるでしょ」と。だがオート・クチュールの首都としてパリを再活性化したのはディオールであって，シャネルではなかった。そしてアメリカ人たちはこの点評価を見誤らなかった。メトロポリタン美術館は，その50周年を記念するにあたって，1997年にディオールにその名前だけを冠して展示会を捧げたのであった。その一方でディオールに大部の伝記（『クリスチャン・ディオール，ニューという世界をつくった男』[44]）を献じたのはアメリカ人ジャーナリスト，マリー＝フランス・ポシュナ[45]であった。10年ほどでディオールが雇用する女性従業員数は100人未満から1,000人以上に増加したはずだ。初年度からミス・ディオール[46]という香水が発表され，一年後には支店がニューヨークに開設され，2年後には靴下のブランド名にもディオールがつけられた。『ル・モンド』紙で組まれた特集ページでは，ディオールはまた「ライセンスのパイオニアでもあり，フランスのラグジュアリー産業はまさに今日までこの製造契約制に立脚している」ことを想起させている。

　1951年，ピエール・カルダンはその最初のコレクションを発表する。1952年にはユベール・ドゥ＝ジヴァンシーはプレーヌ・モンソー[47]にクチュールのメゾンを開き，その後ジョルジュ・サンク大通り3番地に移動する。17歳

42　Marcel Boussac (1889-1980). シャトールー生まれのフランスの繊維関連の実業家。
43　new look. ゆったりとした長いスカートが特徴の新しい婦人服スタイル。
44　『クリスチャン・ディオール』（高橋洋一訳，講談社インターナショナル，1997年）という邦訳がある。
45　Marie-France Pochna. アメリカ合衆国におけるラグジュアリーとその歴史に関する専門家。
46　Miss Dior. ディオールが幼児期を過ごしたグランヴィルの庭園から着想されたといわれる。ベルガモットと白檀をベースにしたシープル系の香水。
47　la Plaine Monceau. モンソー平原の意。パリ17区にある行政区。古くは重要な狩場であり，19世紀にはじめて都市化が進んだ。

第6章　綺羅星のように輝く高級ファッション　　121

でジャック・ファトのところに弟子入りし、また上記バレンシアガを師と仰いだジヴァンシー（1927年生まれ）は、アンザン[48]鉱山の株主の家の出身であり、ゴブラン社の役員の孫であった。かれはクリスチャン・ディオールのニュー・ルックの7年後に、ファッションの新しい出発を成功させた。ジヴァンシーは、「ボン・シック、ボン・ジャンル[49]」な自分の顧客のなかに、40年間オードリー・ヘップバーン[50]を入れ続ける。バレンシアガは1968年にメゾンを閉じていたが、ジヴァンシーは1988年に自分のメゾンをLVMHに売却する。このときから後者は世界のラグジュアリーのナンバー・ワンとなる。1993年にジヴァンシーはその美術コレクションの半分を手放す。1995年には、すでに1984年からロンドンで固有のブランドの所有者であったジョン・ガリアーノ[51]にクリエーターとして手を貸す。それからジヴァンシーは引退して人間主義的な悟りと安楽の生き方を始める。

　1950年代はグラン・クチュリエたちにとって次第に競争的となっていく世界に突入していく時代であった。1958年10月号の『エル』誌には、「4,000人の女性のみが奮発してオート・クチュールのモデル服を買うことができるだけだ。残りの1,300万人の女性はプレタポルテを取り入れた」と書いてあった。実際プレタポルテは、ヴェイユ社の推進力のもとで大発展のさなかにあり、その結果ラグジュアリー、経済、社会の間の関係について、そしてまた衣料業界の同業者間の関係についても、大きな見直しがおこなわれている。しかし他方、フランスのオート・クチュールの世界的な地位の安定化の問題も提起されている。

　「世界を相手に営業活動をする」イニシアチヴをとったのはピエール・カルダンだ。1957年からかれは日本に赴いて、あるモード学校で教鞭をとった。

48　Anzin. フランス北部のノール県にある現在人口13,092人（2013年）のコミューン。18世紀に石炭層が発見され、1857年にアンザン炭鉱会社が設立された。エミール・ゾラの小説『ジェルミナール』に見られる炭鉱ストライキはここが舞台であった。

49　bon chic, bon genre. chicは粋、おしゃれ、genreは着こなし、風采の意。着こなしが上品で粋であるようなさま。

50　Audrey Hepburn (1929–93). ベルギーのブリュッセル生まれのイギリス国籍の女優。アメリカ合衆国のハリウッド映画の大スター。

51　John Galliano (1960–). フランスで活躍するイタリア系イギリス人。グラン・クチュリエ、ファッション・デザイナー。

ケンゾーを西洋のファッションに目覚めさせたのはカルダンだ。かれは自分のパリの事務所で練り上げた図面による製作と，特許権使用料支払いと引き換えに自分のブランド・ネームを使用するライセンス政策を開始する。このシステムは日本から中国（1978年），ソ連（1986年），ヴェトナムなど，つまりは130か国にまで拡げられたのである。しかもケンゾー自身もこの「カルダン・システム」を採用した。すなわちケンゾーは，直接経営の活動とは別に，いくつかの商品の製作に関してライセンス協定を用い，男物商品はビデルマン[52]に任せるのであった。ライセンス収入は1984年の700万フランから1991年には1億1,000万フランへと推移した。同じく活発であった売上高の推移（1985年の2億9,400万フランから1991年の8億400万フランへ）と比べるとその重要性がよくわかる。

　この商業戦略は今日危険に満ちているものと見られている。ライセンスは，国によって不均等の質をもち，過度に多様化された製品に貼られるブランド・ネームの価値低下を避けるために，もっとよく制御されなければ，あるいは数を減らさなければならないのではないか？　日本の西洋的趣味への開放に関しては，これはうまくいったので，ケンゾーがフランスに根づいた（1970年）ということとは別に，その後日本の資本はフランス・ブランドを掌握するようになった（大阪のプレタポルテ・メーカーのイトキンによる1990年のジャン＝ルイ・シェレル[53]，1983年からクレージュ＝クチュール[54]の経営掌握）。ノウハウの輸出が創作——アイデアやモデル——の支配権の損失という結果に動いてしまうリスクは存在する。たしかに1993年にベルナール・アルノーがケンゾーを，LVMH，ディオール，ラクロワ，ジヴァンシーおよびセリーヌのなかに統合しつつ，まるごと買い取ってはいるが。

　高級ファッションの概念はオート・クチュールの概念を非常に大きく越えるものである。オート・クチュールの方は実際，より専門化した一群の補完的な活動と製品にそのブランドを刻印する。何よりもまず，レース，ランジェ

52　Maurice Bidermann（1932–）．ベルギー生まれの実業家．繊維・衣料を扱う．
53　Jean-Louis Scherrer（1935–2013）．パリ生まれのグラン・クチュリエ．
54　Courrèges-Couture. フランスのグラン・クチュリエ，アンドレ・クレージュ（1923–2016）が1961年に立ち上げたメゾン．

リー，毛皮，靴といった別の衣料形態にブランドがつけられる。1844 年の全国産業製品博覧会衣料部門において服地とファッションに大きなスペースが割かれ始めていた。1855 年の博覧会ではこれにボタンや宝飾品などのアクセサリーが付け加わる。一方，1867 年とこれに続く博覧会では，さらに帽子，靴，パラソル，レース製品およびステッキにもスペースが割かれることになろう。

2. レース製品

　レースの仕事は，早期にかつ目覚ましいしかたで近代化されたが，同時に，少なくとも 19 世紀の進むなかで，そして農村の複数の生産活動の枠組みにおいて「昔風の」部門，真の芸術職を保持したという特性を示している。しかしながら一般大衆が何よりも保持しているのはレースの手工業的なイメージである。これについてはもちろん 2 つの大きなカテゴリーが知られている。すなわち一つは刺繡枠の上でおこなうボビン・レース（たとえばル・ピュイ＝アン＝ヴレ[55]のタイプ）やニードル・レース（アランソン[56]・ニードルポイントのタイプ），もう一つは綿糸，亜麻糸，あるいは生糸，さらには貴金属製の糸を使った，非常に広範囲のレース製品がこれである。

　手工業のレースは，とくに 16 世紀と 19 世紀の間にパリの北方に位置する地域（シャンティイ）で，あるいはノルマンディ地方の農村地帯（カン[57]，アランソンとその周辺）で大発展をとげた。これは都市のネットワークとその商人たち，そして最も遠い輸出市場に従属する，農村のプロト工業化の無数のモデルの一つの例証にもなっている。ル・ピュイ自体およびオート＝ロワール県において 19 世紀は，ファッションを扱うパリのメゾンによって放たれる風向きの変化が原因で一進一退を経験したけれども，そして機械編みのレース[58]に対する長い抵抗（ただしいずれは絶望的となるが）の段階にあったとはいえ，レース編み工（男性はごく例外的にしかこれに関わらない）にとって繁栄の時

55　Le Puy-en-Velay. フランス南部オート＝ロワール県（オーヴェルニュ地方）の現在人口 18,619 人（2013 年）の県都。単にル・ピュイともいう。
56　Alençon. フランス北西部オルヌ県（ノルマンディ地方）の現在人口 26,350 人（2013 年）の県都。
57　Caen. フランス北西部カルヴァドス県の現在人口 107,229 人（2013 年）の県都。
58　後段に見るように機械レースは 19 世紀初めにはすでにイギリスで開発されていた。

期であった。最も輝かしい時代はおそらく，レースで覆われたクリノリンの流行が吹き荒れた第二帝政期，ならびに「通の」婦人だったら誰でも黒いレースのショールを身に着けなくてはならないとされた1870年代であった。オート＝ロワール県内でおこなわれた手仕事の見事さゆえに，長い間販路がイギリス，アメリカ合衆国，ラテンアメリカにまで開かれたことも事実である。ル・ピュイにおけるこの商業においては19世紀中にもなお相当な財産がきずかれた。だが，第一次世界大戦後には，婦人ファッションはレースに副次的でない十分な利益をもたらすことをやめたのであった。

　たいていの場合，レース編み工たちは，ル・ピュイ，クラポンヌ[59]，あるいはラ・シェーズ＝ディユ[60]といった都市部では常雇いではなくなった。そうして一般に，これらの地域でとくに長かった冬場に不可欠の補助的賃金を家計にもたらすために，もっぱらレース編みの仕事をする農村の婦人たちの方が重要であった。そしてル・ピュイの商人＝製造業者は，こうした婦人たちと，「レース巻取り工女ルヴズーズ」──糸を配給し，出来高給でこれを加工し，若い女性たちには作業のしかたを，さらに修道会に属する「信心ぶった女性ベアット」が相手のときは教理問答をも教えていた──を媒介として，接触していた。

　手工業的なレースは今日商業本来の枠組みではごく例外的にしか生き残っていない。それは個人的な暇つぶし，非常に専門的な専修学校で保全されているノウハウ，それに民俗学的，博物館学的な好奇心の対象といったカテゴリーのなかに追いやられている。しかし，機械レースは，少し見ただけだと手仕事から産まれたものと思われるほどの完成度にまで到達したといわねばならない。レースに関しては19世紀の前半においては，かつまったく現代的に見えるしかたで，クリストフルによって推進された「新たな銀メッキ」の出現にかなり匹敵するような現象が生じた。すなわち，機械レースのおかげで，もともと「金持ち」のために作られる製品が広範な社会層へ普及したということである。

　チュール[61]やレースの製造用の編み機は，イギリスのノッティンガム[62]で

---

[59]　Craponne. リヨン・メトロポール（都市圏）のなかの現在人口10,466人（2013年）のコミューン。
[60]　La Chaise-Dieu. オート＝ロワール県の現在人口662人（2013年）のコミューン。19世紀には人口も1,500人を超え，2,000人に達する年もあった。
[61]　tulle. 各種繊維のごく小さい多角形の網状縦編みの薄手の布地。フランスの中央山塊のコレーズ県（リムーザン地方）の県都であるチュルTulleが原産地だったことからその名がついた。

1767 年に発明された。編み機の輸出が禁止されていたにもかかわらず，1815 年の講和が結ばれるとすぐに自分たちの機械を解体して英仏海峡を渡り，カレー[63]に身を落ち着けるイギリスの手工業者は数多くいた。1817 年と 1832 年の間に，依然手動で動かされていた初期の機械の使用によって引き起こされた躍進は著しく，カレー市民が編み機の作動音を不快として市当局にはたらきかけて，この生産活動を引き離して旧「下町」のサン゠ピエール゠レ゠カレー[64]に再立地させることに成功したほどであった。サン゠ピエール゠レ゠カレーがカレーに合併されざるをえなくなるのは 1885 年のことであり，1801 年から 1885 年にかけてこの都市の人口は 14 倍にもなるが，それはまさにこの合併によることがわかる。1840 年前後にこの地で決定的に重要な技術的変化が生まれた。リーヴァー[65]編み機の使用である。そのサイズと重さ（12 トンもあった！）から，蒸気力の使用（まずはパーソン[66]とウェブスター[67]のところで）と同時に大掛かりな工房と工場の建設が必要となった。19 世紀末になると，50 を下らない工場，数百の工房，2,000 台の編み機，約 12,000 人の労働者（機械化は当時，もはやレース編み女工ではなく，レース工[68]を出現させていたのだ！）を数えることができた。19 世紀が進むうちに，機械織のチュールとレースの製造はコードリー[69]やサン゠カンタン[70]の地域にまで普及したのであった。

　ジャカード[71]の装置を具えた大型のリーヴァー編み機ではこのとき高級のレース製品が製造される。こうして機械化の時代，カレーのまばゆいばかりの

62　Nottingham. イングランド中部のノッティンガムシャーの中心都市。
63　Calais. フランス最北端，パ゠ドゥ゠カレ県の現在人口 72,520 人（2013 年）の海港都市。
64　Saint-Pierre-lès-Calais.
65　Leaver. ノッティンガムの機械工ジョン・リーヴァーがイギリスのボビネット（六角網目模様のレース）編み機（ジョン・ヒースコウトによって 1808 年に発明）を改作して新たな編み機を考案したのでその名がついている。
66　Pearson. 1815 年以後にフランスに渡ってきたレースの熟練労働者の一人。
67　Webster. パーソンと同様にフランスに渡ってきたレースの熟練労働者の一人。
68　女性形のレース編み女工 dentellières ではなく男性形の dentelliers。つまり男女の区別なく雇用されたことを意味する。
69　Caudry. フランス北部のノール県にある現在人口 14,789 人（2013 年）のコミューン。
70　Saint-Quentin. フランス北部のエーヌ県にある現在人口 55,698 人（2013 年）のコミューン。
71　第 2 章注 42 を参照。

躍進は 18 世紀半ばのヴァランシエンヌのレース製造の大発展を想い起こさせずにはおかない。メヘレン[72]やブリュッセルのレースの模倣で始まった「ヴァランシエンヌ・レース」は，技巧，繊細さ，美しさのどれをとっても名人芸の傑作であり，その顧客をなしたのはとくに貴族や高位聖職者であった。1990年代初めにおいて合成繊維の驚くほどの多様化が機械レースとランジェリーを再活性化したとき，4 分の 3 はなお輸出用として出ていっている。作動させるのがきわめて難しいこれらの機械は専門のチュール製造工によって操作される。かれらは 20,000～35,000 本の糸をセットしてそれから製造に移る。かれらは文字どおり「レースの時計工」であり，レース製造のエリート的労働者集団をなす。そしてそのノウハウは長い見習い期間を通して父から子へ，あるいは叔父から甥へと伝達される。何よりもそれは機械のどんなに小さな音でも聴きあてることのできる耳に立脚したノウハウなのである。

それゆえ，「このラグジュアリーとエロティシズムの暗示的意味，宮廷神父と高級娼婦の属性」（ルイ＝ミシェル・ゴエル[73]）であるレースがいまや産業的規模で製造されているという逆説が見てとれるわけだ。サン＝カンタンのシドゥー[74]のような工場（チュールとギピュール[75]の製造工場で，1881 - 1991 年間に存続）がディオール，ジヴァンシー，バルマンのために稼働した。しかしながら，安価な日本産のレースとの競争に打ち勝つために，ごく最近，新たにラシェル[76]またはジャカード製のほとんど音の出ない電子編み機の導入——これによって製造コストを 40％削減できた——によって，あるいは情報プログラムを用いた模様の登録の力を借りて，近代化しなければならなかった。これによってカレーにあるピエール・ノワイヨン[77]社に 650 人分の雇用

---

72 Mechelen (Malines). ベルギー中北部の都市。メヘレン・レースとよばれるレースは，六角形の網目に花柄を配した薄くてしなやかなボビン・レースである。

73 Luois-Michel Gohel. マンシュ県（ノルマンディ地方）美術館の元主任文化財研究員。

74 Sidoux. 上記コードリーにあった工場がサン＝カンタンに移されて 1,500 人もの従業員をかかえる繊維工場となった。アルベール・シドゥー Albert Sidoux が 1900 年にこれを再興した。現在この工場は指定文化遺産となっている。

75 guipure. 地となる網目がなく，模様と模様を直接つなぎ合わせたレース。guiper（撚糸の上に絹糸を撚りつける）という動詞に由来。

76 Rachel. ラッセル編み機。フランスの女優エリザベト・ラシェル（1821 - 58）に由来するとされている。

77 Pierre Noyon. 1919 年に創業。現在はグループ・ノワイヨンという名の世界的なレース・メーカー

を生み出す可能性が与えられる。産業技術革新のための刺繡職人協会ならびにサン＝カンタン科学・技術研究所は実際にデータ収集入力，デッサンおよび刺し縫い(ステッチ)のフランス語版ソフトである「ブロ Brod」ソフトを開発した(1988年)。このソフトはスタイリストのデッサンをモニターでデジタル化し，刺し縫いポイントを定める。かつて刺繡職人が実に 10,000〜50,000 ポイントもそのうえに彫りつけなければならなかったパントグラフ（写図器）がこのソフトに置き換えられるのである。いまやカレーのレースは極東に営業をかける。ノワヨンはニューヨークと大阪に事務所をもっている。カレーのレースは，オート・クチュールと同じように，年2回新作のコレクションを開く。こうして最終的にはいくつかの苦難が克服された。たとえば最大の顧客であるアメリカ合衆国への輸出をストップしていた 1929 年の世界恐慌，もちろん第二次世界大戦，そして 1968 年以降の婦人ファッションの過激化，男性化がこれである。この産業にとって幸いなことに 1980 年代は「女性らしさへの回帰」，洗練されたランジェリーの時期，そしてまたレースをより滑らかでしなやかにするのを可能にするライクラ，エラスタン[78] といった新しい繊維の登場の時期であった。1992 年にカレーのレースはなおほとんどが家族企業である 28 の企業で，同市の就業人口の 8％，すなわち 2,500 人を雇用していた。

3. 刺繡

刺繡は，レースと同じように，19 世紀初めの宮廷儀式の復活と衣服刺繡の再興のおかげで活動をとりもどした。この回復は復古王政期を通じて維持された。国王シャルル 10 世は，ルイ＝フィリップによって廃止されるまで，宮廷服を着用する最後の機会を提供したのであった。その後も刺繡のメゾン（なかでも一番有名なパリのヴィヴィアンヌ通りのボーヴェ＝エ＝コンパニ[79]）はなおドイツやロシアの宮廷のために仕事をすることができた。しかしもちろ

（とくにレースのランジェリー）。しばしばノヨンと英語風によばれる。
78　Lycra, Elasthanne. エラスタン（エラスタンヌ）は 1959 年にアメリカ合衆国のデュポン社のジョゼフ・C. シャイヴァーがポリウレタンからの派生品として開発した新しい繊維。水着などに使用。ライクラはデュポン社の登録商標名。英語圏ではスパンデックスとよばれる。
79　Beauvais et Cie.

ん，かつて教会や貴族によって注文されていた衣装や室内調度用の布のための生糸や彩色毛糸，金・銀糸，あるいは貴金属の使用の時代ではもうなかった。

　他方，19世紀前半において，刺繍はいくつかのレースとモスリンと両立していた。これらの素材に刺繍の仕事を重ね合わせることができたのである。ロレーヌのような伝統的に刺繍が盛んであった諸地域は19世紀末までパリ2区の大手商会あるいはいくつかの百貨店から，ランジェリー製品や高級婦人用シャツの仕上げの注文を受け続けた。この再興の由来はシュニュ[80]というロレーヌの商人によって開始された「白糸刺繍」，つまり同じく白地の綿布に白地の木綿で刺繍するはめ込み刺繍の流行にあった。これは下着類や家庭用布類に使われた。たとえばハンカチ，襟布，帽子，頭巾，卓上敷布，テーブルクロス，ネグリジェ，枕カヴァー，シーツ，等々を飾り始めたのである。この急な繁栄に陰りが見え始めるのは19世紀中頃にスイスのレースとの競争が出現し，そしてこの競争を抑え込むために円形二重枠の刺繍機を使うことをロレーヌの労働者がいやがったところからである。衰退にダメを押したのは自由貿易主義的政策，最も重要な市場の閉鎖をもたらしたアメリカ合衆国の南北戦争，そしてやがては刺繍工女が多少ともいい給料の雇用を見出しえたロレーヌにおける別の諸産業の発展であった。

　レースの場合と同様に，刺繍ももっぱら婦人の労働でおこなわれた。19世紀中頃，ロレーヌ4県（ムーズ，ムル＝テ＝モゼル，モゼルおよびヴォージュの各県）では150,000〜200,000人の刺繍工女が働いていた。それからナンシーやパリとの仲介者はここでは「アントゥルプルヌーズ[81]」とよばれていた。婦人労働力の一部を再利用する代替雇用のうち，もう一つの針仕事である男女のランジェリーの製造を最重要のものとして挙げなければならない。

　フランスのこの産業部門も同様に，19世紀の最後の数十年の時期に，卓越した部門として世界的名声をわがものとした。1900年頃この刺繍部門は，フランス隣国のうちの4つの国だけに向けて年間2,300万フラン分を輸出していたのである。ロレーヌにおける女性の職住近接地域は，ミシンの普及と改良に

80　Chenut.
81　entrepreneuses. 女性企業家または請負婦人の意味。

第 6 章　綺羅星のように輝く高級ファッション　　129

よって維持されたこの新たな資源の宝庫を，パリ自体，ベリー地方[82]，ショルテ地方[83]，カンブレジ地方[84] と分け合った。1896年の調査によれば，1,200,000人以上の女性が当時この産業に関わっていたようだ。オー・サン・ミル・シュミーズ[85] 社は 1873 年にベルトゥロ[86] によってパリで設立された。同社はヴォクールール[87] にあるランジェリー工場を稼働させていた。1921 年に株式会社に転換されると，ベルトゥロ夫人によって，自らが亡くなる 1959 年まで経営が握られた。同夫人は非常に意味深いことに「芸術・品質の商工業」という協会の副会長であった。だがランジェリーを語るにあたっては，われわれはラグジュアリーの消費と大衆消費の間に境をつけるのが非常に難しくなっている領域に入った。それについてはここではこれ以上述べないでおこう。

　刺繍は，その生き残りに関してもあるいは 20 世紀におけるその再生においても，オート・クチュールの運命と結びついている。たとえばルネ・ベゲ[88]（1888‐1987），通称ベゲは，20 世紀初めにジャンヌ・パカンのロンドン支店でデザイナーとしてデビューした。1922 年にパリに身をおくと，さらにジャック・ドゥセ，ジャン＝シャルル・ウォルト，エルザ・シャパレッリのために仕事をした。そして第二次世界大戦後は，60 人ほどの刺繍工女を集めたある工房にこもって，自らの友であるクリスチャン・ディオール（次いでイヴサンローラン）のために，それからバレンシアガ，ジヴァンシーなどのために働いた。

　1950 年代には，オート・クチュールのいくつかのメゾンが自らなお維持していた工房のほかに，刺繍のメゾンは 12 ほど存在する。そのなかの一つは1922 年創業のアルベール・ルザージュ[89] というメゾンである。その成功は1930 年代におけるエルザ・シャパレッリとの密接なコラボのおかげで確立さ

82　le Berry. フランス中央部のシェール県とアンドル県からなる旧地方名。
83　第 2 章注 60 を参照。
84　le Cambrésis. 第 2 章注 28 を参照。
85　Aux Cent Mille Chemises.「100,000 着のシャツを着た」の意味。
86　Berthelot.
87　Vaucouleurs. ムーズ県（ロレーヌ地方）にある現在人口 2,036 人（2013 年）のコミューン。
88　René Bégué.
89　Albert Lesage. メゾン・ルザージュは 1992 年にエコール・ルザージュ・パリという学校を設立している。

れた。その息子のフランソワはアメリカ合衆国の映画スタジオの衣装係のもとで修業をした後，1949年にメゾンを継承する。それ以来かれは，クチュリエの趣味と選択との完全な調和を否定しないかたちでの創造の自主性をもって，きわめて広範でバラエティに富んだ顧客たちと仕事をしている。かれがおこなった最も注目すべきコラボの一つは最後にパートナーとなったクリスチャン・ラクロワとの間に――後者の1987年における立ち上げのときから――きずかれた。ラクロワはマリネッラ・カロッソ[90]が「クチュリエにして人類学者，衣装史家」と形容している人物だ。ラクロワ自身1993年のある報道発表で「クチュールは何よりも文化であ」り，「オート・クチュールのすぐれたノウハウは思考能力(サヴォワール・パンセ)である」と言明していた。ルザージュはコルベール委員会の高級刺繍部の代表となったのである。

4. 毛皮

18世紀中に流行遅れとなった毛皮は，とくにメゾン・レヴィヨン[91]のおかげで19世紀後半に衣料業界で再び流行をとりもどした。まずはパリのリヴォリ通り79-81番地で開業し，次いで1932年にはラ・ボエシ通り40-42番地に移ったこのメゾンの起源は，もとは1723年以来サン＝トノレ通り159番地にあったメゾン・グリヴレ[92]を1839年に買い取ったところからである。レヴィヨンは1875年にロンドンとニューヨークに子会社を設け，1893年にはカナダに海外支店をつくって先住民族のハンターから直接原料毛皮を買い付けることとした。まさにこの政策によってこのメゾンの評判が確立したのであった。ハンターたちがその毛皮のために利用する土地を拡張するのに合わせて，同メゾンはより大量の毛皮を商品化し，その多様性を増大することができた。毛皮消費の成功は著しくて，特定種の保護の問題が20世紀初めから提起され，ハンティングの割り当てが義務づけられたほどであった。より高性能となった鞣し

90　Marinella Carosso. ミラーノ民族学・人類学研究所（CREAM）の准教授。
91　la maison Révillon. ルイ＝ヴィクトール・レヴィヨン（1806-73）が起こした毛皮のメゾン。1867年のパリ万博で金メダル受賞。19世紀末にはレヴィヨン兄弟というブランド名でアメリカ合衆国を中心に世界に展開するが，1982年にベルギーのコーラCoraに買収された。
92　la maison Grivelet.

技術（もはや植物鞣しではなくクロムを使った鞣し）によって，いまや機械縫製に適したより柔軟な皮革が得られる。東欧から移入してきた毛皮職人を支えにして，オート・クチュールがこれを独占する。つまり毛皮はもはや単に衣服の裏打ち，マフラーあるいは頸垂帯（ストラ）としてではなく，オーバーコートとして着用されるのである。毛皮は，なおナポレオンの軍服の不可欠の一部であったけれども，もっぱら女性のものとなり，男性はオーバーコートとしてよりもむしろ襟に付けてこれを身に着けるようになる。

5. 皮革と靴

　メゾン・エルメスは1837年にチエリ[93]による創業のとき，皮革からスタートした。当時卸で売る馬具職人であったチエリは，パリの金融街にあるバス＝デュ＝ランパール通り[94]に工房を一つ開いたのである。1880年，息子のシャルル＝エミール[95]は，エリゼ宮の廐舎ならびに貴族や大手事業銀行（オート・バンク）の建物の付属の廐舎から近いフォーブール・サン＝トノレ通り24番地に開店することになる。これはラインラントに亡命していたユグノー一家の本国への引き揚げということであった。チエリの孫であるアドルフとエミール＝モリス[96]の兄弟は馬の文明から自動車の文明への移行を首尾よくなし遂げ，新たなジャンルの旅行者向けの商品の製造に進出することができた。エルメス・ブランドの絹のスカーフが発表されたのはまさにその100周年を記念してのことであった（1938年）。この正方形のスカーフは，皮革製品の製造で得られた名声の踏み台の上で発表された最初の女性用製品であった。それ以後それは一貫してこのメゾンの基幹製品であり，1990年頃には同メゾンの総売上高の4分の1を占めるにいたったのである。20世紀初めからすでにメゾン・エルメスは，ラ

---

[93] Thierry Hermès（1801-78）. ドイツのデュッセルドルフの近くのクレフェルト（当時はフランス領のルール Roer 県）でフランス人の父，ドイツ人の母のもとに生まれ，1827年に一家でフランスに移った。今日，皮革製品をはじめ，香水，宝石，アクセサリー，プレタポルテなどで老舗高級ブランドの一つとなっているエルメスの創業者。

[94] Rue Basse-du-Rempard. パリから消えた通りの一つで，現在の9区にあった。

[95] Charles-Emile（1835-1919）.

[96] Adolphe（1866-1933），Emile-Maurice（1871-1951）.

テンアメリカの多くの国にもあえて進出していくことができていた。エルメスは，アクセサリー・メーカーにより近い存在であり続けながらも，1937年にはクチュール，1947年には香水の分野に乗り出す。多様化は，テーブル・アートの方向で（サン＝ルイのクリスタルガラス工場，次いで金銀細工のピュイフォルカの獲得により），そしてシェレルの買収によってさらにクチュールへと進められた。多様化が成功したといえるのは，売上高が1984年の500,000フランから出発して，1993年には30億フラン近くに達し，同じ1993年に純利益が2億フランを超えるからである。

　しかし高級ファッションとの関係で皮革製品の位置は曖昧である。エルメスでは，皮革は当初は乗馬スポーツのアクセサリーの材料であった。フランス王ルイ＝フィリップの荷造り用木箱製造人であったゴディヨ[97]とともに，それはおしゃれな手荷物の材料となる。だがゴディヨは第二帝政期から靴の大量生産の方へ向きを変える。皮革はそれでもあまねく靴の支持材であり，この分野では高級ファッションとの関連で大きな利益をもたらす二重の進化が観察されうる。19世紀には次第に注文靴屋(ボチエ)の名は靴の手工業的な製造だけを指すようになり，この種の製造は生産の機械化とこの職種からの靴修理屋(コルドニエ)の排除によって急速に過去の遺物のような状態に追い込まれる。だが注文靴屋は逆に，依然として手仕事での製靴を完全におこなうことができるエリート集団に属することになった。両大戦間期にこの狭い階層には移民，とりわけイタリア人移民によって新風が吹きこまれた。たとえばバーニ・ディ・ルッカ[98]の靴直しの一家に生まれたペルージャ[99]の場合がそうである。かれはニースに（1920年），次いで1921年にはパリ——最初はフォーブール・サン＝トノレ通り，その後ラ・ペ通り——に拠点をおいた。これはポール・ポワレが自らの顧客のところでペルージャに販売促進の恩恵を受けさせたことと関係している。ペルージャはこうしてイギリスの女王陛下の高級注文靴職人(ショスール)となるはずだ。そして1924年にカターニャ出身の高級注文靴の見習いであったディ・マウロ[100]

97　Alexis Godillot（1816-93）．フランス東部のブザンソンの生まれ．
98　Bagni di Lucca．イタリアのトスカーナ地方にある現在人口6,528人（2010年）のコミューン．
99　André Perugia（1893-1977）．ポワレはヴァカンスでニースにいたときにペルージャの製靴技術に惚れこんだという．
100　Camillo Di Mauro．

第6章　綺羅星のように輝く高級ファッション　　133

がデビューするのはまさにペルージャのところであり，その後ディ・マウロは独立するのである。1920年にはさらにラ・ペ通りにマッサーロ[101]がやって来る。かれはそこでシャネルのためのサンダルの創作で有名になるはずだ。

ロンドン——高級製靴のもう一つの首都——は190年にウェイルズの農民の息子ジョン・ロップ[102]を迎え入れる。オーストラリアに身を落ち着けた後，かれは19世紀中頃にイギリスの首都を選ぶ。そして自ら製造した長靴を首尾よくプリンス・オブ・ウェイルズに注目させ，そのお贔屓の納入者となったのである。20世紀の大半をロップはもっぱらオーダーメイドで，顧客の両足の型に彫られたクマシデ材製の靴型を用いて靴を作った。それらは今日では1足12,000〜20,000フランに相当する。1年にパリでは約400足，ロンドンでは800足たらずが生産された。創業者の孫のジョン＝ハンター・ロップ[103]は，エルメスの支配下で，1981年にフォーブール・サン＝トノレ通りに今度は靴のプレタポルテの店を開く。靴はイギリスではノーサンプトンの工場でなお手工業的な技法をかなりの程度組み込んだかたちで1年に20,000足のリズムで製造されている。1996年，この高級靴のメゾンはそのコレクションに製造番号を刻むことを思いついた。そのモデルは当該1年間しか販売されないというものだ。それでもこの高級靴の1足の値段は3,000フランあたりまで下がってはいるが。

第二次世界大戦後，同じような過程がロジェ・ヴィヴィエ[104]の生き方においても観察される。ヴィヴィエは1937年からファッション・デザイナーとしてパリのロワイヤル通りで開業していたが，1953年にクリスチャン・ディオールに雇われる。ヴィヴィエのおかげでディオールはほどなくオーダーメイドの靴からプレタポルテのシリーズ製品の靴に転換していくことになる。

1990年代には，オーダーメイドで靴をつくる高級注文靴屋——ジャック・

101　Raymond Massaro. レイモン・マサロ。
102　John Lobb.
103　John Hunter Lobb. ジョン・ロップは，創立者の一族が株式を保有するJohn Lobb Ltd. とフランスにあるエルメスの子会社 John Lobb SAS の二つに分かれており，現在は資本上は別個の会社となっている。ジョン＝ハンター自身は前者のトップとして，LVMHグループによる拡張路線とは一線を画して，手工業的な高級靴の生産にこだわった経営をおこなっている。
104　Roger Vivier (1903-98). パリ生まれ。9歳で孤児となったかれは，その後パリ美術学校で彫刻を学び，長じて高級靴のデザイナーとして名を馳せた。

ショーヴァン[105]が「秀逸の注文靴屋」とよび，念入りの手縫いと創造性の両方の巨匠であった――は，たぶんパリにはもはやベルヴィル地区とセーヌ両岸のファッショナブルな街区の間に 10 人ほどしか存在していない。しかしながら 19 世紀の進むうちに大量生産の靴のいくつかの部門と高級ファッションの部門との間に接近が起こった。実際に，諸メーカーは残存している靴直しのノウハウを，作業を分配させ，製品を工場とパリ 19 区ないし 20 区の作業部屋または家具付き貸部屋（ガルニ）との間で行き来させることによって，大量生産のなかに統合しようとしたのだ。こうしてベルヴィル＝メニルモンタン地区[106]は 19 世紀に「靴の都」となった。ここでは都会の真ん中に，多くの分野でとくにパリ特有の古典的なプロト工業の図式がみとめられる。隣近所どうしのエリア内に，家内労働ないしは中庭の奥まったところにある小工房での労働が大工場と結びつけられているのである。フランソワ・ピネ[107]（1817-97）も 1855 年にまさにパリで開業する。アンドゥル＝エ＝ロワール県のシャトー＝ラ＝ヴァリエール[108]の靴直しの息子で，もと靴屋の職人組合[109]の職人であったピネは，エレガントな顧客の心をつかみ始め，そうした顧客は息子によって継承されていく。

　1950 年以降，パリはその数百の製靴工場を完全に失った。いくつかはベルヴィル地区に生き残っている。だがすぐうえに見た専門化の過程は 19 世紀末からすでに別のところで，つまり地方で再生されていったのである。

　ロマン[110]では，1860 年代から米国製の生産設備を使って機械化の真っただ中にあった製靴産業において，1875 年からグルニエ[111]というメゾンが高級靴

105　Jacques Chauvin. フランスの作家。博士（自然科学）。
106　Belleville-Ménilmontant. ベルヴィル地区は現在のパリの 20 区をはじめ 10 区，11 区および 19 区の一部に広がり，メニルモンタン地区は 20 区のなかにある。
107　François Pinet.
108　Château-La-Vallière. フランス中西部のアンドゥル＝エ＝ロワール県（県都はトゥール）にある現在人口 1,719 人（2013 年）のコミューン。
109　compagnon du Devoir. フランスの 16 ～ 19 世紀に制度化されていた若者の伝統技能の遍歴・修業のための運動，組織。フランス革命後も残り，現在でも各種職業訓練のための諸職人組合の全国組織が存在する。
110　Romans-sur-Isère. イゼール県（フランス南東のドーフィネ地方）にある現在人口 33,632 人（2013 年）のコミューン。第一次大戦前夜に男女合わせて 5,000 人もの労働者がいた。ただし高級製靴は 1980 年代末から衰退し始めている。

第 6 章　綺羅星のように輝く高級ファッション　　135

に特化し，20世紀初めには国内外で好評を得た。ロマンは20世紀のこの初めの時期に，生産物の質を選択することによって（たとえばシリウス[112]とかウィルズ[113]のブランド），かつ工場に連結された家内労働を維持するために旧来から豊富にある熟練労働力にうったえることによって，フジェール[114]やリモージュのような非常に機械化した製靴中心地との競争とたたかい，その一方で多くの家族的な性格の小企業が存続するのである。それでもこの地ではジョゼフ・フネストゥリエ[115]のイニシアチヴにより，文字どおり一つの革命がもたらされた。フネストゥリエは1901年から機械化の推進と男性ものの高級靴への特化――1907年からはユニック[116]というブランドをつけて，活発な広告によって支えられた――を両立することに成功する。1914年より前からすでにこのブランドは世界的な成功をもたらすのである。両大戦間期にフネストゥリエの息子は，新しい製造方法についていくつかの特許をとり，モデル開発のためにパリの高級靴屋のサルキス・デル・バリアン[117]の手助けを確保することによって，この成功をさらに拡大する。フネストゥリエの呼称は1967年のシリウスとの合併後も，そして1977年にクレルジュリ[118]に吸収された後も残った。

　「しかし成功の栄誉はシャルル・ジュルダン[119]のものである」とマリ＝ジョゼフ・ボサン[120]は主張する。上記グルニエの工房で腕を磨いた後，ジュルダ

111　Grenier.
112　Sirius. いわゆる登山靴やタウンシューズのブランド。現在はイタリアのフィットウェル傘下のブランド。
113　Will's.
114　Fougères. フランス西部イル＝エ＝ヴィレーヌ県（ブルターニュ地方）にある現在人口20,170人（2013年）のコミューン。
115　Joseph Fenestrier. ロマンの商人の息子ジョゼフが1895年に創業したブランド。フェネストリエ。
116　Unic.
117　Sarkis Der Balian（？-1996）。アルメニア生まれの孤児で靴屋に育てられたサルキスは，1929年にパリに渡り，フリーランスの靴屋となった。1947年にはサン＝トノレ通りに店を構えた。
118　Clergerie. 下記シャルル・ジュルダンのところで修業したロベール・クレルジュリ Robert Clergerie（1934 - ）を指す。かれはその後1981年にロベール・クレルジュリのブランド名でメゾンを立ち上げた。
119　Charles Jourdan（1883-1976）。カフェ経営者の息子として，ドゥローム県（ドーフィネ地方）のブール＝ドゥ＝ペアージュに生まれる。1921年に自分の名前を付したブランドを立ち上げた。
120　Marie-Josèphe Bossan-Picaud（1944- ）。ロマン市にある国際靴博物館の元学芸員（1971 - 2010）。

ンは家内手工業者としてデビューする。それから1919年に婦人靴の製造者として独立する。成功は華々しく，1921年，次いで1928年にいくつかの仕事場を新たにもうけることができるほどであった。国内市場の征服は1930年代からであり，国際市場のそれは戦後のことである。すなわち1950年にアメリカ合衆国のエンパイア・ステイト・ビルディングのなかに（パリの方はそれより後のことであり，マドレーヌ大通り（ブルヴァール）の店は1957年のことであった！）販売店を開設したのであった。そこがシャルル・ジュルダンの世界的な販売店チェーンの出発点であるとしても，真の大成はやはり1959年のクリスチャン・ディオールとのライセンス契約の締結である。ロジェ・ヴィヴィエの署名入りそのモデルはその後ロマンで製造されることになったのである。

　皮革が鞄類を通じてなおLVMHのおそるべき企業集中の中心にあったということについて念を押す必要があろうか。サン＝ドナ[121]（ドゥローム県），サラ[122]（アルデシュ県），イスダン[123]（アンドゥル県）およびサン＝プルサン＝シュル＝シウル[124]（アリエ県）にある製靴工場のトップであったルイ・ヴィトンの最高責任者は，既述のように，一時はマルソー大通り（アヴニュ）[125] のその店舗からグループ内のシャンパンの大物たちに逆らうという立ち位置であった。しかしながら1990年代初めの危機においては，鞄や香水がよくもちこたえている一方，最も脆弱であることがわかったのはLVMHのシャンパン部門の方なのであった。

　フランス人同胞で知っている人はおそらくほとんどいないと思うが，フランスの高級靴に関して創作の回顧展を楽しもうとするのであれば，ヴェネーツィアの近くのパッラーディオ[126]風の邸宅（ヴィラ）がある地方を訪ねるのがよいだろう。たとえばストラ[127]にあるフォスカリーニ＝ロッシ[128]邸に設けられている博

---

[121]　Saint-Donat. ドゥローム県（オーヴェルニュ地方）にある現在人口3,926人（2013年）のコミューン。
[122]　Sarras. アルデシュ県（オーヴェルニュ地方）にある現在人口2,082人（2013年）のコミューン。
[123]　Issoudun. アンドゥル県（ベリー地方）にある現在人口12,420人（2013年）のコミューン。
[124]　Saint-Pourçain-sur-Sioule. 現在人口4,971人（2013年）のコミューン。
[125]　Avenue Marceau. パリの8区，16区。
[126]　Andrea Palladio（1508-80）. イタリアのパドヴァ出身の後期ルネサンスないしマニエリスムの時代の建築家。
[127]　Stra. ヴェネト州（イタリア北東部の州で州都はヴェネーツィア）にあるヴェネーツィアのコミューン（コミューン）。現在人口7,584人（2010年）。
[128]　Foscarini-Rossi. この邸宅の起源は16世紀にまで遡るが，18世紀にヴェネーツィア貴族のフォス

物館で実際にわかるように，複雑な交換の流れのなかで，創造と製造の間，ヴェネト地方とパリとの間の緊密な関係がきずかれてきたし，現在でもそうなのである。

　カリーニ（一門から元首(ドージェ)も出た）の豪奢な別荘となり，その改装デザインをアンドレーア・パッラーディオが担当した。その後高級婦人靴ブランドのロシモーダの社長ルイジーノ・ロッシの協力で靴博物館が設置された。

第7章

香水と宝石

　高級ファッション，それはまた身体と衣服の間にあって，最もその個性に合わせた装いをかたちづくるもの，つまり香水と宝石にも当てはまる。

1. 香水

　香水と化粧品のファッションはイタリア起源のものであり，16世紀に誕生する。ルネサンスは中世の衛生上の慣行を放棄するように思われる。すなわち人はもはや体を洗わなくなり，体に香水をつける。それからまた靴，ベルト，鞄，財布，手袋などあらゆる物にも香水を使った。それはグラース[1]の鞣革製造人たちが「香しい皮」を作り，手袋製造人＝香水製造人が地方経済の不可欠の構成要素となる（香水製造人は1582年の職業規定で薬剤師と区別されたが，1614年のそれでは手袋製造人に統合された）時代である。香水製造業は実際に13世紀から繁栄をきわめる皮革の作業に付け加えられる。皮革の部門はサルデーニャ，シチーリァ，スペイン，北アフリカ，地中海東部沿岸地方(レヴァント)，後れてリスボン，アメリカから輸入される原皮を，楢の樹皮，漆の葉，乳香樹皮(マスティック)および銀梅花(ミルト)を使って加工した。イタリア・ルネサンスは複雑な手袋を流行させ，これを社会的なしきたりの高みまで引き上げた。この新たなしきたりでは手袋が複雑な慣わしの媒体となり，状況に応じて手袋を使い分けることが求められた（アンヌ・ドートリシュ[2]は亡くなったとき347双もの手袋を残している）のである。それでも18世紀初めから，手袋の権威的な流行が廃れるのに伴い，

1　Grasse．フランス南東部プロヴァンス地方にある保養・観光地（カンヌの北方）で有名な現在人口50,916人（2013年）のコミューン。香水の原料生産地としても有名。
2　Anne d'Autriche (1601-1666)．フランス王ルイ13世の妃。

まずはしばしば同一家族内での手袋製造人の香水製造人への職種移動によって，次いで手袋製造人＝香水製造人の鞣革製造人との制度的分離——手袋製造人＝香水製造人は1720年代のうちに別々の宣誓ギルドを形成する一方，鞣革製造人は18世紀末に実際的にその活動を停止することになる——によって，手袋製造人の香水製造人への転換が早まった。だが他方で，芳香性をもつ物質は伝染病を防ぐものとみなされており，モンプリエの薬学校を中心に，それ以前の中世初期からすでに，芳香を放つ物質を製造する伝統が形成されていた。それでもモンプリエは18世紀中頃には香水製造業を失い，親方たちはパリやグラースへ移住していった。たとえばファルジョン家[3]はグラースで20ほどの地元系の大製造業者たち（フラゴナール家[4]，モベール家[5]，ユーグ家[6]，ロジエ[7]家など）と合流するのであった。

18世紀と19世紀初めにおけるファッションの普及と増産に関する宮廷の影響力は確実にいえることだ。デュ＝バリー夫人[8]はヴェルサイユにおけるオーデコロン[9]の流行をつくった張本人である。これは1693年以来ジャン＝マリー・ファリナ[10]によってケルンで製造された。その後ケルンは七年戦争期にフランス軍によって占領されるが，そのことがかれの象徴的な製品の普及に幸いしたわけである。香水は個性の好みのカスタマイズの手段となったのである。マリー＝アントワネットの後は，ジョゼフィーネ・ドゥ＝ボーアルネ[11]，次いでナポレオン1世が香水に決定的な重要性を付与する。皇帝は大量にオー

3　les Fargeon. ジャン＝ルイ・ファルジョン（1748-1806）はモンプリエからパリに上って親方資格を得て，やがてマリー＝アントワネットの香水製造人となる。その後1778年に王室への貸付がこげついて破産し，ほかの同業者とともに香水の原料供給地にも近いグラースへ移る。

4　les Fragonard.

5　les Maubert.

6　les Hugues.

7　les Laugier.

8　Madame du Barry (1743-93). ルイ15世の愛妾として勢力を振るい，フランス革命では処刑された。

9　eau de Cologne. オー・ドゥ・コローニュ。ケルンの水。

10　Jean-Marie Farina (1685-1766). イタリアのピエモンテ出身で，1709年にケルンにわたって成功した。それ以前にそこに存在した製法をファリナが独自のものにして商品化したとするのが通説であり，本文の「1693年以来」というのは誤認と思われる。

11　Joséphine de Beauharnais (1763-1814). 第一帝政期フランスの最初の皇后（1804-09）。晩年はナバラ公爵夫人。

デコロンを使ってマッサージをさせ，香炉を愛した。化粧の方はルイ15世統治末期に紅白粉(べにおしろい)の流行とともに普及する。白粉をつけた顔のうえに鮮やかな赤で円形の色斑と黒の付けぼくろが加えられる。そしてその大衆化が起こるのはようやく1920年代のこととなる。それは女性解放の時代でもあり，また化粧品産業の飛躍的発展の元となる，連合国によるドイツの特定の化学製品の押収の時代でもあった。

香水製造技術の発展

　16世紀から18世紀にかけて，プロヴァンス東部地方の経済的主都である上記グラースを囲む豊かな農業盆地において，香水用植物の栽培が力強く発展する。すなわち銀梅花，野生のオレンジ（数千本のオレンジの木が16世紀後半に植え付けられた），乳香樹，ラベンダー，スパイクラベンダー，金合歓などの栽培である。そしてこれらに加えて新たな種の植物——撫子，バラ，月下香，ジャスミン，スミレ，黄水仙，ヒアシンス，水仙，バーベナ，レモンソウ，ゼラニウム，モクセイソウ，ミント，サルビア，ミモザなど——がオリーヴの木の下に植えられるようになり，20世紀には沿岸地方，シアーニュ川[12]とルー川[13]の流域にまで到達した。今日では栽培は主としてバラ，ジャスミンおよびオレンジに集中している。植物性の香水は当時は花（バラ，ラベンダー），葉（パチョリ，バーベナ），樹皮（肉桂），あるいは根（アイリス，ベチベルソウ）から，必ず粉砕用水車を経て抽出されていた。実際に，内分泌の器官によって生み出される芳香物質は，非常にしばしば当該植物のすべての器官に分配されている。これらに動物性香水（麝香，竜涎香，霊猫香，海狸香）を付け加えなければならない。ただ1970年代にはフランスの花卉栽培がほぼ消滅するという状況に直面した。それらは合成香料（天然の香りや元の香水の模倣による）を前に，そして労働コストの低い国々（イタリア，ブルガリア，マグレブ諸国，エジプト）との競争を前にして後退していくのである。

12　la Siagne. プロヴァンス南部のアルプ＝マリティム県とヴァル県のほぼ境を流れ，地中海に注ぐ全長44.3 kmの川。
13　le Loup. プロヴァンス南部のアルプ＝マリティム県を流れ，地中海に注ぐ全長49.3 kmの川。

花から香水への変化はどのようにしておこなわれるのだろうか。それは一連の技術的改善の結果，実現した。これらの改善は文字どおりの都市の工業の枠組みのなかに位置を占めたのであるが，他方，相対的に目立たない空間的・組織的な範囲内でその漸進的な洗練化がおこなわれたのである。

　植物素材は最初は煮出しの工程を経ていた。後にはこれに替えてオイルと油脂が使われるようになった。ポマードに似たこれらの材料は，熱するとバラやオレンジの花から，冷やすとチュベロースやジャスミンの花から香り成分を抽出するという特性を有した。木枠のなかに取り付けられたガラス板にこれらの材料を塗り，その上に花をうすく広げるというものであった。「冷浸法[14]（アンフルラージ）のボディ」は一般に牛と豚の油脂の混合物であり，沸騰水のなかで溶かして精製された。

　その次に現われたのは，エッセンシャルオイル（精油）をもたらす水蒸気蒸留法または熱水蒸留法である。このオイルは「フィレンツェの壺」，「エキス入れ」とよばれる容器の中で冷却凝結（18世紀からルードルフ・グラウバー[15]によって開発された冷却用蛇管の中を通しておこなわれる）をおこなった後で捕集された。すなわちこの容器の中に導かれた液体の上層に分離したものが精油として取り出されたのである。この液体の残った部分はなおそこに含まれている芳香成分ゆえに再利用された。たとえばオレンジ，バラの花の「水」はとりわけ菓子製造（パティスリー）やジャム製造に，さらにはリキュール製造業者や薬剤師によって利用されたのである。水蒸気蒸留法はエッセンシャルオイルに関してさらに質を向上させ，主要成分を分離させるために，繰り返される場合もあった（精留[16]）。蒸留においては，薪による直接加熱は19世紀のうちに，より経済的で収量・質ともに改善される中央ボイラーによる加熱に置き換えられた。

　蒸留の熱に耐えられない花，とりわけジャスミンに関しては，芳香ポマードは洗浄による抽出法に付された。この洗浄は96度のアルコールでおこなうことができた。この製法によって香水成分が分離され，それはアルコール溶液

14　enfleurage. 花の蒸発気に無臭の油や脂肪を当てて香気を浸み込ませる香水製法。
15　Johan Rudolf Glauber (1604-70)．ドイツのカールシュタット＝アム＝マイン（バイエルン州）出身の化学者，薬剤師，錬金術師。本文の「18世紀から」は「17世紀から」の誤認か。
16　rectification. 凝縮液体を蒸気に接触させることによっておこなう高精度の蒸留。

――こちらは蒸留によって「花脂（アブソリュ）」とよばれるものに濃縮されたもの――の中で凝固させられた。1890年から，どんなに微量の芳香物質でも分離できる石油エーテル，ベンゼン，ヘキサン，アセトンなどの揮発性溶剤による抽出法が開発された。加熱に耐える花に適用される洗浄抽出からは，使用される溶剤によって変わりうる独自の嗅覚的特性をもった異なる製品である「粗製脂[17]」――その後花脂に変換することができる――が得られる。

　さらにこの工程から，分別蒸留あるいはいくつかの留分の組み合わせの技術によって，新たな製品を得ることが可能である。銅製の産業容器に替わってステンレス鋼製の大型の装置が最近使用されるようになり，より純度が高くより色素が少ない製品が提供されている。最も独創的な組成から「基幹製品」が生まれる。その基幹製品の周りに数世代にわたって変化に富んだスタイルの製品が開発される。たとえば18世紀末以降のジャン＝マリー・ファリナのオーデコロン，コティのオリガン[18]（1905年）とシープル[19]（1917年），シャネル5番やゲランのシャリマール[20]（1925年），それにディオールのオー・ソヴァージュ[21]（1966年）などがそれである。

　香水製造業はこうしてみると化学者の仕事にほかならないということだろうか。否，それではすまない。そこには常に，製造工程を知悉し，経験的な「技巧」を開発し，観察の精神を発揮し，数年間にわたって諸々の結果を書き留める一人の名工が加わっている。かれはさらに，「保留剤（フィクサトゥール）」（ほとんど揮発しない物質）を使って安定化させるあらゆる起源の芳香製品から香りの創造，組み立てを実行することを可能にする嗅覚の記憶をもっているのだ。

17　concrète. コンクレート（コンクリート）。香料植物から水・アルコール以外の溶剤で香料成分を抽出し，溶剤を溜去した香料素材。
18　Origan. ハーブのオレガノの意味。天然素材と当時としては新しかった合成の素材から製造されたフローラルな香りの女性用香水。
19　Chypre. シプレー。ギリシア神話で美の女神ヴィーナスの生誕の地といわれるキプロス島に由来。楢苔，パチョリ，ハンニチバナおよびベルガモットを原料とする香水。
20　Shalimar. パキスタンのシャーラマール庭園（ムガル帝国皇帝により1642年に完成）に由来。ベルガモット，レモン，バラ，バニラを基調とする香水。
21　Eau Sauvage. オーソバージュ（野生的な水）。ディオール初の男性用香水。ベルガモット，レモンを基調とする香水。

香水瓶

　香水の包装はそれ自体香水製造業の一つの付属部門をなしている。かつては悪路上の輸送中の破損に備えて，分厚い内壁面をもった磁器ないし陶器の壺が用いられていた。もっと後になると，クリスタルガラスないしガラスの小瓶に頼るようになった。この分野では，今日のフランスのラグジュアリー産業推進者たちのスローガンとなっている「創造力」というものが早くから思う存分発信され，容器も中身と同じレヴェルの高さでなければならないとされたのである。1840年から，ロジェ＝エ＝ガレ[22]のエクストラ＝ヴィエイユ[23]というオーデコロンは，その香りの優雅さにもかかわらず，飾り気のない平らな小瓶のかたちで出されていた。同じ香水メーカーが40年後には丸型の最初の化粧石鹸を発表した。ゲランは，1891年，ジッキー[24]という香水（ベルガモット，紫檀，白檀を調合）をすでに相当人気が高まっていた多面体の瓶で提供した。シャネルは，その5番用としては，なお幾何学的な簡素さに与した。その結果，依然としてその瓶は，活字の外装にいたるまで古典的な簡潔さの基準として通っている。逆に1930年にジャン・パトゥが出したジョイ[25]——1瓶当たり28ダースのバラの花と10,600個のジャスミンの花による合成——は，財布のかたちに似せられた，多面カットで，上部に大きな飾り釘をのせた小瓶に詰められていた。1948年にニナ・リッチは，そのレール・デュ・タン[26]用に，2羽の鳩を上部においた，膨らみがあり撚り合わされた小瓶を選ぶのにためらわなかった。1947年（「ニュー・ルック」の年とされる）に創作されたミス・ディオールという香水を売り出すにあたって，バカラ——すでに1世紀以上にわたって最も大手の香水メーカーのために約800種もの小瓶（これらの小瓶はすでに1860年におけるバカラのカタログに出ている）を製作した——は，オベ

22　Roger & Gallet. 前出，第2章注96。
23　Extra-Vieille. 意味は長時間温浸抽出のこと。低温で溶かした精製脂に花びらを非常に長い時間浸して香りを吸着させたオーデコロン。
24　Jicky. ゲランがイギリス留学時に失恋した相手の名前に由来。
25　Joy.
26　L'Air du temps. 時の流れ，時代の空気という意味の香水。鳩には愛，純粋，平和，自由がこめられているという。

第7章　香水と宝石　145

リスク型の小瓶を作るのであった。1993年にこのクリスタルガラス・メーカーがオー・ドゥ・バカラ[27]という自社ブランドの香水を出すことを決定するとき，普通の量で穏やかなラインのモデルを番号付きで200本創作する。というのも1990年代から純粋主義(ピュリスム)への傾向が支配的となるからである。

　さて1898年にバカラは香水瓶製造に特化したカット工場をつくっていた。ヴァル＝サン＝ランベール[28]もそこで売り出された。今日では産業規模の香水瓶製造部門を支配するのはサン＝ゴバンかBSN[29]である。だがデザイナーたちは反対にその権利を失っていない。ピエール・ディナン[30]，セルジュ・マンソー[31]，ロベール・グラネ[32]といった人たちは1960年代以来香水瓶製造デザインの大家である。その一人は「香水瓶のクチュリエ」とよばれたし，別の一人はむしろ「ガラスの彫刻師」でありたいと望み，依然として奔放なフォルム想像力の代表例としてとどまっている。

　もともとはグラースの山の手に立地していた香水製造業者たちは，19世紀に平地への降下を始めた。平地では製造の産業段階への移行に伴って，化学の新たな技術と結びついた危険を回避しつつ，生産により適合的な文字どおりの工場のなかに，より平坦でより広大な空間，より容易な導水の便宜が見出しえたからである。下町では，産業用の建物はその結果，ときには香水用植物用の昔のテラスの付いた田舎の家屋に交じっていき，その一方で労働者たち——後にはイタリア人移民——もそこに居住した。製造業者たちはまずはフランス革命によって転用された修道院，あるいは旧い教会の中に身を落ち着けた。その後かれらは，豊かさの表明である多彩な様式の新しい建物を自分たちのために

27　Eau de Baccarat.
28　Val-Saint-Lambert. ベルギーのリエージュの近くにあるシトー派の大修道院の名前。フランス革命で消滅した後の1826年に，同じ建物にクリスタルガラス工場が設立された。この大修道院名が付されたクリスタルガラス・ブランドは世界有数の高級ブランドとなった。
29　BSN=Boussois-Souchon-Neuvesel. ブソワ＝スション＝ヌヴセル。ガラス・メーカーのブソワと，ジヴォール（ローヌ県のコミューン）の大手ビール・メーカーのスション＝ヌヴセルとが1966年に合併。その後飲食関係にも進出し，エヴィアン，ダノンなどと合併する。
30　Pierre Dinand. 1968年にアトリエ・ディナンを立ち上げて，イヴサンローランやランコムをはじめ多数のラグジュアリー・ブランド製品（とくに香水）のデザインを手がけてきている。
31　Serge Mansau (1930-). パリ生まれ。ジヴァンシー，ケンゾーをはじめ多数のラグジュアリー・ブランド製品（とくに香水）のデザインを手がけてきている。
32　Robert Granai. とくにサムサラやヴェティヴェ（ベチバー）などゲランの香水瓶を多く手がけた。

建てたのでる。

　しかしグラースは基本的になお原料の収穫と精油の製造の中心地のままである。反対に香水の「仕上げ」とその製品の販売の地はパリである。19世紀初めまでフランスはほぼその製造の独占を維持したのである。

　ルイ15世の治世以降，君主の影響下に最初の大物たちが現われる。すなわちまずは国王の公式の香水製造人であるリュバン[33]，次いでファルジョン，1775年にはウビガン，そして1806年にはファリナへと続いていく。19世紀前半，第二帝政期，19世紀末そして両大戦間期には高級ファッション全体の動きと結びついた創作品が増えていく。アブヴィル出身で，化学からオードゥトワレットに転じたピエール＝フランソワ・ゲランは，1828年にパリのリヴォリ通りに店舗を開設しにやってくる。第一帝政の皇后ウジェニの公式香水製造人であったゲランは，それからラ・ペ通りに拠点をおく。これはヨーロッパ中の宮廷の顧客を獲得するためのジャンプ台となった。1864年にパリで亡くなるわけだが，ゲランはその地に文字どおりの王朝をきずいた。さらにドルセー[34]は1830年に，ブルジョワ（名前はアレクサンドル＝ナポレオン！[35]）は1863年に，フランソワ・スポルトゥーノ（通称コティ）は1904年に，そしてモリナール[36]は1920年に（グラースには1849年からいた）現われたのであった。

現況

　今日，香水産業は，かつてそれだけが適性をもちえたとされてきた気候の領分から解放されている。1995年に，香水・化粧品生産の60％はピカルディ地方に立地している。そこでは115の生産単位（オワズ県64，ソンム県34，エー

33　Lubin. ピエール＝フランソワ・リュバン（1774-1853）が1798年にパリで立ち上げた香水メゾン。
34　d'Orsay. 画家アルフレッド・ドルセー（1801-52）がイギリス人の恋人プレシントン伯爵夫人のために作った香水が端緒であり，かれの相続者たちが1865年に正式にドルセー・ブランドを立ち上げた。
35　Alexandre-Napoléon Bourjois（1847-93）. ブルジョワ・ブランドは俳優ジョゼフ＝アルベール・ポンサンが1863年に役者の顔用化粧品メーカーとして立ち上げ，これをブルジョワが継承したもの。香水には20世紀になってから参入した。現在コティの傘下。
36　Molinard. 創始者はイヤサント・モリナール。パリでの代表的作品はアバニタ Habanita である。

ヌ県 17)に分けられて，8,000人超の人びとが雇用されている。イヴサンローランはラシニー[37]に，ジヴァンシーはボーヴェ[38]に，シャネルとブルジョワはコンピエーヌに，ウビガンはヴェルヴァン[39]にある。またランティニ[40]にはランコム，アルマーニ，ギ・ラロシュ，クレージュ，カシャレル[41]，ジャック・ファトがあるという具合だ。

1978年以降，香水製造業はラグジュアリー産業全体のなかでトップの売上高を達成している。きわめて輸出志向が強いこの産業はいまのところその位置を譲ろうとしているようには見えない。それでもこの市場での競争が厳しいものであることは知っておかなければならない。たとえばアメリカ合衆国では，香水の新製品の発表数は1980年代に倍増した。同時にそうした新作発表の代価はものすごく増大した。たとえば1989年のポワゾン[42]（クリスチャン・ディオール）の発表は4,000万ドル，サムサラ（ゲラン）のそれは5,000万ドルかかった。ところが1996年になると，この種のキャンペーンのコストは4億ないし5億ドルだと見積もられているのだ。いまやこの部門の成長は次第にスキンケアのフルコースのシリーズ製品の創作と男性顧客層の開拓にかかっている。小規模ブランドはラグジュアリーや化学部門の大グループの支配下に入っている。1996年，なんとゲランがLVMHの傘下に入る（この業界におけるまさに激震であった！）。ラグジュアリー香水製造業の売上高は1994年以降停滞しており，たとえ世界の販売がアジア諸国に引っ張られてうまくいっているとしても，ヨーロッパのすべての市場は少しずつ狭まっているのである。価格を下げるためには，もっと自らを抑えた態度で販売し，大型チェーン店の流通網に入っていく必要がある。だがこうしたことはすべて最も危険な手段による競争の激化を背景として浮かび上がってきているのである。たとえば新規製品の発表の増加における競り上げ合戦がそうであるが，ラグジュアリー産業という

37　Lassigny. オワズ県にある現在人口 1,399人（2013年）のコミューン。
38　Beauvais. オワズ県にある現在人口 55,252人（2013年）のコミューン。
39　Vervins. エーヌ県にある現在人口 2,507人（2013年）のコミューン。
40　Rantigny. オワズ県にある現在人口 2,587人（2013年）のコミューン。
41　Cacharel. 1958年にプレタポルテ・ブランドのカシャレル（キャシャレル）をニームに設立したジャン・ブスケ（1932－）が，1975年に同名の香水ブランドをつくり，ロレアルにライセンス生産委託を開始した。アナイス・アナイスなどが有名。
42　Poison.

ところからすれば，それはおそらく逆方向の動きである。

2. 宝石

　衣服や皮膚の上に着けられる宝石類は，今日オート・クチュールの不可欠の伴奏役を香水と共有している。それは19世紀初めから始まった相当大きな進化の結果である。すなわちその進化の過程で，宝石類は権力と富の象徴という伝統的な暗示的意味から切り離され，社会生活のすべての等級に，そしてダイヤモンドからイミテーションの装身具の最も平凡な素材にいたるすべての度合の品質にも居場所をもつようになったのである。

　たとえ「宝石・装身具業者[43]」といういい方が普通にされているとしても，またこの呼称が多くの場合二重の活動をも含んでいるとしても，2つの業種は補完的であってもまったく別のものである。宝石業者(ジョワイエ)はダイヤモンドならびにほかの貴金属のみを加工し，世に出す。装身具業者(ビジュティエ)はそれらを金属やエナメルの精錬と結びつけるのである。19世紀フランスの宝石業は世界でも非常に人気があり，その世紀が進むうちに大衆の趣味のなかにおいて装身具に勝る傾向にあった。宝石業はもちろん1870年における喜望峰でのダイヤモンド鉱山の発見とともに新たなはずみを与えられたのである。

政体変化と宝石業

　フランス革命期には明らかにこの種のラグジュアリーの誇示は，場合によって反革命容疑者にもなりえたという限りにおいてではあるが，かなり後退した。反対に，統領政府(コンシュラ)と第一帝政の再活性化の役割はそこでも決定的であった。ナポレオン1世は早い時期から装身具に関しては真から庇護することに喜びを見出す人として現われた。ジョゼフィーヌに，皇后になるずっと前から装身具をふんだんに与えたのであった。1804年の戴冠式に際しては，マリー＝

43　bijoutiers-joailliers. フランス語的には順番からいうと装身具業者，宝石業者だが，日本では慣例的に宝石を先におくことが多い。

第7章　香水と宝石　　149

エティエンヌ・ニトとその息子フランソワ゠ルニョー・ニト[44]（1809年に父が亡くなってその事業を継承した）は，とくに新皇帝によってローマ教皇ピウス7世に贈られる三重冠のために，フランスの旧王家の宝石類をはめ込み直す任務を帯びた。父ニトは1805年に皇后おかかえの宝石業者となる。皇后のためにかれは一揃いの豪華なアクセサリーを製作した。息子のニトはさらに，注文のなかでもとくに，1810年に皇后マリー゠ルイーズに贈られるアクセサリーのために仕事をする運命となった。このアクセサリー注文はメゾンのそれまでのすべての製作量を超えており，しかも一連の贈物のなかの最初のものにすぎなかったのだ。父ニトはまさしく革命前と革命後の間の架け橋として役立ったように思われる。というのもかれはナポレオン・ボナパルト（かれ自身ブルボン家の貴金属や真珠の宝物庫の保存に非常に気を使った）の保護のおかげで栄光を手に入れる前に，アンシアン・レジームの証拠物ともいえるいくつかの宝飾品・輝石の保存においてたしかな役割を演じたからである。そしてニトはボナパルトのために金銀細工師ジャン゠バティスト゠クロード・オディオと協力して1802年に統領の剣を製作したのである。サン゠トノレ通りからカルーセル広場へ，そして1812年にはヴァンドーム広場15番地へと駆け巡るメゾン・ニトのアドレスの経路そのものが一つの人生の成功の大きさを証明している。

　皇后とナポレオン1世の姉妹の公式の肖像画を見ると，宝石入りの王冠型髪飾り（ディアデム），宝石を散りばめた頭飾り（ティアラ），挿し櫛，イヤリング，ネックレス，ブレスレットおよび飾り帯からなる豪華な装いの流行の復活がわかる。それに皇帝が，とりわけ婚儀や洗礼に際して迷いなく頻繁におこなう贅沢な贈り物――ごく単純に，権力の威信を引き上げるラグジュアリーに包まれていたいというかれの一貫した願望と政治的着想の表れである――もそれらの肖像画からわかるところだ。おそらく総額で当時の数百万フランを蕩尽した注文もそこから来ている。また，内通者の献身に報いたり，内外の政府高官たちを顕彰したり，帝政の世の大イヴェントを記念することを目的とする贈り物もあった。貴族層

44　Marie-Etienne Nitot（1750-1809），François-Regnault Nitot（1779-1853）．父ニトは1780年に宝石・装身具・時計のブランドを立ち上げた。先の注で述べたように，後にショメ Chaumet というブランドになり，現在は LVMH の傘下にある。

——とりわけ帝政の新貴族——ももちろん，自発的であれ逆らいがたいかたちで勧められたものであれ，模倣によってもう一つの顧客層を再生させた。それゆえ1815年におけるパリの宝石業の再興は，それを対象とした上からの特別の配慮のおかげでもたらされたものなのである。

復古王政期ならびに七月王政期には，ニト家はその後継者たち——最初はその社員であったフォサン家の人びと（ジャン＝バティスト，次いでその息子のジャン＝ジュール＝フランソワ[45]）——の名声の陰で忘れられてしまった。だが，たとえフォサン家もなお王室の，とくにオルレアン家の注文を受けたとしても，王室御用達の宝石業者(ジョワィエ)の地位を占めたのはバプストの家系である。

最初のバプストであるジョルジュ＝ミシェル[46]は1752年から宝石を調達し，それをしっかりと保管する（軍隊の協力を得て）という役目をもっていた。この新興の家系は第一帝政期には，王党派の意見が通って，この役割から遠ざけられた。だがそれは1814〜31年に創始者の孫のジャック＝エベラール・バプスト[47]のときに復活した。その一方で大貴族の顧客層も保持した。1848年の二月革命は王室宝石業者の職務を廃止した。だが1856年から同家筋のアルフレッド・バプスト[48]が再び第二帝政皇后のウジェーヌの愛顧を得た。アルフレッドの息子のジェルマン・バプスト[49]は，その職務の保持のためにリュシアン・ファリーズ[50]と組む一方，『フランス王室の宝飾品の歴史』（1899年）という本の学識豊かな著者でもあった。別の子孫は1880年にフォーブール＝サン＝トノレ通り25番地で開業したはずだ[51]。

この19世紀の第2四半世紀は新規のメゾンの創設ラッシュによって特徴づけられる。たとえば1828年のモブサン，フロマン＝ムリス（1802-55），メ

---

[45] Jean-Baptiste Fossin, Jean-Jules-François Fossin.
[46] Georges-Michel Bapst (1718-70). 南ドイツのシュヴァーベン地方出身の宝石細工師。義父のジョルジュ＝フレデリック・ストラス（1701-73）から王室御用達の資格を継承した。
[47] Jacques-Eberhard (1771-1842).
[48] Paul-Alfred Bapst (1823-79). ポール＝アルフレッドのこと。
[49] Germain Bapst (1853-1921).
[50] Lucien Falize (1839-97). パリの金銀細工師，装飾家。この分野でアール・ヌーヴォーの一翼を担う。宝石のブランドはバプスト＝ファリーズとして現存。父アレクシス（後出）同様，日本に強い関心をもった。
[51] ポール＝アルフレッドの従兄弟のジュールとポールが1880年に立ち上げたメゾン（J. & P. Bapst et fils）のこと。1930年に閉業する。

ルリオ，通称メレール（1772年から1843年まで生きたフランソワ・メルリオ[52]は実際には16世紀にロンバルディーアからやってきた家系の子孫である），アレクシス・ファリーズ[53]（1811-98。1840年頃パレ=ロワイヤル[54]に自立して開業），ウジェーヌ・フォントゥネー[55]（1824-87）——パリのケール（カイロ）通りにいた幻想的タッチの装身具業者を祖父と父にもち，1848年に創業し，大貴金属商のジョゼフ・アルファン[56]と結びつく——などがそれである。

　フォサン家の組織にはとくに教えられるものがある。すなわち同家の直接の監督の下，リシュリュー通り（パレ=ロワイヤルはなおファッションの中心地であった）の工房に20～30人の宝石関連労働者がいる。そして地図上近い影響範囲内に，各々が製品（ポン=ヌフにいるそのうちの一人はもっぱら高級な宝石箱を供給した）に，あるいは様式に特化したかたちで，数十人の手工業者が手間賃仕事をしているのだ。そこからまさにファリーズやカルティエといった人たちが現われてくるのである。工房の親方は芸術的な創造性を見る主任によって補佐される。たとえば1834年から1840年まではジャン=ヴァランタン・モレル[57]の場合がそうである。モレルはすべての貴金属材料の加工に関して絶妙の技をもつ人としてすでに知れ渡っていた人物であった。パリ，アムステルダムおよびロンドンの大手のメゾンが貴金属と真珠を供給した。代理店網によってフランクフルト，マドリードあるいはロンドンでの販売が確保された。

52　François Mellerio. フランス革命期には共和国軍に身を投じ，第一帝政期には皇后やボナパルト派から装身具の注文を受けた。そのブランドは現在もローラン・メルリオ率いる家族持ち株会社として存続し，コルベール委員会のメンバー。
53　Alexis Falize. 前出のリュシアン・ファリーズの父。
54　Palais-Royal. パリ1区のルーブル宮殿（現在の美術館）の北にある集合建造物（宮殿，庭園，アーケード街，劇場）で，1628年にリシュリューによって建造された。現在は国務院，憲法評議会，文化省が入っている。
55　Eugène Fontenay. パリ生まれ。ギリシア，ローマなどの古典作品をモチーフとするかれの作品は1867年のパリ万博でも好評を博した。
56　Joseph Halphen（1822-96）.
57　Jean-Valentin Morel（1794-1860）. 1848年にロンドンに渡り，ヴィクトリア女王御用達の宝石業者となる（1851年のロンドン万博に出品）が，1852年に帰仏。その死後，息子のプロスペール Prosper がこれを継承する。

フランスでは，旧大貴族の顧客層が再び現われる。そのなかでもブルボン家に忠誠を誓う旧貴族がルイ＝フィリップの祝祭に出るのを拒むのに乗じて，ナポレオン貴族の諸門はかれらから盛装やダイヤモンドの誇示レースで第一位の座を奪う。しかし必然的に顧客層は七月王政期に変わり始める。銀行，産業および大規模商業に従事する人びとが今度はその妻たちに宝飾品をふんだんに与えるようになるのである。ロチルド（ロスチャイルド）家は，様ざまな部門に分かれているがいずれもフォサン・ブランドの上得意となっていく（その筆頭はもちろんジェイムズ・ロチルド男爵夫人であり，その夫ジェイムズ[58]は社交生活と上流社交界のリーダーであった）。芸術家たちも，少なくとも破産していない場合には，この社交界に登場する。顧客層は官職・軍事職につく上層ブルジョワジーにまで拡大する。その一方で外国の金持ちたちは，観光・ホテル業の最初の大発展あるいは外交生活の活発な展開のおかげで，パリとその高級店を訪れるようになり，その数もだんだんと増えていった。1840年あたりではとくにロシア貴族がラグジュアリーに対する情熱で目立っている。アナトール・デミドフ伯爵はその浪費家ぶりで相変わらず有名であった。かれの祖先によってウラルの製鉄所の繁栄のなかで獲得された財産を妻と愛妾のためにつぎ込んだのだ。だが実をいうと，ヨーロッパのどの国の金融貴族も，ディナーや舞踏会の華々しさを競いたいという願望に絶えず掻き立てられる，この顕示的消費の動きに乗り遅れてはいなかった。同じ頃，初期の大金持ちのアメリカ人も，レセプションや，財産を蕩尽するほどお金をかけてきらめいている女性の襟ぐり（ネックライン）の深い夜会服をめぐるあの熱狂的な競争にのめり込むのであった。

　1848年の革命はパリの装身具業に重大な影響をもたらした。政治的・経済的な危機は一時的にフランス人顧客の購入欲を冷ましたからだ。オルレアン家はイギリスに亡命してサリー州のクレアモント・ハウス[59]で自由に使えるようになっているマンションにいた。そこで主要メゾンは代替戦略を決める。すなわちロンドンに店を開き，この地でうち立てられうる限りなく大きい通商

---

[58] James Rotschild (1792-1868). ジェイムズ・ドゥ＝ロチルド（ロスチャイルド）。最初はヤーコブ＝マイヤーで，1811年にパリに移ってから英語風のジェイムズに改名した。

[59] イギリスにおいて古くは16世紀から貴族やジェントリーが農村に建てたカントリー・ハウスとよばれた邸宅の一つ。クレアモント・ハウスは18世紀にジョン・バンブラ卿が建てたもので，19世紀にはイギリス政府所有のロイヤル・レジデンスとなっていた。

第7章 香水と宝石　153

関係から利益を得ようと考えたのであった。ジャン＝バティスト・フォサンはロンドンに支店を設立することを決め，これを上記ジャン＝ヴァランタン・モレルに委託する。モレルはこの都市に居を定める前に，サン＝カンタンの大綿業家で富裕な芸術愛好家のジョリー＝ドゥ＝バンムヴィル[60]からの驚くほど多額の出資金をすでに手に入れていた。さてモレルはロンドンで引き続きオルレアン家に仕える。同家に代わって宝飾品・美術品の一部の売却の交渉をおこなったのである。ほどなくモレルはイギリス宮廷からの注文を得て，さらにヴィクトリア女王の御用達の肩書を受け取る。これをきっかけにイギリス最上層の貴族の顧客がかれに引き寄せられるのであった。しかしながら，おそらくイギリスの顧客側からの事実上の排外主義の影響を受けて，ビジネス規模としてはさほどの重要性はもたなかった。そしてこの支店は1850年には閉店せざるをえなくなるのである。

これに対してジャン＝ヴァランタンの息子のプロスペール・モレルの方は，第二帝政の宣言（1852年12月）とすぐその後に続くナポレオン3世とウジェーヌ・ドゥ＝モンティージョの成婚（1853年1月）がラグジュアリー商業の再活性化を始動させるまさにそのときに，パリで父の後を継ぐ。プロスペール・モレルは新たな大量の公的な注文の動きからその分け前を受け取る。だがチュイルリー宮のほかのもっと有力な業者――とくに上記のフォサンとアルフレッド・バプスト――の傍らにいたにすぎない。すべての貴族が，チュイルリーからオペラ座，サン＝クルーまで，そして湖水都市や海水浴のできる都市にいたるまで新体制を特徴づけるものの一つである非常に活発な社交生活に加わるために，こぞってその装いをあるいは磨き，あるいは一新するのである。

それでもプロスペール・モレルの顧客層は，アルフォンス・ドゥ＝ロチルド[61]（ジェイムズ男爵の息子の一人）から大商人・繊維産業家にいたるまで，パリ（たとえばドルムイユ[62]）であれ，地方においてであれ，いまやどれだけ

60　Joly de Bammeville. ルダン（ポワトゥ地方）から18世紀初めにサン＝カンタン（エーヌ県）に移住してきたユグノーの家系。19世紀の当代はアメデー（1818–97），アルチュール（1820–92）の兄弟であった。

61　Alphonse de Rothschild (1827-1905). ジェイムズの長男としてパリのロスチャイルド家の銀行業を継承した。

62　Dormeuil. 1842年にジュール・ドルムイユ（1820–73）が22歳のときイギリス製布地をフラン

大資本家と実業界全体が最も高価な注文を分けもっているかを明らかにしてくれる。ロシア貴族に関しても，従来にも増してパリに押し寄せた。ほかのすべての王国や公国の貴族についても然りである。そのうえ，この傾向は衣装，頭髪および襟ぐりにまで宝飾品を積み重ねる方向にあった。ヴィンターハルター[63]の絵がこれを証明しているとおりである。1868年，フランスの皇后は，コンピエーニュへ滞在した折，首に黒いベルベットのリボンにはめ込んだ17のロケットを得意げに身に着けていたとされている。

　もっと一般的にいえば，パリの強力な装身具業界が形成されるのも第二帝政期であった。制度的には1864年にルイ・オーコック[64]の主宰の下，装身具・宝石加工・金銀細工の雇用者組合が設立される。同組合は1869年から1908年まで様ざまなレヴェルの職業教育学校を組織することになる。場所的に見ると，ラ・ペ通りやヴァンドーム広場あたりに同組合が定置されたことについて皇后ウジェーヌの存在は無関係ではなかった。ウジェーヌは自分のすべての納入業者——クチュリエ，ブラウス製造人，手袋製造人，ゲランのような香水製造人，帽子製造人，等々——が同じ通りに見出されるのを好んだからだ。事実，ラ・ペ通りの成功の土台となったのは，だいたいにおいてファッションと宝飾品の二分野間の類縁性であり，そしてまたオート・クチュール，装身具業および香水製造業の相互間の友好，結合ないし顧客の同盟でもあった。その好個の例はウォルトとカルティエによって早い時期から見られた。ラ・ペ通りが成功すると，すぐさま利用可能なスペースの不足および意気を挫くような地価の高騰ということになった。こうして1858年にフレデリック・ブシュロン[65]によって創設されたメゾンは，1893年にはヴァンドーム広場の角の26番地に「移住」しなければならない（その5年後にはセザール・リッツ[66]が同広場の

スに輸入する目的で立ち上げた会社。その後自社の布地を製造し，プレタポルテ部門で有名になる。
63　Franz Xaver Winterhalter（1805-73）．フランツ・クサーヴァー・ヴィンターハルター。ドイツのバーデン大公国に生まれた画家，版画家。パリを拠点にヨーロッパ中の国王，皇帝および貴族の肖像画を描いた。
64　Louis Aucoc（1850-1932）．アール・ヌーヴォー系の宝石加工・金銀細工師。19世紀を通じて国王ルイ＝フィリップ，オルレアン家，第二帝政の皇帝・皇后の愛顧を得た。
65　Frédéric Boucheron（1830-1901）．第2章注65を参照。
66　César Ritz（1850-1918）．スイスの企業家。高級ホテルのリッツは1898年にヴァンドーム広場で開業。

反対側にやってくる）。

　このラグジュアリーの手工業部門におけるパリの比重は絶えず増大するばかりであった。1920年頃、フランスには2,500人の装身具・宝石製造人がいたが、そのうち1,600人はパリにいて、およそ20,000人の従業員を雇用していたのだ。1803年に作成された装身具・金銀細工・時計製造の年鑑である『ラジュール』[67]のなかにそのリストが見出される。そこでは金銀細工師がパリで第一級の労働者とみなされている。

　第二帝政期はまたメゾン・カルティエの台頭のときでもあった。そのルーツは、ルーヴル宮に小さな工房をもつ金属加工の旋盤工＝労働者のルイ＝フランソワ・カルティエ（1755－94）に遡る。その孫ルイ＝フランソワ2世[68]こそが、モントルグイユ通り[69]の宝石加工師ピカール[70]の店で労働者として働いた後、1847年に1世の仕事を継承し、「宝石、趣味の装身具、ファッションおよび最新流行品の製造人」として身を立てたのであった。1853年にサン＝トゥスタシュ街区[71]を離れてヌーヴ＝デ＝プティ＝シャン通り[72]5番地に「宝石・装身具製造人」として店を構えたルイ＝フランソワ2世は、一部は小手工業者の製品を捌き続けながらも、1859年には皇后ウジェーヌの御用達となり、イタリアン大通り[73]9番地に拠点を移すのであった。

カルティエ，モレル，ショメ

　第二帝政の崩落は、1789年の大革命のときもそうであったように、このラグジュアリー部門を無に帰せしめることはなかった。たしかに王や皇帝の顧客

67　*L'Azur*. 紺碧の意味だが、この年鑑名は1803年にA. アジュールという人物によって創刊されたことに由来。現存。
68　Louis-François Cartier (1819-1904). ピカールの店を買い取ってメゾン・カルティエをモントルグイユ通りで創業した。息子はアルフレッド (1841－1925)。
69　パリ2区。
70　Adolphe Picard.
71　le quartier Saint-Eustache. パリ3区。
72　rue Neuve-des-Petits-Champs. 現在の rue des Petits-Champs. パリ1区と2区にまたがる。5番地は1区。
73　boulevard des Italiens. パリ2区と9区にまたがる。9番地は2区。

はいまや大部分は外国のそれとなる。1870年から1873年までイギリスに亡命したルイ＝フランソワ・カルティエ（2世）はその国の宮廷の御用達となる。1874年には息子のアルフレッド・カルティエがフランスで事業を再開する。伝説となっている浪費壁のロシア貴族が1860年代以降上得意となっていた一方で，大金持ちのアメリカ人たちがパリのラグジュアリー市場に本格的に現われる頃のことだ。国内市場では，代替の顧客として，あらゆる素性のブルジョワ・エリートが出てくる。家族会社であるカルティエはアルフレッドの3人の息子のルイ（1875‒1942），ピエール（1878‒1965）そしてジャック（1884‒1942）の誕生によって堅固なものとなる。1899年にこのメゾンはラ・ペ通りに移転し，翌年には1,000,000フラン以上の利益を達成するのである。また国際的な地位も絶えず強化されていく。1904年から1939年まで，14もの王家の公式御用達の免許状を獲得するのである。メゾンはエドワード7世[74]の戴冠用の注文品を引き受ける。それ以来，宝石には品質保証印に替えて署名が彫り込まれるようになる。カルティエは膨大な量の宝石のストックを備えて加工をおこなう。メゾン・カルティエはパリで最良のプラチナを有するとみなされているのだ。第一次世界大戦より前にロンドンとニューヨークにいくつかの子会社が設立される。ニューヨークのそれはついには5番街に本拠をおくのである。

　一方，メゾン・モレル——それ自体フォサンの継承者である——については，その上昇は，1875年におけるプロスペールの娘のマリー・モレルと，ジョゼフ・ショメ（1852‒1928）との結婚とともに継続されていく。婿のショメがまずはこのメゾンの経営者となり，次いで買い手となる（1889年）のであった。こうして文字どおりメゾン・ショメが誕生する。非常に古い株に接ぎ木されたこのメゾンは今日ショメ・インターナショナルとなっており，このメゾンについて，ダイアナ・スカリスブリック[75]が古文書に基づいて近年見事な歴史を描き直した。こうして，これまでほとんどおこなわれなかった手法で，一企業の歴史と，もっぱらそれ自体を対象として研究されてきた感があるラグジュアリーのこのアイテムの歴史とが結びつけられたのである。

74　Edward VII（1841-1910）．イギリス王（在位1901‒10）。
75　Diana Scarisbrick（1928-）．イギリス生まれの宝石の歴史に関する専門家。古代からルネサンスを経て現代に至る宝石の歴史に関する多数の著作がある。

第7章 香水と宝石　157

　ジョゼフ・ショメの場合，真珠・宝石についての傑出した科学的知識に裏づけられた比類なき専門的技能に，経営におけるきわめて厳格な企業主の素質，しかも実をいえばかなりの程度の経営家族主義的(パテルナリスト)な傾向が結びついた，特別の個性が際立っている。前任者のフォサンの組織と違って，ショメは非常に集中した労働組織に依拠する。つまりかれは，ダイヤモンド，宝石，金銀細工品，銀製品，細工彫り，宝石箱製作および銅加工のための自分自身のカット工房を直接に監督するのである。この組織の土台にはさらに兄弟の一人レオポルドとの協力関係，ならびに専門スタッフがあった。これらのスタッフはメゾンに非常に長い間帰属し続けたはずである。ショメはまずはリシュリュー通りに拠点をおいたが，1907年にはヴァンドーム広場12番地，ホテル・リッツの対面に移転する。そこはホテルの富裕な客の来店を受けやすい位置にある。ホテル客は「自分の」宝飾品店に入るのに広場を横切るだけでよかったからである。1905年にショメはロンドンに支店を開設する。

　フォサンをよく利用していたフランスの古くからのきわめて名門の貴族に属する家族客はショメを引き続き愛用する。ロチルドからセイエール[76]にいたるナポレオン1世起源の貴族ないしオート・バンク[77]の数多くの家族も同様の顧客であった。変わっているのはショメの顧客にフランス産業の名家中の名家が大量に加わったことである。たとえば精糖業者のセー家[78]，ルボディ家[79]，ソミエ家[80]，金属業者のドゥ＝ヴァンデル[81]，シュネデール[82]，それに

76　les Seillière. セイエール家が近代史に大きく登場するのは18世紀にル・クルゾーの王立製鉄所の出資者となったときからである。1807年にはオート・バンク（大手事業銀行）の一つとなる。また1815年に男爵位を授かる。
77　大手事業銀行。とくに19世紀のパリの家族企業形態の富裕な金融ブルジョワを指し，国家や貴族との取引をおこなった。
78　les Say. ルイ・セー（1774-1840）——経済学者セーの弟——が1812年にはじめて甜菜糖を原料とする精糖工場を設立。
79　les Lebaudy. 砂糖精製に乗り出したノルマンディ出身のジャン＝バティスト・ケリュエルの妻，フランソワーズ・ルボディの実家が大々的に投資をして成長した。
80　les Sommier. パリ生まれのアルフレッド・ソミエ（1835-1908）が嚆矢。
81　de Wendel. ブリュッヘ，コブレンツ，そして17世紀にロレーヌへと移っていた軍人の家系。18世紀初めにジャン＝マルタン・ヴァンデルがアヤンジュ（いまのモゼル県のコミューン）に製鉄所を購入したのが始まりで，その後ル・クルゾー製鉄所を設立し，フランス有数の製鉄・製鋼メーカーとなる。18世紀に受爵。革命時に亡命。
82　Schneider. アントワーヌ・シュネデール（1759-1828）の息子アドルフ（1802-45），ウジェー

シャトールーのバルサン家からノール県のモット家[83]にいたる繊維部門のお歴々，後れてあのルイ・ルノー[84]がそうである。そしてまたこの時代は，アメリカ合衆国のビジネス界がフランスの貴族階級のなかで多くの同盟関係を結ぶ時代でもある。要するに産業界の大企業家の妻や娘たちが，買い物をするパリやロンドンと，ニューヨークないしはそのハドソン・ヴァレーやニューポート（マサチューセッツ州）の邸宅との間を行き来するのが見られるのである。ラグジュアリーにまつわる突飛な行動はロシア貴族の専有物ではなくなる。そうした行動はいまや，ベステギ家[85]からパティーニョ[86]家にいたる南アメリカのやり手の実業家たちのような新興成金と共有されることになるのである。ショメはまさしくベル・エポックの社交界の最も立派な仕切り人の一人となるはずだ。そしてその盛大な結婚式は顕示的消費が途方もなく熱くなる機会であり続けるのである。

メゾン・ショメは，第一次世界大戦によって強いられた物資制限とまったく同じ程度に，1917年の革命によってロシア貴族が有した一つの生活様式に振り向けられた「粛清」に苦しんだはずだ。それでも両大戦間期は，マルセル・ショメ（1886-1964）が父を継承した時期と重なるが，少なくとも1929年の恐慌とこれに続く数年に強いられることになる事業の混乱のときまで，完全な回復が可能となった。ニューヨーク支店はその頃数年間動いている。マルセル・ショメは1920年にジャン・モネ[87]の妹のアンリエットと結婚した。どちらも名高いラグジュアリー産業の家系どうしの象徴性に富んだ結びつきであった。この時期，文学，美術，演芸あるいは政治といった世界への顧客のある程度の移動が起こる一方，中東および極東の顧客がだんだんと多くなっていく。

　ヌ（1805-75）の時代に製鋼業を始め，武器メーカーとして有数の企業となる。戦後は電機部門で世界的なメーカーとなる。
83　les Motte. フランス最北端のノール県ルーベーの繊維工業の名門。
84　Louis Renault（1877-1944）. パリ生まれの産業家。1898年に初めて自動車を試作し，後のルノーの創業者となる。
85　les Besteigui. カルロス・デ＝ベイステギ Carlos Beistegui（1863-1953）の一族のことか。ただしカルロスはメキシコ生まれで，同国の銀行山経営で産をなした人物である。
86　les Patiño. ボリビア生まれで同国の錫産業で産をなしたシモン＝イットゥーリ・パティーニョ（1860-1947）の一族。アンデスのロックフェラーの異名をもった。
87　Jean Omer Gabriel Monnet（1888-1979）. フランスのコニャック商の家に生まれ，後に大政治家となる。ロベール・シューマン Robert Schuman とともに EU の父と称される。

第 7 章 香水と宝石　159

インドの諸侯も顧客となる。顧客にその保養地までうまく寄り添っていくために，ドーヴィルやカンヌの高級ホテル内にブティックが開設される。

　戦後の長い平和の時代には同じ部門にほかの多くの発展と新たなメゾンの立ち上げが見られた。ファリーズのところではアレクシスの息子のリュシアン（1839 – 1897）が父と，次いで 1880 年にはジェルマン・バプストと組み，宝飾部品に有線七宝[88]を嵌め込むことによって注目される。1870 年代初めに生まれたリュシアンの 3 人の息子はさらにもう 1 世代にわたってこの伝統を維持するだろう。とはいうものの 1930 年代にこの歴史的なメゾンは傾いてしまう運命にあった。これに対してブシュロンは両大戦間期までインドの諸大王の真珠，ダイヤモンドおよびのほかの宝石について信じがたいほど大規模な商取引を展開したはずだ。メゾン・ブシュロンは早いころからモスクワとニューヨークに支店を開いた。

　1871 年のドイツへの祖国併合の後メスからやってきたヴェール一家（父のエルネスト，息子のポールとアンリ[89]）は第二帝政下で非常に評判の高かったギュスタヴ・ボーグラン[90]というメゾンを再興する。ヴェール兄弟の一人のおかげで，3 巻本の『フランスの宝飾品製造業』（1906 – 08）という歴史書をわれわれは手にすることができる。

　ルネ・ラリクは 1910 年代からもっぱらガラス製品に専念しているが，かれが宝飾品製造にも手を染め始めていたことはあまりにも容易に忘れられている。オーコックのところで修業をして 1885 年に自立したラリクは 19 世紀末にガラスを宝飾品のなかに導入し，折衷主義から解放された芸術的創作の一新のおかげで 1900 年の万博で勝利を手にし，そして 1895 年から 1912 年にかけてカルースト・グルベンキアン[91]のために 145 もの宝飾・工芸品を製作したのであった。

　1867 年，パリのデュポン通りに，アムステルダム出身の一人の宝石細工職

88　émail cloisonné. 宝石の地の上の薄板で区切った仕切りにエマイユ（七宝）を嵌入したもの。
89　Ernest, Paul et Henri Vever.
90　Gustave Baugrand（1826-1870）がパリのラ・ペ通りに立ち上げた宝石ブランド。
91　Calouste Sarkis Gulbenkian（1869-1955）. オスマン帝国のスクタリ（現ユスキュダル）に生まれ，リスボンで亡くなった大金持ちのアルメニア系の外交官，実業家。武器密輸人として，また文芸庇護者としても知られる。

人，シャルル・ヴァン＝クレーフ[92] がダイヤモンド仲買人として身を立てた。その息子のアルフレッド（1873-1938）は 1896 年に宝飾品業の道に入る。1898 年にはアムステルダムのダイヤモンド細工師の娘，エステル・アルペル[93] と結婚する。1906 年にヴァン＝クレーフ＝エ＝アルペル社が誕生し，店舗はヴァンドーム広場のホテル・リッツと向かい合う 22 番地におかれた。アルフレッド・ヴァン＝クレーフはその取締役と宝飾品のクリエーターであり，妻のエステルは会計担当であった。2 人の義兄弟シャルル・アルペルとジュリアン・アルペルはそれぞれ販売，貴石の選択を担当した。その後アルフレッド・ヴァン＝クレーフの娘婿のエミール・ピュイサン[94] も加わってくる。ヴァンドーム広場のメゾンは文字どおりの生産ネットワーク——15 人の職人（デザイナー，模型製作者，宝石細工師，石留め工(セルティスール)，研磨工）を集めるサン＝マルタン通り 30 番地にあるアルフレッド・ラングロワ[95] の工房，それに加えてヴァン＝クレーフ＝エ＝アルペル社が注文を回す独立した 12 名の職人——を率いている。ヴァン＝クレーフ＝エ＝アルペル社は，1939 年にロックフェラー・センターに，1942 年にはニューヨーク 5 番街にも進出し，販売担当としてブルボン家の 2 人の公爵を雇う。1969 年に同社はビヴァリーヒルズにも進出する。

現況

　第二次世界大戦が終結して以来，装身具・宝石市場に根本的な転換が起こった。フランスの顧客に関しては，購買力の急激な低下ゆえに，貴族の名家がほとんど失われた。旧家——フランスであれヨーロッパのそれであれ——はその真珠や貴金属を，なじみの装身具・宝石業者に，あるいはロンドンの専用の大広間での競売の折に，少なくとも一部を売りに出した。新たな実業家世代の顧客はたしかにまだ残ってはいた。大企業を相手に，その PR 活動のための発注

92　Charles Van Cleef. 英語風にヴァン＝クリーフとも。
93　Estelle Arpels. アルフレッドの実のいとこである。英語読みではエステル・アーペル。
94　Emile Puissant.
95　Alfred Langlois.

政策と結びついた新たなタイプの取引関係が発展するのである。1950年代にショメはなおフランソワ・モーリヤック[96]からサシャ・ギトゥリ[97]まで，ジェラール・フィリップ[98]からエドヴィジュ・フイエール[99]までの文壇，演劇，映画，シャンソンなど各界の花形の来店を受けているし，またアカデミー・フランセーズ会員の栄誉の佩剣を受注している。一般的にいって，宝飾品の購入はいまや，社会的な事象――純粋に社交的な性格のものであれ慈善的な性格のものであれ――というよりずっと私生活の事象に関わっているのである。宝飾品はかつてないほどに家族財産の構成要素としての性格を保持している。それを家族で受け継ぐことに大きな重要性がおかれており，他方それはもはや倹約によってしか充実したものにならないのである。反対に，30年ほど前から社交界のレセプションからは次第に豪華さがなくなってきている。衣服のファッションと宝飾品の誇示との間の一体的な関係は，婦人服の現代化，軽量化そして多様化――それは趣味がファンシーな宝飾品へと向いている動きに強く拍車をかけた――とともにまったく緩やかなものとなってしまった。カルティエの社長で装身具のコレクション「レ・マスト」を創ったアラン＝ドミニク・ペランは，宝飾品市場が，自らを「贈り物の世界に」位置づけることによって，いかにいまの社会に再び定着したかという点を強調している（メゾン・カルティエの創業150周年記念に際して『ル・ポワン』誌の副編集長のインタビューに応じて）。実際に1997年において，宝飾品は世界124か国に進出したブティックのなかに見出すことができるのである。

　こうした情況において宝飾品業の行動可能性は依然として外国の顧客の方にある。ただしその方向も一様ではない。多かれ少なかれ安定的な外国支店――たとえばショメのかつてのロンドン，近年ではジュネーヴやニューヨークにおける支店――の開設は，そうした認識の表れである。ヨーロッパ以外では，アラブ諸国が最も重要な市場をなしている。エジプトが共和国になったとしても，モロッコのアラウィー王朝は引き続き愛顧をもたらしているし，とくにこ

96　François Mauriac（1885-1970）．フランスのノーベル文学賞受賞作家。
97　Sacha Guitry（1885-1957）．フランスの俳優，劇作家。
98　Gérard Philipe（1922-59）．フランスの俳優。『肉体の悪魔』，『赤と黒』などの主演で有名。
99　Edwige Feuillère（1907-98）．フランスの女優。ジャン・コクトー監督の数多くの映画に出演。

の20年間のうちに産油首長国において異例の支店開設が見られた。日本も次第に開かれつつある。近年ではロシア，中東，東南アジアないしは南アメリカ東岸諸国が，西ヨーロッパに比べて，カルティエの金・ダイヤモンド製の腕時計，ブレスレット・ウォッチに関してはるかに上得意の買い手となったのである。巨額の資金をもつ非常に有力な階級が存在するインドも拡大する一つの市場をなしている。

　しかしながら，国内市場の再征服の戦略も存在する。それはすでにオート・クチュールが先んじて譲歩して採用しなければならなかった戦略である。すなわち，それはより広範で，より若い，そして資力が限られた顧客層の期待に応えることにある。これは加工される材料，クリエイティヴな投資の両方の点でもより費用のかからないシリーズ製品の創作によって，しかしまた趣味を現代アートに適応させることによって——この2つの進化は古典的な優雅さや装いにこだわる，しかもその数があいにく非常に限られている伝統的な顧客層により敵視されたものだ——おこなわれた。こうした進化は新規アイテムの創作においても目立っている。すなわち装飾留め金の普及，マルチプル・ブレスレットの流行，より手ごろな値段で貴石をふんだんに使った指輪に対する顧客の根強いこだわり，ブレスレット・ウォッチあるいは「フォーマル(アビィエ)な」腕時計の流行り——ショメで経験されたことであるが，1970年に同メゾンがブレゲを買収したことによりその伸びはいっそう確固たるものになった——がこれである。最後の点であるが，時計製造と宝石・装身具製造は，19世紀初めに始まった一つの伝統のなかで相互に強化し合っている。そして，時計のムーヴメントケースのなかに隠されている技術的パフォーマンスの永続的な追究と，ごく単純に腕時計を装身具にすることによってアイテム分類を動かす最もコスト高で最も創意に富んだ外装との間の結びつきのなかで，限られた顧客の注文をなお手にしているのである。

第8章

ラグジュアリーの消費―食の芸術

　芸術の都，享楽の都，パリ。このうまい定義づけの二番目のものは，平均所得の減少，いくつかの形態の税負担の悪化，個人の優先順位の変動によって特徴づけられるわれわれが生きている時代において，否認されてしまうおそれがあるのではないか。ジャン゠ピエール・ケラン[1]は1996年1月3日付の『ル・モンド』紙上で「食卓関連のラグジュアリーの将来は暗い」と述べている。このラグジュアリー関係のプロの観点からはたしかにそうであろう。数か月後，ジャン゠ミシェル・ノルマン[2]は同紙（1996年11月19日）で，商談の会食の衰退について，罪悪感の影響，そしてまた企業による経常費の圧縮の影響ということで説明している。いわく，「食前酒(アペリティフ)は稀になり，食後酒(ディジェスティフ)はほとんどなくなり，食事は3皿ではなく2皿で用意され，ミネラルウォーターの瓶が年号のついた格付けワインと競争している」と。しかしながら，フランスの市場のいまの特徴として，食品の好みにおいて高品質の商品をだんだんと目立ったかたちで追い求めているように思われる。つまり量より質が好まれ，さらにその質は，単なるエコロジカルな流儀というものを超えて，健康についての気遣いゆえに要求されているのである。もしラグジュアリーというものが少なくとも時々万人によって―必要物として，一種の不可欠の充足として感じられる―分野があるとすれば，それはまさしく食のラグジュアリーだ。ガストロノミー（美食）のラグジュアリーのもう一方の推進者であるイタリア人自身も，このようなフランスの消費の傾向をたしかに感じ取ってきた。かれらの方でもそうした動きの一部を取り込もうとしているからである。

1　Jean-Pierre Quélin（1960-2001）.『ル・モンド』の副編集長を務め，晩年は「趣味」の欄のガストロノミー（美食）を担当した。
2　Jean-Michel Normand.『ル・モンド』の記者。2011年以降『ル・モンド・マガジン』誌の副編集長。

第 2 部　ラグジュアリーのカテゴリー

　パリにおけるレストランの誕生は 18 世紀の最後の 3 分の 1 の頃まで遡ることができる。グリモ＝ドゥ＝ラ＝レニエール[3]が数え上げたところによれば，1789 年にすでに 100 軒ほどのレストランがあった。それらはとくにパレ＝ロワイヤル周辺に数多く集まっていた。ブリヤ＝サヴァラン[4]の意見によれば，当時最良のレストランは，1782 年にヴァロワ・アーケード街に開店されたル・ボーヴィリエ[5]であった。レストランの数は 19 世紀に増加し，1850 年にヴェロン博士[6]は『あるパリ市民の回想録』という著書でその数を 900 としている。ル・グラン・ヴェフール[7]もル・リシュ[8]もこの時代に遡る。それからレストランの立地は大通り（ブルヴァール）の方に，19 世紀後半にはシャンゼリゼ方面（ルドワヤン[9]の場合）に拡がっていく。

　食事に関する趣味は 20 世紀初めまではなお通俗的なものとみなされているとしても，ディナーは 19 世紀からすでに一つの楽しい催し，一つの典礼となっている。食堂は制度化され，定まった時間に人はそこに通う。タレーラン[10]は，ウィーン会議のときそのシェフであるカレーム[11]の支援を得て，ま

3　Alexandre-Barthazar-Laurent Grimod de la Reynière（1758-1837）．パリ出身の大金持ちで，洗練されたグルメ（美食家）で有名であり，ガストロノミーや接客などに関する指南書，著書がある。
4　Jean-Anthelme Brillat-Savarin（1755-1826）．フランス東部のベレー（リヨンの東方）生まれで，フランス革命時には第三身分の代表としてパリで活躍。一時亡命した後も司法官として仕事をしたが，むしろ『美味礼賛』などにより食通として名が知られている。
5　Le Beauvilliers．パリ生まれのアントワーヌ・ボーヴィリエ Antoine Beauvilliers（1754-1817）が最初に開いたレストラン。ヴァロワ・アーケード街 Galerie de Valois は現在のパリ 1 区にある。
6　le Dr Louis-Désiré Véron（1798-1867）．パリ生まれの医学博士，政治家。「あるパリ市民」というのはヴェロン自身のことである。
7　Le Grand Véfour．パレ＝ロワイヤルの庭園内に 1784 年に開店したシックなカフェが起源。これを買い取ったジャン・ヴェフールが 1820 年にこれをレストランとして再出発。パリの名士たちが常連となっていった。
8　Le Riche．
9　Ledoyen．1779 年にデマジュールという人物がいまのコンコルド広場近くに開いた旅籠屋が起源。1791 年にアントワーヌ＝ニコラ・ドワヤン（通称ルドワヤン）がこれを借りて改装し，国民公会議員たちを顧客とした。店名の起源はそこにある。
10　Charles-Maurice Talleyrand-Périgord（1754-1838）．フランスの政治家，外交官。大貴族の家柄に生まれ，高位聖職者となっていたが，フランス革命から七月王政期に至るまで政治家として要職をこなした。
11　Marie-Antoine Carême（1784-1833）．パリ生まれ。タレーランのみならずフランス諸王の料理人を務めた。カレームとともにシェフの称号，あるいはフランスのオート・キュイジヌ（高級料理）のコンセプトが確立したといわれる。

たタレーランの後はジェイムズ・ロチルドが，食卓を一つの政治的武器に換える。料理の品数の増加，その卓越した質，驚かされる盛り付け，料理の創案は，ガストロノミーというものがいかほどに一つの科学，一つの研究となっているかを証明するものである。たしかに料理論の系譜はタイユヴァン[12]（1370年），さもなくば1555年にリヨンで出版された『秀逸の料理書[13]』にまで遡ることもできよう。宴会——それらを一つのショーとみなしつつも——のラグジュアリーをすでに評価していた中世に続くルネサンス期は，アンリ2世とカトリーヌ・ドゥ＝メディシス[14]の影響下でフランスの食卓を変えてしまった。ラブレーは1548年にすでにその『第四の書（キャール・リーヴル）』において料理人の世界を称えている。しかしながら真のガストロノミー関連文献は18世紀，あるいはさらに19世紀にはじめて発展したのであった。

　フランス式サービスに替えてロシア式サービスを採用するようになったことは，美学のためにすべてを犠牲にする概念から，食というものに何よりも気を配る概念への移行を表している。前者では飾り皿が食卓中央にこれ見よがしに広げられるのに対して，後者では料理法の深まりと食事の洗練化により，テーブルウェア・セットの目覚ましい増加がもたらされる。すなわち食器——素材は金属，磁器，クリスタルガラス——はそれぞれ野菜，果物，アイスクリーム，シャーベットなど専用に出される器の信じられないほどの多彩さが，ニーズの多彩さに適合している。またワインを載せるカートからデキャンタージュ用のパニエまで，さらに一揃いのシュガー・スプーンやコーヒー・スプーンにいたるまで，あるいはデザート用の食器セットからリキュール用セットにいたるまで，器具についても同様である。

　食料消費が，ワインや蒸留酒の消費を皮切りに，ラグジュアリーの産業生産軌道に入ったのは18世紀末頃のことである。ここではもはや，国王・君侯の

---

[12] Taillevent (vers 1326-vers 1395). 本名はギヨーム・ティレルでフランス諸王の料理人。*Le Viandier*（料理人の意味か）というレシピ集成の本を著したとされるが，それ以前にあった類書の加筆ともいわれる。なお現在のパリ8区の高級レストラン「タイユヴァン」は1946年にアンドレ・ヴリナによって創業された。

[13] *Livre fort excellent de cuysine*.

[14] フランス王アンリ2世（在位：1547-59）の王妃で，フィレンツェのメーディチ家から嫁いだ。その政治への関与の外に，芸術庇護やイタリア料理の導入で知られる。

宮廷や貴族の城館の特権として考える，食卓のラグジュアリーについての伝統的な観念は問題とならない。1750-1760年代からはっきりとしてくる進化はまったく別の性格のものだ。それは，社会層的にも地理的範囲の点からも目覚ましくその市場を拡大すると同時に，製品の技術的・質的な規格の定義の方へと向かっていくのである。香水と絹製品とともに，シャンパンとコニャック（実際にははるかに広いワイン醸造地域の登場であったものを単純化していうのだが）は，最初に「フランスの典型的な」輸出品——今日でも国外でのフランスの表象においてなくなっていない固定観念である——のトップ・スリーの位置を占めた。そうした固定観念は，実のところは科学技術をはるかに多く装填された産業部門におけるフランスの適性と，ラグジュアリー製品それ自体の産業的性格とを同時に隠蔽してしまいやすいのであるが。

　世界のラグジュアリー部門のナンバー・ワンであるLVMH——その営業業績は1995-96年にしっかりとした前進をとりもどしている——は，このグループ結成の中核をなしたモエとヘネシーというその最初の2つのメゾンにおいて上記のストーリーのすべてを端的に示している。両者のかつての躍進は，スパークリング・ワインと巧みに熟成された蒸留酒——今日では2つとも，もはやたしかに，このグループがなお推進者にとどまっているラグジュアリーのなかの最も利益の上がるカテゴリーではなくなっているが——の精製の開始と軌を一にしている。

1. シャンパン

　いくつかのシャンパン・メゾンが示した記録文書を保持する能力によって，正確無比にこの躍進を辿ることが可能だ。それはミシェル・エティエンヌ[15]が，ヴーヴ・クリコ＝ポンサルダン[16]のデビューに献じた本のなかで立証したところである。「シャンパーニュ・ワイン」の呼称は17世紀に初めて現れる。

15　Michel Étienne. 1966年生まれ。パリの国立古文書学校の卒業生で，本文にある著作（『ヴーヴ・クリコ＝ポンサルダン—シャンパーニュ高級ワインの起源』1994年）を刊行したときはパリ第12大学図書館の上級司書。
16　Veuve Clicquot-Ponsardin. 第2章注112を参照。

そのときこのワインは，当時までブルゴーニュ・ワインによって支配されていた北方への輸出市場においてそのアイデンティティと商業的存在感を認められることになるのである。この成功は，マルヌ川流域地方とランス丘陵地方[17]の聖俗の葡萄畑の大所有者たちが，製品を改良し，これを同輩たちからフランス，イギリスの宮廷にいたるまで知らしめようとした努力のたまものである。

　技術的改良はどのようなものであったか。いかなる正確な地域指定からも自由であった「シャンパーニュ・ワイン」という呼称そのものがいわゆる調合(アサンブラージュ)という方法——今日にいたるまでそれは異なる葡萄栽培者によって複数の栽培地(テロワール)で収穫された葡萄を混ぜ合わせて同時に発酵させるというもの——を指している。こうしてかすかな香りの白ワインのための風味が定まったのであった。しかしとくに，シャンパーニュ地方では17世紀が終わろうとする頃，収穫の次の春に瓶詰めされるワインが発酵し発泡性のものになるという傾向が最大限に利用されることになった。すなわち，この新たなタイプの製品に対する，最初はイギリスの，次いでもっと国際的な顧客の嗜好が急速に定評となり，18世紀にはその後尽きることのない輸出の流れを引き起こしたのであった。シャンパン方式による発泡ワイン製造法を開発したという功績をルイ14世治下にオーヴィリエ大修道院の所領管理人であった修道士ピエール・ペリニヨン師[18]に求める根強い伝説があるが，そうではなくてペリニヨンはむしろ調合の技術の完成に貢献したのだと思われる。18世紀になると，今度は，黒葡萄を減らして白葡萄の割合を大きくすることによってこの調合の技術を洗練したはずだ（このときまさにアヴィーズ[19]とヴェルチュ[20]の間にある葡萄畑につけられた「コート・デ・ブラン」（白ワインの丘）という呼称が誕生する）。そしてその一方で，ワインの熟成を助けるために，丘の地下にワイン貯蔵庫(カーヴ)をつくり始めていたのである。

17　la Montagne de Reims. ランスとエペルネーの間に広がる丘陵地方（ただし最高海抜は286 m）で葡萄畑で覆われている。
18　dom Pierre Pérignon (1638-1715). マルヌ県のサント＝メヌに生まれ育ち，長じてベネディクト会修道士となる。その名の付いたワイン銘柄と併せて，通称ドン・ペリニヨン，あるいはドン・ペリ。ドン dom は修道士の称号。
19　Avize. マルヌ県エペルネー郡にある現在人口1,806人（2013年）のコミューン。
20　Vertus. マルヌ県シャロン郡にある現在人口2,444人（2013年）のコミューン。

製品の販売促進における輸出の重要性ゆえに，もちろん，生産工程に比べてやがて大商人の階層によって占められる地位が上位になることもうなずける。ワインのみの貿易に特化した最古のメゾンは1729年にニコラ・リュイナール[21]とともに現われた。その後1734年にテタンジェ，フルノー[22]，1743年にモエ，1783年にクリコ，そして1785年にエドシック[23]が来る。クリコの事例は，ワイン専門の商売が依然としてランスのもう一つの主要商業部門である毛織物商業からいかに解放されていなかったかを示すものである。供給側の専門家たちは辛抱強く需要を迎えに行き，とくに外交販売員のテクニックを通じて需要を拡大しようとした。外交販売員は1780年からの販売の急速な伸びを報告したようだ。出張代理販売員はシャンパーニュのワイン取引において考案されたものではない。こうした要員はリヨンの絹織物業において1730‐60年から，カンのレース産業においては18世紀末に出現した。しかしながらディジョン，ボーヌ，シャロン＝シュル＝ソーヌで，こうしたやりかたを最も体系的に用いたのはブルゴーニュのワイン商業である。シャンパーニュの各メゾンも遅れずにこれに従い，出張代理販売員たちはロレーヌ，ラインラントなどで行き違い，同じ路上を通るのが見られたのであった。そのときからシャンパーニュの約20のメゾンは国際的な規模を獲得したのである。

シャンパーニュのネゴシアン[24]は当時はっきりと生産の現場を超えたところに位置づけられている。かれは収穫したての葡萄からつくった若いワインを購入した後，製品の加工にとりかかる。かれは商品化する前にワインのシャン

21　Nicolas Ruinard（1652-1734）．ランス生まれの毛織物商。その叔父ドン・リュイナール師はシャンパーニュ地方の発泡ワインの将来性を見据え，甥にその実践を託した。
22　Jacques Fourneaux．最初はシャンパーニュの大修道院領で産する特産の葡萄からつくる普通の赤・白のワインを，次いで発泡性ワインを扱うようになった。1820年にはアントワーヌ・フォレストと組んでメゾン「フォレスト＝フルノー」を立ち上げた。1932年にテタンジェに吸収される。
23　Heidsieck. Florens-Louis Heidsieck（1749-1828）．ドイツのヴェストファーレン出身で，毛織物商としてランスで身を立てたが，そこで同地のワインに目をつけ，持ち前の商才と勤勉さで1785年にメゾン・エドシック（独語読みではハイトジーク）Heidsieck & CO Monopole を立ち上げた。マリー＝アントワネットにも献上しており，革命時，バスチーユ牢獄のカーヴに同メゾンのシャンパンがいっぱいあるとの噂が流れたという。
24　négociants en vin．ワイン卸商。ワインの業界用語では単にネゴシアンといえば，葡萄栽培者とワイン消費者の間に立って，基本的に自らの葡萄畑は所有せずに，仕入れた葡萄，果汁，樽詰めワインのかたちで仕入れて，醸造，貯蔵，熟成，ブレンド，瓶詰めをおこない，自らのブランドで販売する主体を表す。この表記に従って単にネゴシアンとする。

パン方式による発泡製造と熟成の作業をおこなうのである。かれに最初のワインを提供する人は主として大地主である。大地主自身は，異なった栽培地から穫れた葡萄をブレンドし，瓶を貯蔵するための広大な収容設備をもつ必要により，スパークリング・ワインの精製では手一杯となっているからである。大ネゴシアンは，フランス革命時の国有財産の売却のときほとんど葡萄畑を購入しなかったこともあり，その後19世紀を通じてほとんど葡萄栽培の所有地には縁がないままである。それでも1830年代において，シャンドンなる者[25]がオーヴィリエ大修道院の所領の一部を買い取り，ランス丘陵地方のいくつかの銘醸ワイン産地に投資することになる。

　執政政府および第一帝政期下では，中・東欧の市場に向けて商業的大攻勢が繰り広げられる。つまりドイツ，スイスおよびイタリアを超えて，ウィーン，クラクフ，モスクワ，サンクトペテルブルク，アルハンゲリスクにまで顧客が増えた。要するに「ヨーロッパ大陸全域の奥深くまでだんだんと入り込んでいくことを目的とした」顧客層の開拓であった。ロシアでは，エカチェリーナ2世の治世からすでに，帝国宮廷における未曽有のラグジュアリーの発展に続いて，全貴族層や都市の富裕な商業ブルジョワジーの側での需要の急増が見られた。モエ——すでにフランス革命前から最も輸出指向が強かったが——は，1806年にロシアに57,000本のシャンパンを売り，クリコは38,000本（1808年には53,000本）を売ったのである。だがハンザ諸都市（リューベク，シュテッティン，ダンツィヒ，リーガ），バルト海沿岸諸国も後れをとらなかった。イギリスやアメリカ合衆国も同様だ。モエは戦時中も，シャンパンを愛好するエリートたちに先導されたかたちで，ロンドン市場に踏み止まる（1802年に7,000本，1810年に55,000本であった）。1806-13年の諸戦争で十分説明がつく販売の減速の後，1814年夏から商業の回復がおとずれた。たとえばクリコのところからは12,000本のシャンパンがサンクトペテルブルクへ出ていき，そしてほどなくその数は20,000本となった。ロシア市場での成功は著しく，かの地では「クリコについて」語ることは普通に「シャンパンについて」語ることと同じなのであった。

25　Pierre-Gabriel Chandon. 第2章注102を参照。ジャン＝レミー・モエの娘婿。

こうした市場獲得戦略を成功させるためには，ドイツ語を完全に知っているということが不可欠であった。クリコでは，1801年におけるバーゼル人ルイ・ボーネ[26]の採用がこの気がかりを反映している。ボーネは実際にヨーロッパ市場の開拓の主要な立役者だったのである。その後，ヘッセン大公国の宿駅長の末子で有能な技師で経営者のエドゥワール・ヴェルレ[27]が採用された。ヴェルレの影響を受けてヴーヴ・クリコは銀行と2つの紡績工場を放棄してもっぱらワインに身を捧げることになったのであった。1831年にメゾン・クリコの社員となったヴェルレは，商事裁判所長やランス市長職を担わされた。1866年には事業の継承者となり，ヴーヴ・クリコには，一人娘の外に，自分の後任として一人の娘婿しかおらず，しかも後者は大浪費家だったからだ。

　対照的に，フランス市場における拡大はゆっくりとしたままであった。フランス市場では高級ワインの消費は主としてパリの現象であり，スパークリング・ワインはたぶん18世紀末においては，それを大いに用いた摂政時代[28]におけるより流行らなかったのである。

　19世紀はシャンパン輸出の並外れた拡大を見た。逆説的にも質と量を結びつけるこのラグジュアリー製品が，この時期からその消費者によっても生産者によっても一つの神話の地位に，あるいは物質文明の一種の中心的価値の地位に引き上げられたのであった。年間輸出量は300,000本から1850年頃に7,000,000本に，そして同世紀末には28,000,000本にまで増えた。それは今日――「祝いのワイン」とされるシャンパンを飲むということは，苦しい生活でもそこにラグジュアリーをもち込む大衆的な楽しみの行為となった――の年間2億50,000,000本という生産量からはなお遠いのではあるが。

　ライン河地方の相当数の商人の嗅覚は，かれらをこの繁栄の流れに乗って開業させるようになった。すなわち18世紀末と19世紀初めにボリンガー(ボラ

26　Louis Bohne (?-1821). 生まれはドイツのマンハイム。
27　Mthieu-Edouard Werlé (1801-84). ドイツのヴェッツラー(ヘッセン州)に生まれ，1828年にランスにやってきてヴーヴ・クリコに雇われる。1831年にフランスに帰化。第二帝政期に立法議会議員となる。
28　ルイ14世没後のフランス王ルイ15世の初期に，オルレアン公フィリップが摂政をつとめた時代(1715-23)。
29　Krug. マインツ(生後しばらくはフランス領)出身のヨーハン＝ヨーゼフ・クルーク(1800-66)により1843年にランスで立ち上げられたシャンパンのメゾン。

ンジェ),クルーク(クリュッグ[29]),ドイツ(ドゥーツ),ムム(マム)[30]といった商家がこの地にやってきた。ポムリー[31]は1831年,ポル・ロジェ[32]は1849年に現われる。モエは約20の「大手ブランド」をかかえるグループで支配権をもつ。その地位に関して,このメゾンはクリコと同じような積極的なヨーロッパ市場征服戦略に,そしてまたナポレオン1世との友誼がジャン＝レミー・モエに対して与えた名声——ナポレオン1世はジャン＝レミーを幾度も訪ねたし,かれにレジョン＝ドヌールを叙勲してもいるのだ——にその恩恵を有する。モエのカーヴは1815年にロシア人将校たちにより略奪を受けた。だがかれは「今日私を破産させているこれらのすべての将校は,明日は私に富をもたらすであろう。私のワインを飲んでいる人たちは皆,祖国に帰ったら,私の店を褒めたたえる出張営業代理人となるであろう」と述べたという。1832年,ジャン＝レミー・モエは息子のヴィクトールと嫁婿のピエール＝ガブリエル・シャンドン＝ドゥ＝ブリアイユ[33]にメゾンを譲ることになった。このメゾンはヨーロッパの諸君主ならびにアメリカ合衆国の上流社会の顧客を事実上独占した。1879年にこのメゾンは800 haの葡萄畑を所有し,1150人を常勤で雇用していた。販売量は1820年代に年平均20,000本から,1880年には2,500,000本近くにまで達したのであった。

　19世紀の最後の頃と20世紀初年間には,シャンパンは積極的に自らを顕示すると同時に自らを守る。1895年,ボニ・ドゥ＝カステラヌ[34]——当時の社交生活の主でブランドの最初の使者であった——の従兄弟のフロラン・ドゥ＝カステラヌ子爵[35]は,エペルネーの駅近く,パリ－ストラスブール線の鉄道のほとりに自らのシャンパン・メゾンを立ち上げる。そのブランドを買い取っ

30　Bollinger(メゾン設立は1829年),Krug(同1843年),Deutz(同1838年),Mumm(同1827年)。
31　Louis-Alexandre Pommery. その寡婦ルイーズ・ポムリー(1819-90)がメゾンを継承し,年間100,000本足らずの生産量をやがて同2,000,000本規模の企業に発展させる。
32　Pol Roger (1831-99). 父はアイ上記Aÿ(マルヌ県)の公証人。18歳でシャンパンの商業に手を染め,ほどなくエペルネーに拠点を移した。
33　Pierre-Gabriel Chandon de Briailles (1778-1850). 上段注25を参照。
34　Marie-Ernest-Paul-Boniface de Castellane (1867-1932). 通称ボニ・ドゥ＝カステラヌ Boni de Castellane。パリ生まれの政治家,仲買人,作家。伯爵,次いで侯爵(旧くはアルル伯,プロヴァンス伯)。ダンディズムでも知られる。
35　le vicomte Florens de Castellane. ボニ・ドゥ＝カステラヌが社交界で「ドゥ＝カステラヌ」ブランドの名声を高めた。

て後継者となったフェルナン・メラン[36]は，1904年に，マリユス・トゥドワール[37]──パリのリヨン駅舎，ボルドー，トゥールーズおよびリモージュの駅舎を建てた建築家──に優雅な塔で飾られた高級建物を建てさせる。塔は旅行者でこれに気づかないものは誰もいないような，重要な輸出先を想起させる陶磁器のパネルで飾られた。1922年から，カッピエッロ[38]を手始めに，このジャンルが専門の最も偉大な芸術家にポスターを注文することになる。

同じ年代に，この地方の葡萄栽培地の西端に位置するシャルリ＝シュル＝マルヌという小都市の急進的な市長＝国民議会議員であったエミール・モルロ[39]は，1905年に「商品販売における不正行為の取締りに関する」法案を主張した。いかなるワインも「その真の原産地の銘柄ワイン以外のワインの銘柄の呼称の下に販売に回すことはできないものとする」というものであった。さらにいえば，このモルロこそ，エーヌ県南部（コンデ＝アン＝ブリ，シャトー＝チエリおよびシャルリ＝シュル＝マルヌの諸郡[40]を横切っているマルヌ川とシュルムラン川の流域地方[41]）をワイン産地としてのシャンパーニュ地方の範囲内に組み入れることに成功した人物であった。

20世紀の最後の15年ないし20年は，シャンパンにとって，ほぼ永続的な資本再編の年代となる。それはたぶんテクノロジーならびに社会面での革命を告げるものである。組み合わせの不安定なものを除いて，そのパノラマを以下に提示することができる。LVMHグループの設立に際して，モエ＝ヘネシーは市場に出される年間本数のうちの4分の1は次の3つのワイン子会社を通じて生産していた。

- モエ・エ・シャンドン：これはすでにメルシエとリュイナールを吸収していた。

36　Fernand Mérand.
37　Marius Toudoire（1852-1922）．フランスのトゥーロン生まれの建築家。
38　Leonette Cappiello（1875-1942）．イタリアのリヴォルノ生まれの画家，ポスター画家，イラストレーター。
39　Louis-Emile Morlot（1859-1907）．共和党，急進党，急進社会党に相次いで属した。
40　les cantons de Condé-en-Brie, Château-Thierry et Charly-sur-Marne. エーヌ県自体，元来，旧地方行政上はシャンパーニュ地方ではなくピカルディ地方に属した。
41　マルヌ川はセーヌ河の支流，シュルムラン川 le Surmelin はそのマルヌ川の支流である。

- ヴーヴ・クリコ：それ自体 1982 年にルイ・ヴィトンに吸収されていたが，さらにカナール・デュシェーヌと合併し，1986 年にはシャンパーニュのアンリオ[42]（年間 1,000,000 本）を買収していた。ただし LVMH はアンリオについては，1994 年にはその葡萄畑の所有権のみを保持し，ブランド用益権はアンリオ家に再譲渡した。
- ポムリーとランソン[43]：1990 年に BSN により 500 ha の葡萄畑とともに買収された。ただしランソンのブランドはほどなくガストン・ビュルタン[44]に再譲渡された。

エドシック＝モノポール[45]とペリエ＝ジュエ[46]を併合したマム・グループは，モエ＝ヘネシーに次いで第 2 位の地位にあって，16,000,000 本を製造している。ただしその所有者はシーグラム・グループであり（資本の 56％を所有），その経営を指揮するエドガー・ブロンフマン[47]は同グループの資本をカリフォルニアの葡萄畑方面にも，あるいはまた化学（デュポンの資本の 22％を所有）ならびに情報・通信（この分野で世界トップの会社であるタイム・ワーナー）にも多様化してきた人物だ。

第 3 位にランクされるのはローラン＝ペリエ[48]とカステラヌにおけるその

---

42 シャンパーニュ地方におけるアンリオ家は 16 世紀に遡る。メゾンは 1808 年にアポリーヌ・アンリオ（ニコラ＝シモン・アンリオの寡婦）が立ち上げた。
43 Lanson. フランソワ・ドゥラモットが 1760 年にランスで設立したシャンパンのメゾン。1837 年にドゥラモットの息子の友人で同社の社員でもあったジャン＝バティスト・ランソン Jean-Baptiste Lanson がこれを引き継いでランソンのブランドとした。
44 Gaston Burtin (1900-95). 1923 年にシャンパーニュ地方にやってきて同地のシャンパン業界の組合長を務めた。1995 年の後，ランソンは姪のマリー＝ロランス・モラに引き継がれた。2006 年からはビュルタン・グループの社長はフィリップ・ベジョが務める。
45 Heidsieck-Monopole. 1785 年創業以来 Heidsieck & CO Monopole として継続しているメゾン。
46 Perrier-Jouët. ピエール＝ニコラ・ペリエ（1785 - 1854 年）とその妻アデール・ジュエ（1792-1841）が 1811 年にエペルネーに設立したシャンパンのメゾン。アメリカ合衆国で「シャンパーニュの花」として知られる高級銘柄を有する。
47 Edgar Miles Bronfman (1929-2013). カナダ生まれのアメリカ合衆国の実業家。息子のエドガー・ジュニア (1955 -) が 1994 年にこれを継承。
48 Laurent-Perrier. 1812 年にアンドレ＝ミシェル・ピエルロによってトゥール＝シュル＝マルヌ（マルヌ県，エペルネーの近く）に創業。社号の由来は，ピエルロを継承したウジェーヌ・ローランとこれを手伝ったその妻マチルド＝エミリ・ペリエにある。夫の死後，社号はメゾン・ヴーヴ・ローラン＝ペリエとなったのであった。1939 年からノナンクール家が事業を担うことになる。

子会社で生産量は 11,000,000 本である。ローラン＝ペリエは，最後に登場したメゾンのなかでもベルナール・ドゥ＝ノナンクール[49] とその娘のアレクサンドラとステファニーの掌中で独立したままであったが，最終的にはその資本の 21％をワインと蒸留酒の流通に特化したイギリスのグループであるグランド・メトロポリタン[50] の子会社インターナショナル・ディスティラーズ・アンド・ヴィントナーズ[51] に開放した。そして同社にローラン＝ペリエのシャンパンをフランスとイギリスを除く世界での販売を委託したのであった。

第 4 位は年間 10,000,000 本を産する超高級シャンパンのレミー・マルタン[52] であり，ペール＝エドシック[53]，シャルル・エドシック[54] およびクリュッグの所有である。シャンパン部門のほかにレミー・マルタンはニコラ社をも吸収した。ニコラ社はカーヴに 6,000,000 本も保蔵するような老舗のメゾンであり，1822 年にあるネゴシアンの手によりパリで設立された[55]。時を同じくしてさらに別の 3 店舗も開設されていたが，1 世紀後には支店が 180，そして 1980 年代末には 315 に増えていた。それから本社はシャラントン[56] におかれるニコラは，チョコレート・メゾンのムニエとその孫娘[57] の例に倣って，ポスター広

49　Bernard de Nonancourt（c.1920-2010）。フランスの実業家。50 年以上にわたってメゾン・ローラン＝ペリエを社長として率いた。
50　Grand Metropolitan。1934 年にイギリスで創業されたホテル業の会社。その後，カジノや休暇施設，酒類・食品など多岐にわたる事業を展開している複合企業。
51　International Distillers and Vintners。1857 年創業のジンのメーカーである W ＆ A ギルビー社とユナイティッド・ワイン・トレーダーズが 1962 年に合併して成立。1972 年にグランド・メトロポリタンにより買収。
52　レミー・マルタンは 1991 年に，アンジェの蒸留酒メーカーのコワントロー社（1875 年創業）と合併して，レミー＝コワントロー・グループをつくり，コニャックのほかにシャンパンにも進出した。
53　Piper-Heidsieck。1785 年に創業したメゾン・エドシックは，1828 年に，創業者の甥クリスティアン・エドシックがアンリ＝ギョーム・ピペールと組んで継続された。1838 年にこのメゾンはピペール＝エドシック（通称パイパー・エドシック）とよばれることになる。
54　Charles Heidsieck。エドシック創業者のフロラン＝ルイ・エドシックの甥の息子シャルル＝カミーユ・エドシック（1822 - 71）が 1851 年に立ち上げたシャンパンのメゾン。
55　創業者はルイ・ニコラ Louis Nicolas。最初の店はパリのサン＝タンヌ通り 53 番地。
56　Charenton-le-Pont。パリ東南郊の都市（ヴァル＝エ＝マルヌ県）。
57　1816 年にアントワヌ＝ブリュテュス・ムニエ Antoine-Brutus Menier（1795-1853）がパリのマレー地区に創ったチョコレート・メゾン。同メゾンは 1892 年にグラフィック・デザイナーのフィルマン・ブイセに依頼して少女（ムニエの孫娘ではなくブイセの実の娘がモデル）入りのポスターを作成し，これにより高い宣伝効果を得た。

告を見事に使用したことによって――ドゥランシー[58]により創作され，ジャン・ドゥ＝ブリュノフ[59]によって修正された商品配達人ネクタール[60]という人物の登場――，そしてまたペーネ，イリブ，ヴァン＝ドンゲン，ベルナール・ビュフェ，ドゥラン[61]がイラストを手がけた商品カタログ（1927年から1973年にかけて）によって一躍有名となった。とはいえ近年，レミー・マルタンはニコラをテーブル・ワインのナンバー・ワンのカステル社[62]に売却した。

さらに10位までいくとルイ・ルドレール[63]というメゾンがある。高級シャンパンに特化したこのメゾンは1994年に2,400,000本を生産し，多額の債務を負ったドゥーツ（年間1,000,000本）の資本の61％を掌握したところである。さらに興味深いのはおそらくこの有名ブランド・クラブは閉鎖的ではなく，毎年いくつかの新たなメンバー――しかもしばしばそのメンバーは豊かになった小所有者の層から出てきている――を増やしており，そして販売方法も進化しつつあるという事実であろう。

たとえばポール・ヴランカン[64]というメゾンは1988年にこのクラブに入ってくる。このメゾンはスーパーマーケットに1本50フラン[65]のシャンパンを卸した。1992年に4,500,000本の生産量，65 haの葡萄畑（そのうち7.5 haはブジーという村にある），モンモール[66]付近にあるシャトー，いくつかの小生

58　Dransy（1883-1945）．スイス出身の広告デザイナー。本名はジュール・イスナール。
59　Jean de Brunhoff（1899-1937）．パリ生まれの作家，シナリオ・ライター。児童文学の主役の像ババールの挿し絵でも有名。
60　Nectar le livreur. ムッシュー・ニコラ，別名配達人ネクタール。1922年に実在のワイン配達人をモデルに作成された。ハンサムではなく，だらしない恰好をしている。
61　それぞれPeynet, Iribe, Van Dongen, Bernard Buffet, Derain.当時の錚々たるイラストレーター，デザイナー，画家たち。
62　Castel. 1949年にピエール＝ジェジュ＝セバスティアン・カステル（1926－ ）がボルドーに設立したカステル兄弟という会社が起源。ニコラの買収は1988年。
63　Louis Roederer（1809-70）．日本での商標はルイロデレール。メゾンはデュボワ親子によって1776年にランスに設立され，その後ストラスブール出身のルイ・ルデレールが自分の名で経営を継承した。
64　Paul-François Vranken（1947- ）．ベルギー生まれ。1976年にメゾン・ヴランカンを立ち上げる。その後買収を重ね，2002年にはポムリーの社長となる。現在かれが取締役を務めるヴランカン＝ポムリー・モノポールは第2位のシャンパン・グループとなっている。
65　当時の1フランがおよそ20～26円であったとすれば，1本1,000円ほどの卸価格ということになる。
66　Montmort. フランス東部のソーヌ＝エ＝ロワール県にある現在人口203人（2013年）のコミュー

産者（たとえばヴェルテュス[67]のシャルル・ラフィット[68]）の販売の支配により，メゾン・ヴランカンは，立派な事務所と店舗がエペルネーのシャンパーニュ大通りに沿って建ち並ぶメゾンにも引けをとらない競争者となっている。

そして1900年エペルネー生まれのあのガストン・ビュルタン[69]という小ネゴシアンの上昇については言葉が出ないほどだ。かれは1930年代に葡萄，あるいは「薄色赤ワイン」（シャンパンにする前の）を買って，一度これを加工した後，ほかのネゴシアンに転売した。後者は自らのブランド名を付けてこれを商品化したのだった。91歳でビュルタンは，年間17,000,000本を産するシャンパンの事実上のナンバー・ツー（もちろん高級メゾンの分類においてはさにあらずだが）となった。これらのシャンパンは手間賃仕事を介してあまたの顧客──とくにレストラン経営者が多く，ビュルタンはかれらの名前の入ったラベルを提供した──向けに捌かれていった。ビュルタンは，大規模小売店でよく売れるジースレール[70]，ゴーティエ[71]，ギースマン[72]，そしてとりわけアルフレッド・ロチルド[73]などの小さなブランドを一つずつ手に入れた。また1990年にはペルノ＝リカール社[74]からベスラ・ドゥ＝ベルフォン[75]を買収したのであった。

企業集中の論理は，その必然的帰結として，賃金コストを削減する雇用人員数を縮小する論理となったし，これからもそうであろう。たしかにシャンパン。

67　Vertus. シャンパーニュ地方のマルヌ県にある現在人口2,444人（2013年）のコミューン。エペルネーに近い。
68　Charles Lafitte. 起源は1848年にコニャック地方にいたジャン＝バティスト・ラフィット。その50年後にはシャルル・ラフィットというメゾンで有名となる。
69　Gaston Burtin（1900-95）．フランス北部のエーヌ県の出身で，1923年にシャンパーニュ地方に移住。
70　Giesler. 創業は1838年。ドイツ出身の前出のムム家と組んでランスでネゴシアンとなったフリードリヒ・ギースラーが起源。
71　Gauthier. エペルネーで1858年に生まれたシャンパン・ブランド
72　Geismann. エペルネーのシャンパン・ブランド。創業は不明。
73　Alfred Rothchild. メゾン・ロチルドのシャンパン・ブランド。
74　Pernod-Ricard. 1975年にペルノ社（1805年創業）とリカール社（1932年創業）とが合併してできた，フランスのワインと蒸留酒のメーカー。
75　Besserat de Bellefon. エドモン・ベスラが1843年にアイAÿ（マルヌ県）で起こしたシャンパンのメゾン。

のメゾンはこの観点からは中小企業の範疇に属する。たとえばムムが1992年に雇用する従業員数は330人であり，同じくピペール＝エドシックは280人である。シャンパーニュ地方でシャンパンに関わる雇用総数はすでに1966年の12,500人から1992年には6,500人に減少していた。しかし，これらの労働者の年間平均手取り賃金は同じ時期に120,000フラン[76]であった。雇用はそういうわけで貯蔵と管理における技術革新の努力によって脅かされている。復古王政期に，多量の酒を失わせるシャンパンの口抜きによる浄化が，傾いたシャンパン用澱下げ台(おり)の上に人力により逆さに並べられる瓶の動瓶(ルミュアージュ)——熟練を要し，ノウハウの極致に位置づける敏捷性を伴う手作業である——によって置き換えられたとき，相当大きな節約がすでに実現されていた。だが，いまやこのノウハウは，可動パレットの上におかれた瓶の自動動瓶——その勾配は情報処理によってプログラム化されている——の出現で，無用になっている。いつの日か，いわゆる「第三類芳香剤」のいかなる除去リスクも前もって無効化されているという条件で，動瓶それ自体も，たぶん瓶のなかに醸造用酵母球を導入するというやり方に置き換わるだろう。ベルナール・アルノーは，より厳密な生産性の管理をもち込むべく，1993年にLVMHのシャンパン部門に手を付けようとした。人員整理の序幕である。だが実際に人員整理は，とくに製品やブランドに対する誇り，ラグジュアリーやハイ・リターンの世界に帰属しているという確信が依然としてきわめて根強い部門においては，これを押し付けるのが難しいことを示している。

2. ブルゴーニュ・ワイン

　ブルゴーニュ地方が葡萄栽培の歴史のなかに入ってくるのはたぶん古代ローマによる征服より前のことであろうが，ローマ人たちがその普及を後押ししたのはたしかだ。いずれにせよ中世初期からすでに（6世紀末から7世紀頃にかけて）諸王，諸公その他の領主たちは，ベネディクト派の諸大修道院に葡萄畑ないしは葡萄畑に転用される土地を与えた。それによるミサ用ワインの供給は

---

[76]　1992年のフランス・フランの平均為替相場が22〜23円だったとすると，2,700,000円ほどである。

最初の目的にほかならなかった。その後に修道士たちにとっての大きな収入源となったのだ。そして実のところこれらの葡萄畑が今日のいくつかの特級格付けの葡萄畑の起源となっているのである。たとえばクリュニー大修道院[77]，シトー大修道院[78] の場合がそうである。前者はシャロン丘陵地帯[79] の葡萄畑の大土地所有者となり，貴族の顧客への供給者となった。聖ベルナール[80] によって改革されたシトー会修道士たちの方は，12 世紀初年代からその大修道院からいくぶん離れたところにあったヴージョ[81] の土地に力を傾注した。またライン河流域にあるかれらの大修道院の「支院」の一つであるクロスター・エーベルバハ[82] は，そこでも大好評の葡萄畑をつくった。シトー会修道士たちはクロ・ヴージョをなす 50 ha を少しずつ集めて，ブルゴーニュで地続きのものとしては最も広大な葡萄畑とした。フランス革命に際してはその教会財産の没収の犠牲となり，この壮麗な所領は国有財産として小地片への分割の過程に入った。今日，この土地は約 100 人の土地所有者の手に分けられている。そのなかにはディジョン高等法院貴族の遠い後裔（カルレ・ドゥ＝ロワジ家[83]），ネゴシアン（フェヴレー[84]，ボーヌのネゴシアンであるジャブレ＝ヴェルシェール[85]），カシス・リキュールのメゾン（ルジェ＝ラグット[86]，レリティ

---

77 フランス・ブルゴーニュ地方南端に近いクリュニー Cluny でベルノーが 910 年に起こしたベネディクト会の修道院。

78 ブルゴーニュ地方のディジョンのすぐ南にある小村のシトー Cîteau に 1098 年に新たに設立された同じくベネディクト会の大修道院で，規律や労働を重視する。

79 クリュニーの北方に位置するシャロン＝シュル＝ソーヌ Calon-sur-Saône を中心とする一帯。

80 聖ベルナール・ドゥ＝クレルヴォー（1090－1153）。第 2 回十字軍を提唱したことで知られる。

81 Vougeot. ブルゴーニュ地方のコト＝ドール県にある現在人口 179 人（2013 年）の小コミューン。クロ・ヴージョの高級銘柄ワインの産地として有名。

82 Kloster Eberbach. ドイツ・ヘッセン州のマインツの近くにあるシトー会の大修道院。12 世紀に建立。

83 Carrelet de Loisy.

84 Faiveley. 1825 年にニュイ＝サン＝ジョルジュ Nuits-Saint-Georges（コト＝ドール県）で創業したメゾン。

85 Jaboulet-Vercherre. 1834 年にローヌ河流域のタン＝レルミタージュ Tain-L'Hermitage において立ち上げられたワインのメゾン。1920 年に拠点をブルゴーニュに移す。

86 Lejay-Lagoutte. 1841 年にディジョンのリキュール製造人オーギュスト＝ドゥニ・ラグットがカシス・クリームを使ったリキュール（クレーム・ドゥ・カシス）を始めて創作。その娘婿のアンリ・ルジェの商才によりたちまちフランス内外で評判を獲得した。

第 8 章　ラグジュアリーの消費—食の芸術　179

エ＝ギュイヨ[87]）などがある。全体としてフランス革命は，葡萄栽培者ならびに都市ブルジョワジーの所有権を優遇しつつ，ブルゴーニュの葡萄畑の所有関係を土台からひっくり返した。しかも物理的に減らされた旧領地（40,000 ha）のなかに極度の土地細分化がもち込まれ，長くて非常に狭い帯状の所有地の観を呈したのであった。たとえばコト＝ドゥ＝ニュイの葡萄畑はおよそ 20 km にわたって伸びているが，その幅は 200 ないし 800 m にすぎない。ボルドー風の大所有地はここには見られない。アレクシス・リシヌ[88] が述べているように，「ニューヨーク市はブルゴーニュ・ワインの原産地呼称統制区域を合わせたものより 2 倍も広く，ブルゴーニュの名声を生んだコト＝ドール県の葡萄畑の面積はパリの半分も占めない」。ところがこのそれぞれがハンカチーフのような土地の上に，約 100 の原産地呼称がひしめき合っており，その最良のものは 1860 年，そして新たに 1936 年と 1976 年の等級付けの対象となった。その品質は収穫を 1 ha のみとする厳しい制限——その制限を超えると，超過量の「格下げ」の憂き目にあう——によって保証されているのである。

　ブルゴーニュ諸公は生産の洗練に大きな役割を演じた。たとえばフィリップ勇胆公[89] は 14 世紀末にブルゴーニュの丘陵地帯の土壌にガメーという葡萄品種の栽培によって生み出された最低の結果を公式に通告した（逆にこの品種はボジョレ地方の富の起源となるのであるが）。概してブルゴーニュ諸公はその宮廷ではもっとアルコール度の強いボーヌのワインの宣伝をして，ロワールやボルドーのワインよりそれを選ばせようとしたのであった。ブルゴーニュのフランスへの併合[90] はそのワインには何の陰も落とさなかった。ルイ 11 世はヴォルネー・ワイン[91] に対する情熱を示したように思われるからである。

87　L'Héritier-Guyot. 1845 年にルイ＝バティスト・レリティエが冷間加糖という新しい手法でディジョンにつくったリキュールのブランド。10 年後に結婚し，妻の旧姓のギュイヨをとってレリティエ＝ギュイヨという商号となった。
88　Alexis Lichine (1913-1989). モスクワ生まれで，ロシア革命に伴って一家でフランスに亡命。ワイン関連の作家，企業家。
89　Philippe le Hardi (1342-1404). フランス王ジャン 2 世の子で，百年戦争中ポワティエの戦いで武功をあげた。
90　1477 年のことである。
91　Volnay はボーヌ（ブルゴーニュ地方）の南西にある現在人口 265 人（2013 年）のコミューン。そこで産する銘柄ワイン。

しかしながらブルゴーニュ・ワインのラグジュアリーの舞台への登場は，ほとんどシャンパンの改良と国際的普及と同時代のことであった．1780 年代からブルゴーニュ地方は，ヨーロッパ市場においてシャンパーニュの発泡ワインよりさらに高い価格で売れる多くの特級格付けワインを産していた．最も高価だったのは――すでに！――モンラシェの白ワイン（このワインはシャサーニュ=モンラシェ[92]とピュリニー=モンラシェ[93]の産地にまたがる 8 ha から生み出され，その年間 40,000 本のワインはほとんどが輸出される），ロマネ，シャンベルタン，ニュイ，ヴォーヌ，サン=ジョルジュなど[94]であった．

すでにパリの一銀行トゥルトン=エ=ラヴェル[95]はクロ・ヴージョの所有者となっていた．1760 年になると，ポンパドゥール夫人[96]と張り合っていたコンティ侯[97]はヴォーヌ村にあるサン=ヴィヴァン[98]修道院の修道士たちからロマネの葡萄畑をまるごと買収していた（その葡萄畑に自分の名前を付け加えた[99]）．この葡萄畑は厳密にはせいぜい 18 ha の面積であったが，それにラ・ターシュ[100]，リシュブール[101]，ロマネ=サン=ヴィヴァン[102]，レシュゾー[103]，

92　Chassagne-Montrachet. コト=ドール県のボーヌ郡にある現在人口 321 人（2013 年）のコミューン．

93　Puligny-Montrachet. シャサーニュ=モンラシェに隣接する現在人口 384 人（2013 年）のコミューン．

94　上記銘柄のフランス語表記はそれぞれ le Montrachet blanc, la romanée, le chambertin, les nuits, le vosne, le saint-georges... である．現在の銘柄名はこれらの統合形態（ニュイ=サン=ジョルジュ，ヴォーヌ=ロマネ，ジュヴレー=シャンベルタンなど）となっている．

95　Tourton et Ravel.

96　Madame de Pompadour（Jeanne-Antoinette Poisson, marquise de Pompadour, 1721-1764）．ルイ 15 世の愛妾．

97　le prince de Conti（Louis- François de Bourbon, 1717-1776）．フランスの貴族，軍人，美術品収集家．ルイ 15 世の敵対者の一人．

98　Saint-Vivant. フランス東部の小村で，そこに 9 世紀に同名の修道院が建てられた．1824 年に別のコミューンに合併される．

99　いわゆる Romanée-Conti ロマネ・コンティの誕生である．

100　la tâche. コト=ドール県ニュイ丘陵のヴォーヌ=ロマネの産地 La Tâche でつくられる原産地呼称のピノ=ノワール種のワインの銘柄．

101　le richebourg. ラ・ターシュと同じくコト=ドール県ニュイ丘陵のヴォーヌ=ロマネの産地 le Richebourg でつくられる原産地呼称のピノ=ノワール種のワインの銘柄．

102　la romanée-saint-vivant. ラ・ターシュと同じくコト=ドール県ニュイ丘陵のヴォーヌ=ロマネの産地 la Romanée-Saint-Vivant でつくられる原産地呼称のピノ=ノワール種のワインの銘柄．

103　l'échezeaux. ラ・ターシュと同じくコト=ドール県ニュイ丘陵のヴォーヌ=ロマネの産地 l'Echezeaux と Flagey-Echexeaux でつくられる原産地呼称のピノ=ノワール種のワインの銘柄．

グラン＝ゼシュゾー[104]を加えると 25 ha になった。100 ha 級のシャトーをもっているボルドー地方の所有地とは反対に，ブルゴーニュ地方では縮小化された葡萄畑となっている。その大きさは丘陵地のふもとで一番伸びたところで数 km に達するものの，横方向，つまり斜面を上っていく方向では数百 m を超えないのだ。少し離れるだけで「クリマ」climat——ある葡萄産地の自然的特色の全体，すなわち物質成分，土壌の深さと組成，傾斜地の向き，勾配のことである——が変わる。今日，ブルゴーニュの葡萄畑は数多くの所有者の間に分割されているのである。

リチャード・オルニー[105]の深く掘り下げた研究対象となっており，本書と関係する事例でいうと，ロマネ・コンティがブルゴーニュ地方の所有地のなかで最も貴重なクリマを示している。かつて諸侯は1 ha 当たり 25 ヘクトリットル[106]に限定した収穫をもって，このワインのボトルをすべて——今日でいえば 6,000 本——自分のものとして残していたものだ。稀に見る品質の伝統は，今日の所有者によりどんな犠牲を払ってでも維持されている。たとえば 1968 年に，市場に出される資格がないとみなされたワインが捨てられたということもあったのだ。「ヴェール」がはがされる，つまりこの美酒のなかではたらく味と香気の全体についての認識が完璧となるためには，瓶詰めの後 15 年も待たなければならないのだ。顧客は購買を割り当てられる。つまりロマネ・コンティは，1 ダースの箱につき 1 本しか買えない（残りは別の特級ワインにより補われる）。1990 年にこのような 1 箱は 14,000 フラン[107]もしていたのである。

一方における超エリート主義的な所有者 - 消費者の関与，他方におけるネゴシアンによる市場アタック——ブルゴーニュ・ワインの場合も，まさにこの二重の手段によって地位が獲得され，イメージが練り上げられた。そしてその周辺に文学的な想像の世界が用いられて神話がつくり上げられた。そこでは誇張したり，場合によっては販売を減らすことで危機を演出することができたの

104　le grands-échezeaux. ラ・ターシュと同じくコト＝ドール県ニュイ丘陵のヴォーヌ＝ロマネの産地 les Grands-échezeaux と Flagey-Echexeaux でつくられる原産地呼称のピノ＝ノワール種のワインの銘柄。
105　Richard Olney (1927-99). アメリカ合衆国の画家，フード・ライター。
106　1 hectlitre = 100 litres.
107　当時のフランス・フランの平均為替相場を 22〜23 円ほどとして計算すると 30 万円超である。

だ。

　すでに1731年から，ブルゴーニュ・ワインの取引をおこなうメゾンのなかで最も名高いメゾンが創業されていた。ブルゴーニュ・ワインの首都であるボーヌのブシャール・ペール＝エ＝フィス（父子）[108]というメゾンがこれである。このメゾンは今日でも家族株主の所有するところであるが，それでも，1993年と1994年の売上高の落ち込みを受けて1995年にシャンパン会社のアンリオによって買収された。こうして歴史的にブルゴーニュ地方のライヴァルであった大葡萄栽培地方の一つのメゾンが，90 haの葡萄畑（そのうちの70 haは特級格付け(グラン・クリュ)と1級格付け(プルミエ・クリュ)の葡萄畑），ならびに1846年以来の収穫年度(ミレジム)の熟成ワイン・コレクションを含む6,000,000本のストックを譲り受けたのだ。すでにシャンボル＝ミュジニー[109]はモエ・エ・シャンドンと縁戚にあたるヴォギュエ伯爵[110]の掌中に入っていた。

　それは10年ほど前から続けられている買収の動きについてのエピソードの一つにすぎない。アンドレ・ボワソー[111]・グループ——パトリアルシュ[112]のワイン，発泡ワインのクリテール[113]，シャトー・ムルソー[114]の所有地，および10,000,000本のワイン・ストックの所有者——が生き延びるのに対して，アロックス＝コルトン[115]の所有者であるボーヌのジャド[116]は1985年にアメリカ合衆国のある一族により買収された。メルキュレー[117]のネゴシアンである

108　Bouchard père et fils. ミシェル・ブシャールとその長男ジョゼフが立ち上げたメゾン。
109　Chambole-Musigny. ラ・ターシュと同じくコト＝ドール県ニュイ丘陵のシャンボル＝ミュジニーという現在人口307人（2013年）のコミューンでつくられるピノ＝ノワール種の銘柄ワイン・ブランド。起源はやはり14世紀のブルゴーニュ公の時代にまで遡る。
110　le comte de Vogüé. ヴォギュエ家は南仏のヴィヴァレを起源とする貴族の旧家。
111　André Boisseau. 1941年にパトリアシュのワイン・ブランドを再興したアンドレ・ボワソー父子（パトリアルシュ家の後裔）に由来するグループ。
112　Patriarche. 1780年にブシャール父子会社の社員となったボーヌのジャン＝バティスト・パトリアルシュが，1784年にパトリアルシュ父子というワイン卸会社を立ち上げたのが起源。2011年以降，ボルドーのカステル・グループが所有。
113　Kriter. アンドレ・ボワソーが1955年にブルゴーニュの地に始めたシャンパン・ブランド。
114　Meursault. コト＝ドール県ボーヌのムルソー（2013年現在で1,490人のコミューン）にある白ワインで有名なシャトー。
115　Aloxe-Corton. コト＝ドール県ボーヌにある現在人口142人（2013年）のコミューン。同名の原産地呼称をもつ銘柄ワインの産地として知られる。
116　Jadot. 1859年創業のボーヌのワイン生産・販売会社でルイ・ジャドのメゾンとして知られる。
117　Mercurey. ソーヌ＝エ＝ロワール県（ブルゴーニュ地方）にある現在人口1,252人（2013年）

アントナン・ロデ[118] は 1991 年にローラン＝ペリエによって買収された。ボーヌのドゥルアン[119] は 1995 年にその一手販売業者である日本の雪印に資本の 51％を譲渡した。ニュイ＝サン＝ジョルジュのネゴシアンであるフランソワ・ショヴネ[120] はジャン＝クロード・ボワセ[121]——1961 年に創業したメゾン——により買収された。後者はほかにも 15 ほどのメゾンも買収した。そのなかにはムルソーのロピトー・フレール（兄弟）[122]，ブシャール＝エネ＝エ＝フィス[123]（長男ブシャール父子），シャルル・ヴィエノ[124]，トマ・バソ[125]，ポネル[126]，ジャフラン[127]，ドゥロネー[128] の名がある。

　このようにワインの各メゾンは，過剰在庫の蓄積，ワインの品質の不規則性，1980 年代後半における価格の無分別な上昇，高級ワインを遠ざけて地場のワインに対して大きく増大したフランス国内消費といった諸々の影響の代価を払ったのだ。安値は同時に所有地の販売についても見られた。ただし，1750 年にボーヌで創業され，ボーヌの葡萄畑の所有者ともなったシャンソン・ペール＝エ＝フィス[129]（父子），サヴィニー[130] およびペルナン＝ヴェルジュレ

のコミューン。1936 年から同名の銘醸ワインで知られる

118　Antonin Rodet. 1875 年以来メルキュレー・ブランドとともに続くワイン・メゾン。
119　Drouhin. ボーヌで 1880 年に創業。メゾン・ジョゼフ・ドゥルアンとして知られる。
120　François Chauvenet. フランソワーズ・ショヴネ Françoise Chauvenet の誤認か。
121　Jean-Claude Boisset. 拠点はニュイ＝サン＝ジョルジュ（コト＝ドール県）。学校教員を父にもつジャン＝クロードはゼロからワイン業界に飛び込み，フランス内外にその名を馳せるほどに大成功を収めた。
122　Ropiteau frères. 1848 年にジャン・ロピトーがムルソーに立ち上げたネゴシアンのメゾン。
123　Bouchard ainé père et fils. 上記ブシャール・ペール＝エ＝フィス（父子）から枝分かれしたメゾン。1828 年にジョゼフ・ブシャールの孫テオドール＝ジョゼフが独自に立ち上げた。
124　Charles Viénot. ニュイ＝サン＝ジョルジュ（コト＝ドール県）にあるワイン生産＝販売のメゾン。
125　Thomas Bassot. 同じくニュイ＝サン＝ジョルジュに 1850 年からあるワイン生産＝販売のメゾン。
126　Ponelle. 1870 年に創業したボーヌのワイン生産＝販売のメゾン。正式名はアルベール・ポネル。
127　Jaffelin. 1816 年にボーヌで創業したブルゴーニュで最も小さなワイン生産＝販売のメゾン。
128　Delaunay. モンジャン＝シュル＝ロワール（フランス西部のメーヌ＝エ＝ロワール県）にある家族経営のワイン生産＝販売のメゾン。
129　Chanson père et fils. その後同メゾンは 1999 年にシャンパン・メゾンのボランジェに統合される。
130　Savigny. ボーヌの北に隣接するサヴィニー＝レ＝ボーヌ Savigny-lès-Beaune という現在人口 1,332 人（2013 年）のコミューンにある同名の老舗のワイン。1937 年にコミューン AOC に登録された。

ス[131]といった独立の旧メゾンは生き残っている。そしてブルゴーニュの葡萄畑が，一つの名高い原産地管理呼称——この場合ポマール[132]——が同時に一ネゴシアン（ジャブレ＝ヴェルシェール）やパリ第7大学教授（ジャン＝ルイ・ラプランシュ[133]）の掌中にあるフランスで唯一のものなのだ！

3. ボルドー・ワイン

　リシャール・オルネーはボルドー・ワインのプリンス，シャトー＝ディケム[134]についても論じている。ソーテルヌ・ワイン[135]のなかで最も高く評価されるこのワインは，アンシアン・レジームの帯剣貴族の一つリュル＝サリュス家[136]が1785年から所有する葡萄栽培地でとれる。この一家のいまの子孫は6代目のアレクサンドル・ドゥ＝リュル＝サリュス[137]である。ここでもまた出来が悪いと判断された収穫年度のものは捨てられることがある。ごく最近では1992年度のものがそうであった。ここでは収穫期を後らせる（秋の終わりまで）という固有の技術が適用される。その収穫期が来たときにすでに萎れた葡萄を一粒ごとに摘む。唯一「特別第1級格付けワイン」(プルミエ・クリュ・シュペリュール)に分類されるこのイケムというワイン銘柄は，年間販売数は10,000本未満であり，その価格は収穫年度によって1,000フランと10,000フランの開きがある。シャンパーニュ地方では1 haあたり10,000本引き出されるのに対し，ここでは1 haあたり700本（110 ha以上の種々の葡萄栽培地(テロワール)から）が生産される。熟成期間は最短で

131　Pernand-Vergelesses. サヴィニー＝レ＝ボーヌに隣接するペルナン＝ヴェルジュレスという現在人口254人（2013年）のコミューンにあるコミューンAOCワイン・ブランド。
132　Pommard. ボーヌ郡（コト＝ドール県）にある現在人口519人（2013年）のコミューン。同名のヴィラージュ系のAOCワイン・ブランド。
133　Jean-Louis Laplanche（1924-2012）. 専門は精神分析，哲学。父も妻もブルゴーニュの葡萄栽培者で，ジャン＝ルイ自身も幼少期をポマールで過ごした。
134　Château d'Yquem. ボルドー地方の葡萄栽培地，同名の甘口ワインの銘柄。2003年にシャトーはまるごとフランスの歴史記念物に登録された。
135　les Sauternes. ジロンド県（ボルドー地方）のソーテルヌという現在人口762人（2013年）のコミューンにある1855年に格付けされた同名のAOC白ワイン。
136　les Lur-Saluces. 十字軍の頃まで系譜を遡ることができる同家はとくに17世紀にソーテルヌやボルドー地方全体に名が知れ渡る。
137　Alexandre de Lur-Saluces（1934- ）.

第 8 章　ラグジュアリーの消費―食の芸術　185

も 10 年である。2 世紀も日の目を見るのを待っているボトルもあるが…。

　他方ニコラス・フェイス[138]は，メドック地方に属するある格付けワインのいくぶん「つくられた」運命を想起させている。北はサン＝テステフ[139]，南はマルゴー[140]に挟まれたサン＝ジュリアン＝ベシュヴェル[141]にあるシャトー・ベシュヴェル[142]の場合がこれである。85 ha のその葡萄畑は，ジロンド河の河口部から見える，張り出した 2 つの翼棟をもつ 1 階建ての城館——1657 年にエペルノン公[143]によって再建された——のまわりに，世界で「最も入念につくられ」，「最も教養のある」ワインの一つ（たとえ，今日多くの異論が出ている分類において第 4 等級の地位に甘んじなければならないとしても）とよばれえたものが誕生する。このドメーヌは，18 世紀中頃にボルドー高等法院付きの評定官の手に，そしてフランス革命に続いてゲスティエ家[144]という平民の商人の手に渡った（サン＝ジュリアンでは，隣接するレオヴィル[145]，ランゴア[146]という別の 2 つのシャトーが 2 世紀前から中断なくバルトン家[147]のものであったということに注意しておきたい）。1875 年には金融界への移行が見られる。パリの銀行家エーヌ[148]がシャトー・ベシュヴェルの所

138　Nicolas Faith. 英紙『エコノミスト』，『サンデイタイムズ』の元上席編集員であったベテラン・ジャーナリスト。ボルドー・ワインやコニャックなどについての著作多数。

139　Saint-Estèphe. フランス南西のジロンド県にある現在人口 1,650 人（2013 年）のコミューン，ならびにそこで産する AOC ワイン銘柄を指す。

140　Margaux. ジロンド県南メドック小郡にある現在人口 1,541 人（2013 年）のコミューン。および同名の AOC ワインを指す。

141　Saint-Julien-Beychevelle. ロンド県北メドック小郡にある現在人口 637 人（2013 年）のコミューン。

142　Château Beychevelle. 城館それ自体は 1565 年に司教フランソワ・ドゥ＝フォワ＝カンダルが建立した。現在はカステル・グループとサントリーが所有。同名の第 4 級格付けのサン＝ジュリアンの AOC ワイン・ブランド。

143　le duc d'Épernon (1592-1661). 17 世紀フランスの貴族，軍人。フロンドの乱鎮圧側のボルドー地方総督。

144　les Guestier. 具体的にはピエール＝フランソワ・ゲスティエ (1793‐1874)。ネゴシアン，政治家。

145　Léoville. ジロンド河口に近いシャラント＝マリティム県にある現在人口 323 人（2013 年）のコミューン。同名の第 2 級格付けの銘柄ワイン・ブランド。

146　Langoa. ジロンド県サン＝ジュリアンにある葡萄栽培地でバルトン家が 1821 年に手に入れ，1855 年にはボルドー・ワインの公式分類に加えられた。

147　les Barton. アイルランド出身のトーマス・バートンが 1725 年にボルドーでネゴシアンを始めたのが起源。

148　Armand Heine (1818-83). ボルドー生まれのユダヤ系銀行家，篤志家。

有者となったのである。このときあるジャーナリストは「数年前から，婦人を羽根飾りやダイヤモンドの首飾りで飾り立てるように，財産を特級格付けワインで飾るというモードが到来した」と述べたものだ。実際にこの銀行家は，収穫時に合わせてフォーブール・サン＝トノレやシャンゼリゼのパリ(トゥ・ル・ナ・目・ド・パリ)の名士たちを自分のシャトーに集めるのを慣わしとした。かれの一人娘がシャルル・アシル＝フー[149]と結婚したことにより，シャトー・ベシュヴェルはエマール・アシル＝フー[150]が亡くなる（1986年）までこの一族の手にあった。それからGMF（公務員相互保証保険）——ボルドー地方に入り込んだ機関投資家の最初のもの——が舞台に登場した。今日，このシャトーは一家族のものではなく国際現代美術センターの本部となっている。このような経路を通して，有名葡萄畑がいかに社会現象と同時に高級品生産の土台となったかが理解されよう。

　上記例はもちろんボルドー地方の葡萄畑の歴史と構造の要約ではない。ボルドー地方は10万haの葡萄畑におよそ3,000ものシャトーを有しており，それらが富裕な所有者の間で，しかしまた小生産者たちの間に分けられている。それは古代ローマ人たち——たとえば3世紀末にサン＝テミリオン[151]の葡萄畑をつくったマルクス・アウレリウス・プロブス[152]——によってガリアの地に導入された最初の葡萄畑の一つなのである。この歴史は権力，所有者および商人の間，嗜好と市場の間の一定の相互作用のとくに複雑なヴァージョンを提供するものだ。それでも，とくに2世紀この方最大規模に拡大しつつある市場での販売に関して，大手商社に依存する前に，この歴史が一定数の人物，司教たち，諸公ないし諸侯，ボルドー高等法院メンバー（たとえば同法院部長評定官のピション・ドゥ＝ロングヴィル[153]がその遺産として残した数多くのシャトーが思い浮ぶ）などによって動かされてきたのも真実のところである。同時に，ブルジョワや資本家の投資が，ブランド・イメージ——フランスあるいは世界の筆頭の葡萄畑というイメージ——を保持ないし強化することによって，この

---

[149] Charles Achille-Fould (1861-1926). フランスの政治家。
[150] Aymar Achille-Fould (1925-86). フランスの政治家。
[151] Saint-Émilion. ボルドー地方にある現在人口1,911人（2013年）のコミューン。および同名のAOCワインを指す。
[152] Marcus Aurelius Probus (232-282). ローマ皇帝（在位276‒282）。
[153] Pichon de Longueville.

第 8 章　ラグジュアリーの消費—食の芸術　　187

葡萄畑の社会的な姿を一変させたのであった。

　グラーヴ[154] の葡萄畑の地区——ボルドー市に隣接し，幅 8 m，長さ約 50km にわたってガロンヌ河左岸に沿って南に続いている——においては，オー＝ブリヨン[155] というドメーヌの歴史事情も同様である。オー＝ブリヨンはグラーヴでは唯一，1855 年に AOC に登録されたブランドである。その頃はまだグラーヴ・ワインとメドック・ワインが混同されていた。中世以来何世紀にもわたってボルドー・ワインの大半は無差別にグラーヴとよばれていたのだ。ボルドー市に一番近いこの葡萄畑は最も有名で，そのワインは最も商品化が進んでいたのだった。シャトー・オー＝ブリヨンの最初の所有者の一人——上記アレクシス・リシヌの見解では「だいたいにおいて真の創立者とみなされうる人物」——はジャン・ドゥ＝ポンタック[156] であった。かれは 16 世紀前半のボルドー地方の富裕商人で，ワイン用の葡萄畑を積極的に集積し，100 歳まで生きた（1488-1589）。ドゥ＝ポンタック自身ならびにその子孫はそのうえ法服貴族身分を取得し，そこからボルドー高等法院に数多くの院長・評定官を輩出している。ここのワインは 17 世紀後半において，とくに同時代のイギリスの年代記作者，回想録作者および小説家たちがこれについておこなってくれた宣伝のおかげで，ロンドンの上流社会の舌の肥えた愛好家たちの心をとらえた。それとともに上層行政官と大規模商業との間の興味深い往復関係の影響も考えなければなるまい。事実 1680 年，フランソワ＝オーギュスト・ドゥ＝ポンタック[157] という人は高等法院の評定官職を売って，ロンドンに渡って優雅な居酒屋を立ち上げ，そこで自らのワインを販売した。イギリス人たちはこのワインをニュー・フレンチ・クラレット[158] と名付けたのであった。オー＝ブリヨンはフランスを横断する著名な旅行者たちとって不可欠の宿泊地となった。そしてまさにある意味ではその通った道筋を辿って，18 世紀のボルドー・

154　Graves. ボルドーの葡萄畑の地区の一つであると同時に，同名の AOC ワイン・ブランド。
155　Haut-Brion. 1525 年にジャン・ドゥ＝ポンタックによってつくられたグラーヴ地区で最も有名なドメーヌ。
156　Jean de Pontac.
157　François-Auguste de Pontac（1619-79）.
158　new french claret. claret は赤紫色のことであるが，転じてボルドー産の深い色の赤ワインを指す。

ワインの輸出が力強く発展したのであった。トーマス・ジェファーソン[159] はオー＝ブリヨンの大愛好家であり，大樽ではなくボトル単位で生産者に直接これを注文したのである。

　フランス革命は，恐怖政治が最も名高いシャトー所有者——とりわけ，ドゥ＝ポンタック家からのオー＝ブリヨンの継承者であったジョゼフ・ドゥ＝フュメル伯爵[160]——を断頭台(ギヨチヌ)に送った限りにおいて，議論の余地なくボルドー・ワインが品質の絶頂に立ち上るのを妨げた。フュメルの一族はこのドメーヌをタレーラン[161]に売却した。タレーランは1801年から1804年までしかこれを保持しなかった。このドメーヌの評判は，その後の所有者たちが数十年間疎かにしたため，低迷した。だが第二帝政によってつくられた公的栄誉を享受するのに間に合って復活した。1935年以降ディロン[162]というアメリカ合衆国の一族の所有するところとなっているこのシャトーそれ自体とドメーヌの経営は，今日完璧に注意がいき届いている。ボルドー地方ではじめてステンレス鋼製の醸造桶が試されたのはまさにオー＝ブリヨンにおいてなのである。

　最後に，今日でもなおロチルド家の様々な分枝が所有する綺羅星のように並ぶシャトー群を例として取り上げることができる。1853年，ナサニエル・ドゥ＝ロチルド[163]はメドック地区においてシャトー・ムートン[164]（その大酒蔵は今日ボルドー地方で最も印象的なものとなっている）を購入する。このシャトーは1926年には曽孫のフィリップ・ドゥ＝ロチルド[165]の手に移る。ところでこの第1級格付けワインはボルドー高等法院の部長評定官のニコラ・

159　Thomas Jefferson（1743-1826）．アメリカ独立宣言の起草者。同国の第3代大統領。
160　le comte Joseph de Fumel（1720-94）．
161　Charles-Maurice de Tallerand-Périgord（1754-1838）．フランス革命前後から七月王政期初めまで活躍したフランスの大政治家。
162　les Dillon. 1935年に購入を決めたのは，ニューヨークの親仏銀行家のクラレンス・ディロンであった。
163　Nathaniael de Rothschild（1812-70）．ロンドン生まれ。1850年に，叔父のジェイムズ・ドゥ・ロチルドが所有する銀行の業務に就くためにパリへ移住。
164　Château Mouton. メドック地区のポーヤック Pauillac にある元はニコラ＝アレクサンドル・ドゥ＝セギュール男爵，次いでブラーヌ男爵の所有であった（シャトー・ブラーヌ・ムートン）。シャトー・ムートンはシャトー・ラフィット，シャトー・ラトゥール，シャトー・マルゴー，シャトー・オー＝ブリヨンと並んで5大シャトーとよばれる。
165　Philipe de Rothschild（1902-88）．ワイン造りのほか，映画の脚本化としても知られる。

ドゥ＝セギュール[166]（シャトー・ラトゥール[167]，カロン＝セギュール[168] およびフェラン＝セギュール[169]の所有者でもあった）に由来する。かれは1730年にシャトー・ムートンを購入し，ロンドンにおけるボルドー・ワインの販売促進に大きな役割も演じていた。1965年，フィリップ・ドゥ＝ロチルドはこのシャトー・ムートンにシャトー・クレール＝ミロン[170]を追加する。1868年，ジェイムズ・ドゥ＝ロチルド男爵がもう一つの第1等級格付けワイン・ブランドであるシャトー・ラフィットを手に入れる。これは1977年以降はエリック・ドゥ＝ロチルドが経営しており，ボルドー地方で最も重要なワイン専門店の一つを誇り，そこにさらに第4等級格付けのシャトー・デュアール＝ミロン[171]が付け加えられている。1977年にはまた，エドモン・ドゥ＝ロチルド男爵が文学的趣意に合わせてつくった葡萄畑——シャトー・クラルク[172]——の収穫初年度のワインを発売した。

さて上記すべての動きのなかで「シャルトゥロン河岸通り[173]」の大ネゴシアンはどうしてきたのか。かれらは常に最重要の役割を演じてきたし，いまもそうである。だが，それもほとんどもっぱらワインの販売の次元においてである。この役割の明示化は，イギリスのプランタジネット朝が13世紀以来ワイン製品とドルドーニュ河，ガロンヌ河およびジロンド河を経由したロンドン向けのその定期的かつ大量の輸出に重要性をおいていたこともあって，葡萄畑それ自体の組織化よりはるかに古いといえる。14世紀になるとフランス貿易のオランダ人の貿易による中継によって，ボルドーの遠隔地市場はバルト海沿岸諸国にまで拡げられた。そして16〜17世紀においては，オランダ船が直接ボルドー地方にワイン買い付けに来るようになり，その輸出を相当大きく増大さ

166　Nicolas-Alexandre de Ségur (1697-1755). ルイ14世が「葡萄侯」とよばれたという。
167　Château Latour. ポーヤックにある第1等級格付けのAOCワイン・ブランド。
168　Château Calon-Ségur. サン＝テステフにある第4等級格付けのAOCワイン・ブランド。
169　Château Phélan-Ségur. サン＝テステフにあるクリュ・ブルジョワ（ボルドー・ワインのなかで高品質だが，1855年の格付けリストに入らない分類）のワイン・ブランド
170　Château Clerc-Milon. ポーヤックにある第5等級格付けのAOCワイン・ブランド。
171　Château Duhart-Milon. ポーヤックにある。
172　Château Clarke. リストラック＝メドックのAOCでクリュ・ブルジョワに分類されるワイン・ブランド。
173　le quai des Chardrons. ボルドー市内のガロンヌ河の河畔地区。

せた。18世紀には輸出はボルドーの貿易の全般的成長によって支えられ、アンティル諸島との通商関係に関してはヨーロッパ大陸のなかで首位となった。そしてその一方で、大樽の習慣と競合しつつ、ボトル詰めが発達したことで、輸送期間中のワインの保存の改善につながったのであった。陸路のマーケット・リサーチも同時に発展していた。

　フランス革命・第一帝政期の諸戦争はボルドーの貿易構造に大混乱を引き起こし、植民地との商業に復旧不能の打撃をもたらしたが、それと同時にワイン取引の経済的重要性と威信をいっそう高めることとなった。この取引の特殊性はそのときアンシアン・レジーム期の取引を特徴づけていた取引の多様性から少しずつ解放されていく。新たな繁栄の高揚は19世紀における自由貿易の前進とイギリスの輸入の新たな大躍進──この世紀の後半には3倍となった──に一致している。またもやイギリスの顧客が、ワイン貯蔵庫(カーヴ)で文字どおりのコレクションのようなものをつくり上げ、もっぱら男性のサークルのなかで準儀式的なしかたで試飲するなどして、ボルドー・ワインの貴重な製品としてのイメージの形成に決定的な役割を果たした。この点については、たとえばオクスフォード大学の諸カレッジ[174]が当時所有していた、ほどよく管理されたワイン・ストックや、フェローたち[175]の間でのボルドー・ワインの消費の儀礼──ポルト・ワイン[176]やヘレス産白ワイン[177]の場合と同様──を思い浮かべればよい。フェローたちはこの儀礼のなかに、今日でもなお高雅な会食趣味を伴う夜会の途中で、ときに厳格ともなる生活様式──ならびに一つの生活環境──に彩りを添える最もすぐれた手段を見出している。これらのカレッジがボルドー・ワインの注文のための十分な予算をもてなくなった日に、イギリスの大学生活の重要な一面が崩壊することになろう……。

　そこに帰属しない外国人として上記アレクシス・リシヌが指摘するところでは、ワイン取引の諸メゾンは「このうえなくボルドー精神というものを特徴づける慎み、真面目くささで……その事業を動かす」。それらは確固たるもの

---

[174] colleges. この場合のカレッジはオクスフォード大学を構成する学寮を意味する。自治権を有するイギリス独自の高等教育機関。
[175] fellows. オクスフォード大学の教師。
[176] porto. ポルトガル産の度数の高い甘口の食前（または食後）ワイン。ポートワイン。
[177] グゼレス xérès. スペイン・アンダルシーア地方南部のヘレス Jerez という町に由来するワイン。

第8章　ラグジュアリーの消費―食の芸術　　191

としてきずかれた商業共同体，数世代にわたる族内婚の実践によって固められた閉鎖的特権階級をなしている。外国商人たちの入植者集団は，まずは市壁外――ここではシャルトゥロン地区――に居を定める。18世紀には搬送前のワインの倉庫に充てられる市壁として，同名の有名な河岸通りが建設された。シャルトゥロン地区と市は社会的には常に相互に閉鎖的なままであり，20世紀初めまで，ワイン取引のエリート集団の住む街区はボルドー――財産によってよりもむしろ古さによって序列化されている世界――内では一つの例外的な世界としてとどまるのである。20世紀まで生き残った最も古いメゾンの一つは，まさしく，オランダ人バイヤーマン[178]のメゾンで，1620年にまで遡る。だが18, 19世紀には，まずはアイルランド人たちの到来とともに，メゾン設立の動きが強まった。すなわち1725年にはまず上記バートン（バルトン）が現われる。18世紀末から今日までかれの名は上記ゲスティエの名と分かちがたいものとしてとどまることになる。それから1734年にはジョンストン[179]が，1740年にはロートン[180]が到来する。このメゾン・ロートンは，1815年の講和条約に続く復活の時期に，ギヨーム・ロートン[181]の指揮下でワインを大部分の商人に供給する非常に大きな仲介窓口をなすことになる。

　アイルランド人の後にほどなくドイツ人商人が続いてやってくる。その地位は19世紀初めには相当大きなものとなるはずだ。たとえばジャン＝アンリ・シレール[182]は1739年に到来し，ジャコブ・シュレデール[183]と会社をつくる。クロスマン[184]の到来は1785年のことだ。19世紀にはスイス人のメトゥルザ[185]

178　Beyerman. フランス語読みではベイェルマン。1620年にボルドーにやって来たのはジャン＝シモン・バイヤーマンで，船主であった。
179　Johnston. 移住してきたのはスコットランド系アイルランド人のウォルター・ジョンストンのことであり，1761年にワイン取引のメゾンを立ち上げた。息子のダヴィッドはボルドー市長となる。
180　Lawton. 移住してきたのはアイルランドのコーク出身のエイブラハム・ロートン（1716-76）であった。
181　Guillaume Lawton. メドック・ワインの品質評価帳簿を1815年に作成し，1855年のAOC分類の先駆けとなった。
182　Jean-Henri Schÿler. ドイツ語読みではヨーハン＝ハインリヒ・シラー。
183　Jacob Schröder. ドイツ語読みではヤーコプ・シュレーダー。シレールと合同のメゾン名はシュレデール＆シレール。
184　Clossman. マンハイム系のドイツ人。
185　Mestrezat. 移住してきたのはジュネーヴ出身のギヨーム・メトゥルザ。

がやって来る（1814年）。エルマン・クリューズ[186]――一部はシュレスヴィヒ＝ホルシュタイン，一部はブレーメンの出身の家族に属した――は1819年にやって来て，暫時イルシュフェルド[187]と協働する。1853年にクリューズ・フィス・エ・フレール（息子・兄弟）はシャルトゥロン地区でトップの地位にいる。ドイツからはさらにクレスマン[188]がいる（1871年）。もっとも，フランス内外への販売に関してはフランス人もこの動きから遠ざかったままではなかった。とくに19世紀にはエシュノエール[189]（1821年）――ストラスブール出身の一家――，ドゥリューズ[190]（1820年），ボルドー地方出身のアルマン・ラランド[191]とタン＝レルミタージュ[192]出身のカルヴェ[193]（1840年頃），ジネステ[194]（1899年）が登場した。アルフレッド・ドゥリューズは実はベトマン兄弟[195]――一人はフランクフルトの銀行家，もう一人はボルドーの商人――ならびにヌシャテルの捺染業者ドゥリューズと縁戚関係にある。さらにアルフレッド・ドゥリューズは，1826年にハンブルク出身の商人デュマ[196]と会社を組み，上記ジョンストンの娘と結婚することにより，北ヨーロッパの諸市場に華々しく展開していくのである。

クリューズ・エ・イルシュフェルドの成功は，ヨーロッパ（ドイツ，イギリス，

---

[186] Hermann Cruse (1790-1855). 一代でボルドー有数のワイン商社をきずき上げる。ドイツ語読みではヘルマン・クルーゼ。
[187] Hirschfeld. ドイツ語読みではヒルシュフェルト
[188] Kressmann. エドゥワール・クレスマンがボルドーに着いたのは1858年。ワイン製造・販売の修業を積んで，1871年にメゾンを立ち上げる。
[189] Eschenauer. ルイ・エシュネールが立ち上げたメゾン。
[190] De Luze. スイス・ドイツ起源の家族に生まれたアルフレッド・ドゥリューズ Alfred De Luze（1797-1880）が立ち上げたメゾン。
[191] Armand Lalande. ボルドー市内に同名の河岸通り名として残っている。
[192] Tain-l'Hermitage. フランス南東のローヌ河左岸（ドゥローム県）に位置する現在人口5,923人（2013年）のコミューン。
[193] Calvet. 創業者のジャン＝マリ・カルヴェはまずはタン＝レルミタージュで葡萄栽培に関わり，その後ボルドーに移った。
[194] Ginestet. フェルディナン・ジネステが立ち上げたメゾン。かれは後のボルドー・ワイン全業種評議会の前身となる所有・商業組合を創設してボルドーの発展に尽くした。
[195] les frères Bethmann. 中世のドイツ・ハンザの時代にまで遡れるプロテスタント系旧家筋の兄のシモン＝モリッツはフランクフルトで銀行を設立し，弟のヨーハン＝ヤーコプ（ジャン＝ジャック）は1740年にボルドーに移住しワイン取引に従事した。
[196] Dumas.

デンマーク，ロシア）とアメリカ合衆国などの見事な商業ネットワークのおかげで，そしてまた1847年の並外れて良好な葡萄収穫に対する投機がきわめて首尾よくいったおかげで，さらに際立ったものとなる。海運業活動のいかなるものも排除してワインを取り扱うだけにして得たエルマン・クリューズ1世の商業的成功は，19世紀半ば以降，とくにボルドーにおけるドイツ関連ビジネスに重きをおく。それはこの業界への完全な統合を伴う。というのもエルマン1世は娘のマチルドをアルマン・ラランドに嫁がせ，その一方で息子のエルマン2世は上記ロートン家の女性と結婚するからである。2世の方は1878年に亡くなるが，8,000,000フランの財産を残した。さらにその息子のアドルフは1894年に亡くなるのだが，その遺産は22,000,000フランであった。

　ボルドーにおけるネゴシアンは，年鑑を信じれば，19世紀半ばに600を数えた。しかしながら真に特筆すべき重要性をもつものは決して50を超えなかっただろう。そのなかでもワインの大御所ともいうべき名前は10ほどしか出ていない。こうした状況は，およそ250年におよぶこの業界の世代交代にもかかわらず，定常化してきたのである。19世紀末および20世紀の前半には新参者の上昇が見られた。たとえば上記ジネステ家，コルディエ家[197]（もとはエピナル[198]の商人），より高級でないワインで仕事をする上記カステル兄弟，1937年にコレーズ県[199]からやって来たムエックス[200]，イヴォン・モー[201]がこれである。

　ネゴシアンは，例外はあるが，自ら葡萄畑の所有者にはならない。例外でいえばバルトンとゲスティエがある。このメゾンは19世紀にドメーヌを購入し，自作のワインを販売し始めたのであった。ユー・バルトン[202]は1821年にサン＝ジュリアン＝ベシュヴェルにあるシャトー・レオヴィル＝ランゴアを購入し，長くバルトン家のものとして残る。1825年には大ダニエル・ゲスティエ

197　les Cordier. デジレ・コルディエが1886年にメゾン・コルディエを立ち上げた。
198　Épinal. フランス東部ヴォージュ県の県都。現在人口32,188人（2013年）。
199　la Corrèze. フランス中部のリムーザン地方の県。
200　Moueix. ジャン＝ピエール・ムエックス（1913-2003）が立ち上げたメゾン。
201　Yvon Mau. 父のアリスティド・モーが1897年に立ち上げたメゾン。1914年に息子のイヴォン・モーの名がメゾン名となる。
202　Hugh Barton (1766-1854).

の息子がシャトー・ベシュヴェルを購入する。このシャトーはその義兄弟にあたるジョンストン所有のデュクリュ＝ボーカイユー[203]に隣接する見事な所有地であった。アルマン・ラランドは1860年にカントゥナック＝ブロン[204]を，1866年にはレオヴィル＝ポワフェレ[205]を購入する。クリューズ，ムエックスあるいはジネステといった家族は自らのシャトーを所有しているか，かつて所有していた。クリューズはポンテ＝カネ[206]に，ムエックスはサン＝テミリオン地区に，ジネステはマルゴーにといった具合である。しかし非常に威信をもったメゾン・シュレデール＆シレールは反対に一度も葡萄畑に投資しなかった。

この業態の組織は常に同一であった。ネゴシアンは直接生産者から買い付けるというのではまったくなく，仲買人，あるいはより最近では協同組合または協同組合グループを介してこれをおこなうのである。その後，この3つの当事者間で交渉がおこなわれ，成文化されていないルールに従って毎年漸次ワイン価格が定められていく。しかしいずれにせよ，最近まで，自分の酒倉に自らのストックをしているネゴシアンが，域外の顧客と接触するただ独りの主体であった。この顧客，とくに最も要求の大きい顧客――支配階級や最も遠く離れた国を支配する王家――により，19世紀を通じてネゴシアンは，固定資本が重くなってしまうのを犠牲にしても，ワインの熟成に気を配る醸造業者としての自己の役割をはっきりさせるよう強いられたのであった。

ワイン取引の自由をうたう法律が確立する1866年まで，仲買人の役割は，残存する時代遅れの同業組合的な環境のなかで発揮された。仲買人たちは自分たちが住む場所のまわりで購入独占権を享受していた。したがってボルドーの仲買人たちは同市の周辺でしかその独占権を行使することができず，もしたとえばメドック地区でワインを買い付けたいのであれば，今度は自分たちが葡萄畑のあるコミューンのどれか一つに本拠をおく仲買人の手を介さねばならなかったわけだ。だが仲買人の役割が独占権の廃止とともにすっかりとは消えて

203　Ducru-Beaucaillou. サン＝ジュリアンにある第2等級格付けワインのシャトー。
204　第2章注81を参照。
205　Léoville-Poyferré. サン＝ジュリアンにある第2等級格付けワインのシャトー。
206　Pontet-Canet. ポーヤックにある第5等級格付けワインのシャトー。

第 8 章　ラグジュアリーの消費―食の芸術　195

しまわなかったとすれば，そこには技術的なわけがあった。すなわちネゴシアンたちは各収穫年度におけるワインの品質の評価，生産者の知識において高い熟練度をもつ専門家だと自任しており，ある者は普通ワインの販売，別の者は高級ワインというふうに棲み分け合っている。仲買人たちの役割の受け止め方はまちまちであった。かれらの仲介は，その手数料の先取りによって間違いなくワイン価格の上昇の方向にはたらいた。大小の生産者たちは収穫物の買い入れに際して仲買人が価格を低い方に押し曲げるといって非難した。しかしながら，かれらのなかでも最も誠実な人には，品質の正しい評価，したがってワインごとの価格体系の公正な設定という役割が認められていた。いずれにせよ，生産者の方は仲買人の影響力からのがれるべく協同組合を組織するという方向にはなかなか進まなかった。

　19 世紀に根づいた新たな名家の活力は，輸出市場のかなり大きな拡大を引き起こした。メゾン・クリューズはロンドン，リヴァプール，グラスゴウ，ブリストルで非常に活発に活動している。だがそれは単に高品質の銘柄ワインのイギリスへの伝統的な輸出の続きというわけではない。これらのイギリスの港はインドからオーストラリアにいたる大英帝国の方向へ，あるいはアメリカ合衆国にまで向けての再配送を実践するからでもある。メゾン・クロスマンはとくにロシア市場に関心をもつにいたる。そこではサンクト・ペテルブルク，モスクワのみならずオデッサ，ハリコフといったすべての大都市でボルドー・ワイン，しかも高級のそれが所望されたのだ。このロシア市場の発見は新しく，七月王政，第二帝政のときである。シュレデール＆シレールもそこに参加する。同メゾンはサマーラにまで顧客をもち，ソーテルヌ・ワインをモスクワで，メドック・ワインをサンクト・ペテルブルクで販売する。他方，それに加えて南米にも市場を開拓するのであった。こうした征服精神は 20 世紀にも弱まらない。ジャン・カルヴェは，ほかのラグジュアリー産業に属する仲間たちに倣って，アメリカ合衆国や日本の市場に積極的にはたらきかける――日本の場合はサントリーの輸入部門との契約によって――のである。国内市場もまた手掛かりを得た。ダモワ[207] の売り場，有名ホテルの顧客のなかにボルドー・ワ

207　Damoy. 前出のジュヴレー＝シャンベルタン（ブルゴーニュ地方）にあるワイン・ショップのピエール・ダモワ。また生産者でもあり，ピエール・ダモワ＝シャンベルタンなどのシャトーを

インの取引が占める位置がその証しである。

　主として価格急騰の圧力——ブルゴーニュ同様ここでも——の影響下で，構造はこの30年で変化した。この急騰は，英・米の需要急増によって，さらにまた上等のミレジム（収穫年度）・ワインを，嗜好的な価値というよりむしろ投資的価値をもつものとみなす傾向がある投機によっても引き起こされたものである。あるものの負債，あるものの貪欲さという背景の下で，こうして1970年以降，ワイン価格の急騰とそれに続く1973‐74年の経済崩壊によってボルドーのいくつかの有力なワイン・ビジネスのメゾンは苦境に立たされ，フランス内外の会社やグループ会社の支配下に入る。たとえばバルトン＆ゲスティエはシーグラムによって，クリューズはSVF[208]によって，ドゥリューズはレミー・マルタンによって，カルヴェはウィットブレッド[209]によって，またコルディエはラ・エナン・グループ[210]によって買収されたのである。他方，大手の所有者の地位は相当強化された。シャトーにじかに買い物に来る旅行者やヴァカンス客を含めて，顧客との直接の接触が増大したからである。

　19世紀初め以来とくにメドック地区で明確になってきた景観は，「シャトー」のまわりに集められた葡萄畑のドメーヌのそれである。シャトーはこのドメーヌの名前ともなり，またその呼称がワインの銘柄名ともなっているのである。葡萄畑の所有者は建築上の威信を高める政策に乗り出した。それにより，ときとしてあらゆる様式において突飛な外観を呈することとなった。たとえば1810年と1830年の間にルイ＝ガスパール・デストゥルネル[211]によって建てられたコス・デストゥルネル[212]というシャトーは，1855年にサン＝テス

　　もつ。
208　Société des Vins de France. フランス・ワイン会社。もとはリヨンにあった家族経営の商社であったが，1971年にフランス・トップのワイン商社となる。何度か所有者を変えた後，1992年に自らもカステル・グループの支社となる。
209　Whitbread. イギリスのサミュエル・ウィットブリッドが1742年に創業したビール醸造会社が起源。その後ホテル・レストラン業などを中心としたイギリスでナンバー・ワンの企業ブランドとなる。
210　le groupe La Hénin. 保険グループ。
211　Louis-Gaspard d'Estournel（1762–1853）．エストゥルネル侯爵。
212　Cos d'Estournel. サン＝テステフの南にあるコスという小村にあるシャトー。有名なシャトー・ラフィットに隣接しているため，エストゥルネル侯爵がこれに倣ってきずき上げたシャトー（城館，葡萄畑，ワイン）。

テフの第1等級に格付けされたが、ザンジバル[213]のスルタンの宮殿風の彫刻を施され、側面に中国式の酒倉を並置された巨大な門を備えていた。今日でもなお、1988年の「シャトー・ボルドー」展が示したように、旧シャトーに並んで酒倉と発酵タンク室の近代的な建物が花開いている。そのなかにはリカルド・ボフィル[214]の手になるシャトー・ラフィットの円形酒倉も入る。

「ジロンド県の特級格付けワイン」は早い時期に分類の試みの対象となった（1772年、1824年、1827年）。だがボルドー商業会議所が証券取引所に付属するワイン仲買人組合をその任に充てるのは、ひとえにナポレオン3世の後押しと1855年のパリ万国博覧会においてであった。事実、仲買人組合は、1世紀以上前からその組合のなかでも最も傑出した組合員の事務室——とりわけ上記ロートンのところ——に蓄積されていた評点、記録、値段表および値付けのおかげで、可能な格付けについて情報を提供しうる唯一の機関であった。組合の回答（1855年4月18日）は、ボルドーで販売される最良のワインの最近の相場を基準にして格付けがおこなわれるべしとするものであった。その結果、リブルヌ港で販売されていたサン＝テミリオンとポムロルのワイン、ならびにグラーヴ・ワイン（ただしオー＝ブリヨンは除く）はこれから除外されることとなった。したがってこうした格付けはメドックとソーテルヌの葡萄畑の優位を確立させたのであった。組合の提案は58の特級格付けワイン（グラン・クリュ）を5つの等級（4つの第1等級、12の第2等級、14の第3等級、11の第4等級そして17の第5等級）に振り分けた。非常に限定的なこのリストはただちに批判や疑義を引き起こす。しかし爾来、どの政府もこの格付けを全体にわたって実行に移すのに必要な権限をもたなかった。見捨てられた葡萄畑にまでこのリストを拡大し、あるいはどれそれの個別的な銘柄ワインをリストにとり込むためにとられたのは個別的な措置のみであった。行政（国立原産地呼称研究所[215]）と生産者とネゴシアンをたたかわせるような、実に危険な裁定なのであった。

1953年にはグラーヴ・ワインがその12の最良のドメーヌについて格付けを

213　Zanzibar. アフリカのタンザニア北東部、インド洋上の島からなる地域。
214　Ricardo Bofill i Leví（1939-）。バルセローナ生まれのポスト・モダンの建築家。
215　INAO（Institut National des appellations d'origine）。1947年に設立。本部はパリ。

獲得した。そのなかの一つにシャトー・パップ・クレマン[216]が入った。これはボルドーで最も旧い葡萄畑に属しており，14世紀にはボルドー大司教ベルトラン・ドゥ＝ゴ[217]――1305年にはローマ教皇クレメンス5世，そして最初のアヴィニョン教皇となる人――の世俗財産に属したものだ。

　サン＝テミリオンの葡萄畑のシャトーは，100年の苦悩の時を経て，1955年に格付けされ，そのなかの12のシャトーは第1特級[218]，72が特級とされた。新たな分類が検討され，1958年，1969年，1986年に日の目を見た。サンテ＝ミリオンの葡萄栽培部門はほかに数百の所有＝経営者を含んでいる。かれらの活力はジロンド県で一番古い生産者組合を通じて確立される。この組合はワインをよりよく捌くために，ボルドーの最古のワイン商社の一つ，上記のルイ・エシュノエールを掌握したのであった。反対に，河港リブルヌの後背地にあるポムロルやラランド[219]の葡萄畑は常に格付けされたことはなく，AOCを受ける権利を有するのみである。それらのシャトーはボルドー他地域にある荘厳な建築物をもたないが，産するワインはレアで（広くないドメーヌにわずかな量しか生産されない），また高品質である。ポムロルのワインの販売促進は，40年ほど前からシャトー・ペトゥリュス[220]のドメーヌ――ボルドー全体で最も高いワインを産し，ボルドーのネゴシアンの名家，ムエックス家に属する12haほどの葡萄畑で，その代表は2世代にわたって近代画の大収集家でもあった――でおこなわれてきた宣伝に多くを負っている。またジャン＝ピエール・ムエックスの息子の一人[221]はナパ・ヴァレー（カリフォルニア）で自分の葡萄畑を手に入れた。この宣伝の中心人物の一人は，フランスのレストランの大経営者で，マンハッタン支店のオーナーでもあった。この支店にウィンザー公夫妻，ニアルコス家[222]，オナシス家[223]，ケネディ家など第一級の顧客

216　Château Pape Clément. グラーヴ地区ペサックにある赤ワインの銘柄。
217　Bertrand de Got（vers 1264-1314）.
218　premier grand-cru.
219　Lalande de Pomerol. ジロンド県リブルヌ郡の現在人口677人（2013年）のコミューン。
220　Château Petrus. ペトゥリュスは地名。1960年代に前出のジャン＝ピエール・ムエックスが譲り受けた古くからのシャトー。格付けなしではあるが，メッドクのシャトー・ラトゥール，シャトー・ムートン・ロチルドなどを上回るとされるほどの銘醸ワインを産する。
221　クリスティアン・モエックス（1946-）を指す。1982年にナパ・ヴァレーに進出。1991年にメゾン・ジャン＝ピエール・ムエックスの社長となる。

が足を運んだ。かれらはここでシャトー・ペトゥリュス・のワインの味をおぼえたのである。

1855年の格付けの二大受益者の一つであるソーテルヌの葡萄畑——上記アレクシス・リシヌはこれについてさらに，これは「グラーヴの至宝のなかに一つの宝石として嵌め込まれている」と述べている——は，反対に深刻な危機に陥った。1855年の格付けはソーテルヌには12の特級格付け_{グラン・クリュ}，そしてそのうち一つは第1特級格付け_{プルミエ・グラン・クリュ}を認めていたにもかかわらずである。たしかにソーテルヌの葡萄畑は，ソーテルヌと名付けられたカリフォルニア偽造ワインというより，むしろ，いまや「辛口がシックなのであって，甘口は流行らない」と決めつけた美食習慣の革命の犠牲者となったのである。だが，シャトー・ディケムは1787年に，ごく最近にその所有地に居を構えたリュル＝サリュス伯のところに買い付けに来たトーマス・ジェファーソンの宿泊地の一つであった。ソーテルヌ・ワインは緩やかな滅亡寸前にあるといわれる。売価——あまりに高いともいえるのだが——が，機械化ができない収穫技法——この技法は，「貴腐」が理想的な段階に達するのに応じて葡萄収穫者が何度も葡萄畑に足を運ぶということで成り立っている——によって膨れ上がった原価をほとんど賄いきれないからだ。それに，ワイン造りの用語でいえば，生産量と耕作面積の比がひどく効率が悪いものとなっているからだ。ただし，ロチルド家や保険グループのラ・エナンほどの慎重な投資家たちが，ソーテルヌの葡萄畑に進出した。前者は1984年に総面積60 haのシャトー・リィユセック[224]を，後者は1983年にシャトー・ラフォリ＝ペラゲー[225]を取得したのだ。

4. ブランデー

ジル・エネシー（ヘネシー）[226]は今日，同名のメゾンのトップにあっ

222　les Niarchos. ギリシアの大富豪。海運業者，美術収集者，競走馬の馬主・生産主として有名。
223　les Onassis. ギリシアの世界の海運王。
224　Château Rieussec. ソーテルヌ地区ファルグ村にある第1等級格付け（1855年）の老舗のワイン銘柄。
225　Château Lafaurie-Peyraguey. ソーテルヌ地区ボンム村にある第1等級格付け（1855年）の老舗のワイン銘柄。

て，一つの製品[227]とその産業の発展段階——モエ家とシャンドン家との合流を経て——をまるごと体現する一族の 7 代目の代表である。一方，95 ％が輸出向けのこの製品は，フランスのラグジュアリーをあまりに完璧に象徴しているため，レミー・マルタンの代表取締役社長はコルベール委員会の議長になりうるほどであり，また一家族のブランドと名前が会社合併の渦中にあっても無傷のまま存続しうるほどなのである。蒸留酒市場内部における一つの有力なラグジュアリー製品の威信を示すものといってよいが，同時にまた相対的弱点もある。この市場は非常に細分化されており，かつフランスの輸出は，いくぶん押しつぶされそうな状況なのだ。たとえば 1993 年，ヘネシーは 9 リットル箱で 2,600,000 個を販売し，かくして世界で第 30 位の地位にある。一方，第 1 位はバカルディ[228]であり，その売上げはラム酒 20,600,000 箱なのである。また世界の様ざまな種類のウィスキーを合わせると，30,000,000 箱をはるかに超えているのである。

　コニャックというブランデーは 1760 年代から，活発な企業精神を備えた 17 世紀のスコットランドやアイルランドの移民の子孫によってフランスから基本的に大樽単位でイギリス人に売られ，高品質で「ファイン」といわれるところとなった。その子孫のなかにヘネシー家，マルテル家[229]がいて，相場はかれらの間で決められていた。しかしこの世界的に有名な一族のほかにも，それほど大きくはなく，ときに手づくり的な経営をおこなう別の家族もあった。より古いものとしては，「18 世紀起源の高級リキュール・蒸留酒会社の狭いサークル」（ユベール・ボナン[230]）のなかで，1765 年創業のヘネシーに先行して，マルテル（1715 年），レミー・マルタン（1724 年），ロシェ[231]（1705 年）があった。

226　Gilles Hennessy (1946-)．2010 年には LVMH とモエ＝ヘネシーのリーダーの一人であり，LVMH の最大の個人株主ともなっている。第 1 章注 7 を参照。
227　ブランデー，つまりワインの蒸留酒のことを指している。
228　Bacardi．キューバで 1862 年にファクンド・バカルディ＝マッソによって創業されたラム酒の家族経営の製造会社。
229　les Martell．一族は，イギリス領ジャージー島出身のジャン・マルテル（1694 - 1753）が 1715 年にコニャックで立ち上げたブランデーのメゾンから始まる。
230　Hubert Bonin (1950-)．ボルドー大学政治学研究所の経済史家。
231　Rocher．バルテルミー・ロシェがラ・コート＝サン＝タンドレ（フランス南東部のイゼール県のコミューン）で立ち上げた果実蒸留酒（とくにチェリー・ブランデー）のブランド。シェリー・ロシェとして知られる。

サン゠ゴバンやヴァンデルは，一目をおくべき過去に根を下ろした資本主義の，そしてまた家族構造をもつ企業の注目すべき永続化のフランスで唯一の見本ではないことがわかる。

　19世紀半ばにおいてコニャックは極東市場への浸透を開始する。極東は，20世紀末にコニャックを「アジア経済のバロメーター」とするに至る——コニャックより12倍も多く消費されているスコットランド・ウィスキーの強力なロビー活動にもかかわらず——といえた。こうしてヘネシーは，1859年に，1840年以来上海に居留するヨーロッパ人たちに並質のブランデーを配送し始める。1872年は最も高い品質のブランデー，「XO」（=eXtra Old）の最初の配達の年となる。1910年頃，コニャックが男性化効果をもつという性質——中国の食事療法学の固定観念によるもの——をうたう広告キャンペーンによって，販売の加速化が見られる。1920年代には中国で毎年 1,000,000 本のコニャックが売られた。だが1949年に人民共和国が以後30年にわたっていかなる輸入をもさせなくなったのだった。1978年の復活以降，21世紀には中国がこの「資本主義的所有の象徴的飲料」の世界一の市場となりうるだろうと期待する向きもある。

　それまでは日本が群を抜いて——香港，台湾よりはるかに上位——蒸留酒輸入の第1位である。富裕階級はそれをもって成功のシンボルとしたし，この階級はまた，えてして誇示的消費の対象とすべく幅広く取り揃えたラグジュアリー製品のすべてにこの輸入酒を追加する——高関税率にもかかわらず——のである。最初の配送が日本の開国，そして1868年にまで遡るとしても，その飛躍的な増加は1976年のことにすぎない。1991年にフランスから輸出されたコニャック32,000,000万本のうち，20,000,000万本がアジア向けで，さらにそのなかでも日本へは 18,000,000 本——しかも最高品質のものであり，ほとんどがヴェリー・シュピアリア・オールド・ペイル（VSOP）であった——が日本で飲まれた。しかし，相変わらず，一製品の地理的拡大の見通しは，その製品の受容の改善という懸念から切り離されるべきではないだろう。常に食後酒（ディジェスチフ）として勧められてきたコニャックだが，今日ではたとえばシュウェップス[232]，角氷およびライムを付き物にしさえすれば，食前酒（アペリティフ）の外観の下でも差し出されるにちがいない。

たぶんコニャックは，シャンパン以上に，ある程度の味覚文化のみならず，世界的な広がりをもった商品文化とも密接に結びついているように思われる。ジャン・モネ[233]がその著『回想録』のなかの「コニャックでの幼年時代」と題された第2章において見事に想い起こさせたのはまさしくそのことである。モネの父は1897年以来「ワイン醸造組合」という会社を経営していた。この会社は「大手ブランドのほぼ独占的な買い付けを免れたいと考える数百の小規模葡萄栽培者を集めたアントワーヌ・サリニャック[234]という人物のイニシアティヴの下で」1838年に立ち上げられたものであった。父モネは，当時進行中で，生産者のところで直接にボトル詰めをおこなうというかたちの小さな商業革命に参画した。そしてボトルのラベルに「J. G. モネ」という商標を書き込んだ。ジャン・モネは子供ながらに，その家族的メゾンとその取引関係に伴ってできるコンタクトが，コニャックという小都市に完全に沈潜しているものと思われていた地方の会社とよりも，むしろ国際性が強く都会にその名が通っていた会社（ヘネシー，マルテル，イーヌ[235]など）とおこなわれていて，そのコンタクトが商業の需要によって導かれる「出入りの商人にして友人」により絶えず変更されていたという事実に強い印象を受けた。「かれらはイギリス，ドイツ，スカンディナヴィア，アメリカから来ていた。食卓ではほかの人たちが市の事柄について話すように，普通に世界のビジネスについて語っていた」。コニャック——これらのまじめな商人の強迫観念に近い唯一の関心事——を通して「人びとは広大な観察領域」をもって「非常に活発な意見交換」をおこなっていた。そしてその領域は，顧客のもとへの不可欠の訪問旅行によりシンガポールからニューヨークなどにいたるまで延びていった。16歳で山高帽を買い，2年間イギリスのチャップリン[236]——ロンドンにおける父

232　Schweppes. 18世紀末にドイツ人のヨーハン＝ヤーコプ・シュヴェッペによってジュネーヴで始められた炭酸ミネラル・ウォーターが起源。その後イギリスに拠点を移し，世界的に知られる清涼飲料ブランドとなった。
233　Jean Monnet (1888–1979). コニャック生まれの実業家，政治家。ヨーロッパ統合の父の一人として知られる。第7章注87を参照。
234　Antoine Salignac.
235　Hine. イギリス出身のトーマス・ハイン（トマ・イーヌ）によって1763年に立ち上げられたコニャックのメゾン。なお同メゾンは2013年にフランスの持ち株会社EDV SASにより買収された。
236　Chaplin. 映画界のスーパー・スターのチャップリンとは別人と思われる。

の代理人——のところに滞在することから始めて，このビジネスについて学びたいという気持ちを表したジャン・モネは，物質的なものと社会的なものが切り離せない一つの文化の本質そのものを次のように見事に要約している。「コニャックの取引に帰属しているという矜持は……コニャックの世界的需要というよりむしろその製品の品質そのものに起因していた。この需要は品質を裏づけるものであるが，品質の方は，頑固な葡萄栽培者とネゴシアンにより2世紀にわたって維持されてきた自然の恵みと確固たる徳行との類まれな協力のたまものなのであった」。

　ジャン・モネは，自分の研修時代について語るくだりで，過去を顧みながら，ヨーロッパのみならず世界の市民文化の形成のなかでラグジュアリー製品であるコニャックに当然のように与えられうる役割をきわめて明快に分析している。「われわれが販売していた製品は高品質のものであり，それが買い手と売り手の間に，一定の相互の敬意，あるいはもっと正確にいえばこの品質をともに尊重することのうえに立脚した諸関係を育んでいた」。かれはまず，「社会的には閉じているが，職業的には世界に開かれた環境」であるロンドンのシティの事業所を通じて，アングロ=サクソン系の世界に完全に同化することができた。この同化は，イギリスと大英帝国が「自然の活動領域として」つくり上げていたものを考慮すれば，不可欠のことであった。かれはニューヨークからカリフォルニアにいたるまでアメリカ合衆国を訪れ，そこにまたもどるすべを知る必要があることを学ぶ。さらに中国とエジプト——そこでは待つ，説得する必要があることを学ぶ——，スウェーデン，ロシアを訪れるのであった。18歳でかれはハドソン湾会社と重要な商取引を決めた。「われわれは毛皮を必要としていた。毛皮専門漁師はコニャックを好んでいた。……私はウィニペグに赴き顧客を訪ねた。かれらは粗野な人たちだった……が，洗練度このうえないコニャックの味を感じとることができた。かれらはそれが高品質であることを要求したものだ」。若きメゾンであるモネにとって問題は，コニャック地方のほかのすべての葡萄栽培者たちと同様，「できるだけ集積された土地の生産物の一つのためにできるだけ広い市場を征服すること，そしてこの地方的な製品に世界的な販路を与えること」であった。この若き商人はこうして，1914年より前にフランス社会が浸かっていた地方気質やナショナリズムから

逃れたのであった。「私は，ほかの諸国民との関係において，私がそれまで経験していなかった反応を克服するのに努力をする必要は一度もなかった」。

5. アペリティフ

18世紀に最も尊敬すべき会社の一つ[237]が現われたのも，またもやアキテーヌ地方からである。われわれはこの会社に対して，ワイン・リストの不可欠の補完物となった食前酒(アペリティフ)や食後酒(ディジェスティフ)ならびにすべての種類の蒸留酒の産業化された生産の恩を受けている。

さてマリー・ブリザール[238]（1714－1801）の成功はまさしくボルドーに由来する。かの女は1755年にジャン＝バティスト・ロジェ[239]と組んで，アニス酒の製造に身を投じた。事業の家族的継続（今日まで10世代を経てきている）に結びついていたのが後者の名前だとすれば，独特の製品というよりむしろ一つのブランドに長期的に付着したかたちで残ったのは創業者の名前の方である。上記ユベール・ボナンは，今日にいたるまで女性実業家の一人の生活それ自体と社会的上昇を伝説で包んできた企業史叙述のほぼ神話的な性格を十分に明らかにしてくれた。それは18世紀と19世紀に，オベルカンフ[240]と会社を結んだドゥマレーズ夫人[241]から前出のクリコ夫人まで，アルザスの金属工業のドゥ＝ディートゥリシュ夫人[242]まで，あるいはリヨン銀行に関係したモラン＝ポンス夫人[243]にいたるまで，ワイン産業とほかの多くの部門で女性実業家たちが経験したことと同じであった。

237　Marie Brizard. 正式社名は Marie Brizard et Roger International.
238　Marie Brizard. マリーは自家用ブランデーを蒸留する樽職人を父にボルドーで生まれた。
239　Jean-Baptiste Roger（1731-95）.
240　Christophe-Philippe Oberkampf（1738-1815）. 染色工を父にドイツ生まれ，フランスに帰化した捺染綿布の製造業者。ジュイ＝ザン＝ジョザース（パリ西方のイヴリーヌ県）の工場は1785年に王立マニュファクチュールの称号を得て，かれ自身も叙爵した。
241　la veuve Demaraise. ルーアン（ノルマンディ地方）生まれ。オベルカンフの社員ドゥマレーズと結婚する前から同社において重要な仕事をしていた。
242　la veuve De Dietrich. ディートゥリシュは17世紀以降銀行家，金属加工業者として，また政治家として名を馳せたアルザスの産業家の名門。この夫人はフリッツ・ドゥ＝ディートゥリシュの死後，一家の事業を担ったアメリー（1776－1855）を指す。
243　la veuve Morin-Pons. 同名の銀行が1805年に設立された。

第 8 章　ラグジュアリーの消費—食の芸術　205

　実際のところはどうか。マリー・ブリザールというブランドは，ボルドー地方の環境の所産にほかならない。そこではアニス酒，なかでもラム酒と蒸留酒の製造は 18 世紀中頃には普通に知られており，その製造は海軍や植民地貿易——この貿易のなかに豊富に砂糖シロップを見出すとともに——からの強壮剤あるいは栄養剤としての需要に合致していたのだ。家族的環境——というのもマリー・ブリザールの父は樽職人あるいは「大樽大工」の職業に属していたので——もあって，かの女は葡萄畑と小さな蒸留工場を所有していた。一方，かの女の兄はボルドーのリキュール販売の商人であった。さらにこのメゾンが数十のほかのメゾンのかなり上に抜きん出たのには，大いなる創造性をもった販売戦略ということがあった。19 世紀中頃，ボルドー市にはアニス酒やリキュール酒をつくる 30 ほどのほかの製造者がいた。マリー・ブリザールは，1789 年になると，シロン川[244]流域にあるヴィランドゥロー[245]のあるガラス工場を買った。後にかの女はパリのウルス通りとセバストポル大通りの角に自分の店をもった。それからコニャックに一つの支店を設け，シャラント県に葡萄畑を一つ手に入れた。「尽きせぬ活力」を発揮しながら，かの女は自分のブランドであらゆる種類のアルコール飲料や甘味飲料を製造・販売するという原則を採用した。これらの飲料は 2 世紀にわたって最も庶民的なものから最も洗練されたものまでヴァラエティに富んだ消費を充実させてきた。ただし例外はワインであり，この商売には成功しなかった。別の原則は，品質維持政策に背かないこと，そして競争が激しい市場——ベルジェ[246]，ペルノ，リカールといったメゾンから出てくるアニス酒の低価格競争が想起されるところだ——で長期的なブランド・イメージをきずき上げるということだ。マリー・ブリザールはアニス酒から果実リキュールにシフトして，グラン・マルニエ[247]，コワ

244　le Ciron. ガロンヌ河の左岸に注ぐ支流。
245　Villandraut. ジロンド県にある現在人口 994 人（2013 年）のコミューン。
246　Berger. 1823 年にシャルル＝フレデリック・ベルジェがアブサン（＝アプサント，ニガヨモギの蒸留酒）の製造をスイスのヌシャテルで始めたのが起源。現在はパスティスなどで有名。1995 年にマリー・ブリザールの傘下となる
247　Grand Marnier. 1880 年にルイ＝アレクサンドル・マルニエ＝ラポストルがイヴリーヌ県で立ち上げたリキュール・ブランド。

ントゥロー[248]，シェリー・ロシェ[249]，ベネディクティヌ[250]（その工場は1876年にアレクサンドル・ルグラン[251]によってフェカン[252]に設立された）のような製品，あるいはウジェーヌ・キュズニエ[253]によって設立された会社などの強力なメゾンとの競争に打ち勝とうとした。ウジェーヌ・キュズニエの方は果物の豊富なフランシュ＝コンテ地方のオルナン[254]に1857年に蒸留工場を設立した。そこではキルシュ（サンクランボ）とアブサン（ニガヨモギ）をベースにしたリキュールが製造された。さらにキュズニエはパリのヴォルテール大通り226番地に本社を設け，そこに1871年に第2の工場を建てた。またほかの工場がフランスとベルギーにつくられた。1976年にウジェーヌ・キュズニエはペルノ＝リカールに吸収された。

さてマリー・ブリザールは19世紀末に正面突撃のかたちで大手のメゾンと競争したいと考え，コニャックに手を染めた。さらに1920年頃ラム酒（チャールストン[255]），次いでジン（オールド・レイディズ[256]）にも乗り出した。甘口リキュールの方では商品幅を多様化しつつ，ブリザールは最近ブルゴーニュのメゾンであるヴェドゥレンヌ[257]を支配下におき（1988年），アイのフィリポナ[258]（1987年），ランスの大手のシャンパン・メゾン——アベル・ルピートゥル[259]とジョルジュ・グーレ[260]——（1989年）を買収して，シャンパンをも

---

[248] Cointreau. 1875年にエドゥアール・コワントゥローがアンジェ（メーヌ＝エ＝ロワール県）で立ち上げたリキュール・ブランド。1991年にレミー・マルタンと合併してレミー＝コワントゥローとなる。
[249] Cherry Rocher.
[250] Bénédictine. 1863年に創業した食後酒のブランド。
[251] Alexandre Legrand（1830–98）. ネゴシアン。フェカン大修道院付属図書館で見つけた本をヒントに薬草やハーブからつくるレシピでリキュールを発明した。
[252] Fécamp. セーヌ＝マリティム県（ノルマンディ地方）にある現在人口1,286人（2013年）のコミューン。
[253] Eugène Cusenier. 同名の蒸留酒ブランドの創業者はウジェーヌ・キュズニエ（1832–94）。
[254] Ornans. フランス東部のドゥ県にある現在人口4,377人（2013年）のコミューン。
[255] Charleston.
[256] Old Lady's.
[257] Védrenne. 1923年にニュイ＝サン＝ジョルジュ（ブルゴーニュ地方）で創業。現在，持ち株会社ルノー・コワントゥロー（上記レミー＝コワントゥローとは別会社）の傘下にある。
[258] Philiponnat. 16世紀まで遡ることのできる老舗のシャンパン・メゾン。
[259] Abel Lepitre. 1924年にアベル・ルピートゥル（1900–40）が創業したシャンパン・メゾン。
[260] Georges Goulet. 1834年にジョルジュ・グーレが立ち上げたシャンパンのメゾン。現在はヴーヴ・

第 8 章　ラグジュアリーの消費―食の芸術　207

手がけた。他方，シロップ（ピュルコ[261]）の方にもかの女の関与が見られる。

　以上に劣らずかの女の世界市場の征服政策の方も，植民地帝国，アメリカ大陸，アフリカ，アジアにおいて，そしてもちろんヨーロッパにおいても，今日にいたるまで注目すべき，粘り強いものとなる。ただしヨーロッパの場合には，ボルス[262]との間で見られたようないくつかの競争にぶつかった。ボルスは実際，文化の差異やスペインのような国で逆に大きな財産を約束される製品の拒絶にこだわっているのだ。ブリザールにおいては製造の現地移転も含めて，あらゆる市場浸透の技法が駆使されることになる。まさに「国内の人材採用のための養成所を維持すること」に成功した名家，多様な商業ノウハウにあふれた会社にほかならない。「ボルドーの大商業の伝統のなかで」経営指導部は世界市場を征服し，保持するすべを知っていたのだ。

6. 美食とのシナジー

　美食の洗練化のもう一つの領域は高級砂糖菓子だ。パイオニアの一人はロワイヤ[263]の糖菓製造者の娘，クレマンティーヌ・ブーシェ[264]であった。かの女は 1884 年に同市内にチョコレート工場を建てた。製造に関しては夫の支援を受けて，かの女は宣伝を担当した。ロワイヤとヴィシーにある店舗での販売とは別に，かの女の高級チョコレートはカタログによる通信販売で売られた。ヴィシーではとくに，近くにあるランダン城[265]の所有者であるパリ伯爵夫人[266]の愛顧を得た。1898 年に「ア・ラ・マルキーズ・ドゥ・セヴィニェ[267]」

　　クリコの所有。
261　Pulco. 1971 年にマリー・ブリザールとラリがレモン・ジュースとアニス酒からつくったクレスカという飲料が，1973 年にピュルコというブランドで発売された。現在はオランジーナ・シュウェップスの傘下にある。日本ではプルコとよばれている。
262　Bols. 1575 年にオランダのアムステルダムでボルス家が創業したリキュール・ブランド。
263　Royat. フランス中部のピュイ＝ドゥ＝ドーム県（オーヴェルニュ地方）にある現在人口 4,688 人（2013 年）のコミューン。湯治場として知られる。
264　Clémentine Bouchet.
265　Château de Randan. 16 世紀に建てられた城。1821 年に国王ルイ＝フィリップ・ドルレアンが取得し，その後長く王室財産であった。
266　la comtesse de Paris. パリ伯はフィリップ・ドルレアン（1838－94）が当時有した称号。その夫人。
267　À la Marquise de Sévigné. セヴィニェ夫人（1626－96）の別荘にちなんで命名。

という営業標章を選んだ。1900 年と 1914 年の間にかの女は 11 の店舗を新たに開設し，そのうちの 2 つはパリのマドゥレーヌ寺院の近くであった。1935 年にローマ教皇ピウス 11 世に接見を許されて，その際 1 箱のチョコレートを贈った。

　もっと一般的にいえば，美食全体がアルコール飲料のラグジュアリーと一つになる。この 2 つのパートナーは，たとえばアルマニャックとフォワグラの間の結びつきが証明するように，フランスでは産地と密接に共示されるのである。この拡大は，消費に関して矛盾した 2 つの傾向の間で引き裂かれた社会に関わってくる。すなわち一方は，所得不足という明白な理由から高価でない製品の追求と「ディスカウント」販売に向かう傾向，もう一方は質の追究を賞讃する傾向——日常生活の洗練性に対する嗜好，ダイエット，エコロジー，さらに伝統的農村文明の保持，いままさに蘇らせられている地方的アイデンティティと結びついたそのノウハウに由来する新しい遺産形態に対する文化的関心といったものの間で思いがけない収斂が生じているなかで，より少なく，しかしよりよく飲み，食するというもの——がこれである。

　本当のところ，美食製品市場の発展は，早い時期からワインの輸出取引と結びついていた。ボルドーの諸メゾンの優れた目利きであるポール・ビュテル[268] は，前出のメゾン・クロスマンのウクライナ人顧客の例を引用している。この顧客は 19 世紀中頃からワインの注文に，ボルドーのロデル[269] の店で取り寄せるべき高級食料品について一連の注文をくっつけているのである。すなわち，

「アーティチョーク，アスパラガス，セロリ，ガランティーヌ，鶏のトリュフ詰め，トリュフ入り牡蠣，オイル付けロブスター，プロヴァンス風タラ料理，トリュフ詰めズアオホオジロ，トゥルーズ産鴨のトリュフ入りレバーペースト，トリュフ入りウナギ・ペースト，トリュフ入りサーモン・ペースト，ハムと鳥肉，ゆで栗，オイル・サーディン，瓶詰めトリュフ」

268　Paul Butel（1932-2015）．近世史家。元ボルドー第 3 大学教授。
269　Rodel．おそらく Rödel．1824 年にボルドーに最初に創業した船員用の魚の缶詰の会社が起源である。

がこれであった。

　まさしくここに美食がワインの付随物であることがわかる。ワイン——高級品消費の文字どおりのリーダーにしてモーターである——の歴史は，結局，美食とワインをラグジュアリー製品の最も完全なパラダイムの一つとして示している。それを確信するために，ボルドーの特級格付けワインが国内市場・国際市場に出現した条件を想い起こしてみよう。それは3世紀前に裕福で，開明的でかつ企業精神のあるエリート所有者たちの努力によって始まった。かれらは観察を経験に結びつけ，リスクを負う覚悟をもって，いくつかのワイン用葡萄産地の個別的な適性を発見し，大洋とジロンド河口部（エスチュアリー）との間の微気候（ミクロクリマ）に最適の葡萄品種を選別した。そしてそこからでき上がった製品はその芳醇さと長期保存性によって卓越していたのであった。かれらは栽培条件に加えて，葡萄果汁のアルコール発酵とワイン熟成のための条件を定めた。そして優れたワイン生産年度（ミレジム）の複雑さを専門家として評価することができる特権的愛好者集団を集めることができたのだ。

　その次に仲買人とネゴシアンの役割が来る。前者は反駁できないワイン鑑定人であり，値付けを通して品質基準と特色の安定を確立した。後者は仲買人の判断に忠実に従って，信用供与者，ワイン熟成者，販売と顧客開拓を通じた市場創出者の三重の機能を果たした。

　顧客サイドでは，複雑な一つの進化がはっきりと現われた。高級ボルドー・ワインの消費は，それまで普通に行動していた最も裕福な買い手のサークルから出て，とくに立派なカーヴやソムリエのサービスを具えたレストランに通うことを通じてワイン通になった愛好者からなる，もっと広範なフリ（一見（いちげん））の顧客へと拡大したのである。より最近では，消費は，格付けワインを薄利で販売するという大型小売店がとるやり方が普通になってきて，率直にいって大衆化された。こうして格付けワインは手に届くラグジュアリーの様相を帯びたのである。所有者の直接販売は，立ち寄った客相手であれ通信販売であれ，とりあえずは同じ方向に動いている。

　だがこうした大衆化は，明確に逆説的とはいえないまでも注目すべきしかたで，製品の質を維持あるいは増大させようとする繰り返しの努力に伴って起こっている。一定数のドメーヌ所有者の手のなかに，栽培，アルコール発酵，

熟成および少なくとも部分的な販売が集中しているというのは，科学的，技術的，あるいは不動産への投資と同時代のものだ。こうした投資が，流通回路の短縮化を通じて価格に一定のはたらきかけをおこなうことを可能にすると同時に，ときに低下することもあった品質のスタンダードの回復とより際立った製品の個性化を保証するのである。市場について常に起こりうる変動や不意打ちのことは措くとして，ここでは結論として，ボルドーの特級格付けワインはかつて以上にラグジュアリー製品となった，しかしそれはまた市場の社会的拡大の過程——この種のワインに，少なくとも銘柄の一部については特権階級の目印という意味を失わせつつも，個人的な憧れの充足の意味をだんだんと与えている——においてその定義を維持しているといえよう。

第9章

ラグジュアリーの消費―住居

　19世紀の遅い時期まで，建築は，住宅生産全体に開かれるまで，もっぱら芸術としてとどまっており，その結果，ラグジュアリーと直接の関係を維持していた。ラグジュアリーの表現の一つを与えることが建築の属性であった。ラグジュアリーは建築を育むのである。ベルエポックや「1930年代」の建築にいたるまで，フォーブール・サン゠ジェルマンからサン゠ジョルジュ街区，プレーヌ・モンソー，16区，ヌイイ[1]そしてブーローニュにいたるまで，18世紀に王族，名門貴族，実業界，自由業者，芸術家の顧客と，少なくとも一定のカテゴリーの建築業との間にしっかりと確立されていた絆が続いている。第二帝政から戦間期までなおブーウェンス父子[2]やロベール・マレ゠ステヴァンスが体現する関係である。

1. 私邸でのラグジュアリー

　玄関ホールとていねいに装飾を施された階段に続く控えの間(アンティシャンブル)と応接間(サロン)は，アンシアン・レジーム以来，ラグジュアリーと社会的地位を表す空間であり，数多くの召使いの手助けがいること，訪問客の流れの大きさを示すものである。フランス革命から1世紀後にも，どんなに控えめなアパルトマン（労働者の住居の場合はともかくとして）の平面図も，家族生活の親密な関係を護り，中流階級の外観に対する願望を表すための空間のかたちで――たとえ限られた空間

1　Neuilly-sur-Seine. パリ西郊オー゠ドゥ゠セーヌ県にある現在人口62,346人（2013年）のコミューン。
2　Bouwens pére et fils. William Oscar Wilford Bouwens van der Boijen（1834-1907）はオランダ生まれで1868年にフランスに帰化した建築家。息子はリシャール（1863 - 1939）。
3　Monique Eleb-Vidal（1945-）. 社会学者。個人家屋建築の専門家。

であっても——上記の形跡を保つことになる。

　モニク・エレブ＝ヴィダル[3] が述べるところによれば，19 世紀末に，とくに豪勢な装飾と手の込んだ仕上げの天井で際立った「それ自体応接の場である控えの間兼回廊(ギャルリー)」が出現し，それに「サロンと豪奢な空間」が通じていた。

　19 世紀の贅沢な住居では，次第に洗練され優雅になっていく生活様式，そして政財界や社交界のエリートたちの新しい社交の重要な部分となる豪華なレセプションの数の増加に応じて，サロンの数は多くなる傾向にさえある。すなわち，ビリヤード室，音楽室，舞踏室，ゲーム室，喫煙室，閨房，中国部屋あるいは日本部屋，等々である。また私邸に冬の庭園が付け加わることによって斬新性が与えられる。つまりはレセプションの場に転換可能な温室がこれであり，その建築は万博（とくにロンドン万博）に着想を得ており，邸宅の一般的な外観に独自の粋を具えた現代風の技法の趣をもち込んだのである。この様式は控えめながらやがてボウ・ウィンドウズ[4] に伝えられるはずだ。キッチンは，ラグジュアリーというよりむしろ快適さの要素であるが，19 世紀にはブルジョワのアパルトマン，次いで庶民の住居の全体にまで広がった。しかし城館，大邸宅ないしは私邸と結びついたその起源のなかから，最も豊かな住居においては，キッチンに質の高い設備としての威厳のある意味を与え，住居内の様々な技術的機能を満たす付属品を付与するという習慣が生き残る。

　19 世紀末および 20 世紀初めには，建物の室内・室外装飾を引き立たせるための新たな資材の出現を見た。この素材は裕福な顧客の屋敷を装飾するためだけに使われたわけではないにしても，多くの点でラグジュアリーの歴史の要素となる。セラミック産業の一部門がまるごとその好例を提供する。すなわち，ボーヴェ，ル・クルゾー地域，とりわけデーヴル[5]（パ＝ドゥ＝カレ県）で生産された建築用の釉薬タイル，彩色タイル，装飾タイルの部門がこれである。1867 年，そしてとくに 1878 年の万博によって広く知られるようになったこの製品は，ソーヴェストゥル[6] やセディーユ[7] といった大建築家によってふんだ

4　bow windows. 同じサイズの窓を三面以上組み合わせて弓形につくった出窓。
5　Desvres. 現在人口 5,094 人（2013 年）のコミューン。
6　Stephen Sauvestre (1847-1919). パリ万博のパヴィリオンや有名な私邸の建築で知られる建築家。
7　Paul Sédille (1836-1900). プランタン百貨店の再建などで有名な建築家，建築学者。

んに使用された。かれらは，有名な技師（ギュスターヴ・エフェル[8]のような）との協同作業に関しても，産業的に生産される資材——事実上のプレハブ資材であるが，耐性が著しく強く高品質であり，私邸に明るく生きいきした色調をもたらす——に関しても，何ら偏見を抱かなかったのである。

　デーヴルでは，シャルル・フルマントゥロー[9]が建物の外壁や商店の装飾用に，1900-1914年代に施釉精陶器タイル（ファイアンス・フィーヌ）を生産し，これを豪華な彩色カタログで顧客に呈示する。1920年代には，屋外に置くものとして，「高熱炻器（せっき）」とよばれる高温で焼いた（1,200度で施釉（せゆう）した）炻器をつくり上げた。厚さ15mmの炻器は大理石よりも寒さと衝撃に強い。1925年の装飾芸術万国博覧会（アール・デコラティフ）においてラグジュアリー製品として出展されたこの炻器は，同じ年にこの目的で造られた新規の工場で生産されることになる。1930年代にこのようなタイルが，駅舎，郵便局，あるいは安価住宅に見出されるとしても，高級ホテル，美食レストラン（リールのリュイトゥリエール[10]），パリのロンドン通りにあるオー゠ドゥ゠ヴァル[11]の建物のきわめて多様な彩色と高品質の琺瑯（エナメル）がけにも見とれてしまうのである。ほかの種類の建物のなかには，ムーア風のタイル，手描きのタイルが見える。

　有名建築家の下絵から出てくるブルジョワ的ないし貴族的な住居の装飾に向かう誇示的なラグジュアリーと，個人的な充足感（それ自体も誇示的誘惑にさらされるのであるが）と結びついた，同じ住居の室内改造という家庭内のラグジュアリーの間には壁の厚さしかないというのは，月並みな言い方であろう。だがこの壁の内側を石膏層で覆うという習慣は湿気を外部に押しやることに寄与し，かくしてそのなめらかな面のうえに装飾への応用の場を提供するだろうと想起させるとすれば，これはもう月並みではない。

　こうした装飾は18世紀に一つの革命を経験する。壁紙の革命だ。この分野でもまた，ラグジュアリーの多様化と大衆化とが同時に表れる。技法，顧客および嗜好に起こる一連の付随的な変化が一製品の定義のもととなり，この製品

8　Gustave Eiffel（1832-1923）．エッフェル塔（1889年完成）の建築者として有名。
9　Charles Fourmaintraux.
10　À L'Huîtrière. 1906年創業の牡蠣・魚介類を出す有名レストラン。2016年2月に閉店。
11　Eaux de Vals. フランスの発泡ミネラル・ウォーターの一つ。フランス南部アルデシュ県の現在人口3,455人（2013年）のコミューン，ヴァル゠レ゠バンにある。

の品質は決して他の追随をゆるさなかった。

　フランスの壁紙の国際的な優位の時代は1770年から1840年にかけてであると，ベルナール・ジャケ[12]は述べている。この成功は，技法（板状木材への捺染の技法）や顧客（「中産的」ブルジョワジーの顧客）と，この階級の嗜好をすっかり満たすようなモデルをつくる創造性との間の完全な一致によって説明される。いまや壁紙は，相対的にほどよい価格で，絹の装飾布をしのいでいる。その新鮮さと優雅さのおかげで様々な部屋の機能に適した，無限のモチーフを使うことができるようになったためである。フォーブール・サン＝トノレ，リヨンおよびリクサイム[13]（ミュルーズの近く）は，高い熟練度をもった労働力と嗜好のどんな進化にも注意を怠らないデザイナーと装飾画家——たとえば1792年までゴブラン工場で働き，その後リクサイムのマニュファクチュールに画家として招聘されたマレーヌ（1745‐1809）[14]という人物を想起すべきである——のチームの力を得てその生産を支配している。こうして1900年まで，そしてそれ以降まで（フランスの輸出のそれ以前の後退にもかかわらず）生き残ったこの製品のアイデアが国際市場において認められたはずであった。

　1789年の大革命前夜まで，パリにあったジャン＝バティスト・レヴェイヨン[15]のマニュファクチュールはその壁紙の質の見事さと雇用人員の多さの点で最も有名であった。他方，革命前の時期にパリの民衆騒乱のなかでそこの労働者が果たした役割は名声の高揚に貢献した。だが，おそらくわれわれは，このマニュファクチュールが記録文書の保存のおかげで，壁紙の製造と販売に携わるも名前のわからない47の同業者たち（1788年の『パリ年鑑』）よりもよく知られているということをもって，その地位を過大に評価する傾向にある。総裁政府の下では，レヴェイヨンの後継者であるジャックマール・エ・ベナール[16]はたぶんロベール・エ・コンパニー[17]に凌駕されていた。

12　Bernard Jacqué. オート‐アルザス大学准教授。壁紙の歴史に詳しい。
13　Rixheim. フランス北東部オー＝ラン県の現在人口13,750人（2013年）のコミューン。
14　Joseph-Laurent Malaine.
15　Jean-Baptiste Réveillon（1725-1811）. 初めて熱気球で飛んだ一人としても知られる。
16　Jacquemart et Bénard. 1791年から（1809年まで）ピエール・ジャックマール（1737‐1804）とウジェーヌ・ベナールがレヴェイヨンのマニュファクチュールを継承した。

いずれにしてもなお非常に重要であり，高級品を生産する壁紙産業は，19世紀前半においてもコンスタントな技術改善能力を示している。数十の特許登録，ならびにその主要な市場をアメリカ合衆国に見出す——逆にイギリスとヨーロッパ大陸諸国では保護主義にぶつかりつつ——生産の強い推進力がその証しである。モチーフは流行とともに継承される。1780年からは次第に大型の花瓶がモチーフとして固まっていく。それからアラベスク風のモチーフ，さらにはマレーヌやルドゥテ（1759-1840）[18] によって流行を見た，あらゆる種類の壁紙に沿って，あるいは壁まるごとに施されたきわめて自然主義的なタッチの花々など。バラが1840年頃から長きにわたって勝利する前に，虹色の壁紙が出現する。これは1820年頃ジャン・ジュベール[19] の義弟であるジャン・スペルラン[20] によりリクサイムで作り上げられたものである。ナポレオン1世以来フランスの諸宮殿を再び飾ってきた絹製の室内装飾布の影響下で，新古典派芸術——建築や彫刻——，次いで折衷主義から借用した装飾モチーフにも人気が出る。だが間違いなく壁紙の真のラグジュアリーは「パノラマ」壁紙を通して表現される。たとえばオベルカンフがジュイ＝ザン＝ジョザースのマニュファクチュールの作品をインド更紗の布地にプリントしたようなものに多少似ている。一つの部屋のすべての壁に連続して広げられ，多かれ少なかれエキゾチックな自然風景ないしは記念建造物を表すこれらの室内装飾は，19世紀の前半はリクサイムのマニュファクチュールのために数多くデザインされた。そしてそれらは今日でもリクサイムの壁紙美術館の見事なコレクションに収められている。

　私生活におけるラグジュアリーは，もちろん，富裕層の邸宅を満たしている家具，装飾品，装飾工芸品ないし美術品の歴史全体を通して研究されなければならないだろう。だがここでは単に，18世紀末に屋内と屋外の間に有機的な関係が確立されるという点を指摘しておこう。それは建築家のなかから装飾デザインを引き受けるという習慣が生まれたことの結果である。たとえばナポレ

17　Robert et Cie.
18　Pierre-Joseph Redouté. ベルギー生まれのフランスの水彩画家，植物学者。
19　Jean Zuber (1773-1852). ミュルーズ生まれのアルザスの産業家。1797年にジュベール＆コンパニーという壁紙のマニュファクチュールを設立。
20　Jean Spoerlin (1747-1803). ミュルーズの牧師。哲学者。

オン時代の公認建築家であるペルシエやフォンテーヌ[21]は，サロンや部屋の調度品を創造するのである。1798年から，ペルシエはショセ・ダンタン[22]のレカミエ[23]邸にその実例を提供している。

2. 都市におけるラグジュアリーな住居

19世紀後半以降，パリのみならず地方の中核都市，たとえば力強い工業化の段階を刻印された都市，あるいはオスマン様式ならびにポスト・オスマン様式[24]の新しい着想と連携した都市では，資産家の上層に属する社会グループの住居は，拡大と個性化を経験した。それは都市環境に独自の，永続的な，かつ当該街区全体に拡がることもある痕跡を刻印した。この領域で支配的な現象は間違いなく私邸の意味の変化と増加という現象である。

私邸はフランス革命まで貴族の邸宅の目印であった。生まれながらの貴族，帯剣貴族，法服貴族，金権貴族の階級は，とくにパリで17世紀以降，セーヌ河の両岸の市外区(フォーブール)（サン=ジェルマンやサン=トノレ）など旧市街の縁辺に数百の見本となるモデルを再生産してきていたのだ。屋敷それ自体をその前庭や庭園と結びつけた一つの空間消費モデルであり，そのさまはあたかも農村部にある貴族の邸宅が，少し小さくはなっているが，都市組織のなかに入り込もうとしているかのようである。上記の市外区は19世紀においては，大革命の衝撃にもかかわらず，依然として貴族の高密集地を保護する邸宅と庭園の絡まり合いによって特徴づけられる。パリの社交クラブやサークルのなかで最も貴族的なジョケ・クルブ（ジョッキー・クラブ）[25]のメンバーの住居に関するあ

21　Pierre-François-Léonard Fontaine（1762-1853）．フランスの新古典派の建築家，室内装飾家。
22　Chaussée-d'Antin．パリ9区にある通り。
23　Juliette Récamier（1777-1849）．通称レカミエ夫人。美貌と才知をうたわれ，フランスの文人・政治家のサロンの花形となった。
24　Georges-Eugène Haussmann（1809-91）．第二帝政下，セーヌ県知事としてパリの都市改造計画を遂行。建築様式としてオスマン様式，ポスト・オスマン様式がある。前者は建築にも都市計画上の規制を優先したのに対して，1880年代以降これに反対して屋根組みや装飾などの点でより自由な発想で建築をおこなう後者の様式が出てくる。
25　Jockey-Club. 1834年にパリのラブレー通り2番地に競馬会として設立されたフランスで最も金持ちのクラブの一つ。現在のメンバーは1,150人で貴族，産業ブルジョワジーが中心。

る研究によれば，その住居は19世紀中頃から20世紀中頃にかけて，パリの9区，7区および8区から16区，ヌイイおよびサン゠ジェルマン゠アン゠レー[26]の森の周辺部に移動したという。より最近の財産によるエリート，とくに実業ブルジョワジーを自らの後ろに引き寄せた伝統的な社会的エリートによる品位ある街区の印づけに言及するのに，「空間的ブランド・マーク」という言葉を口にすることもありえた。

住居のラグジュアリーについて最も極端な概念をつくり上げたのは貴族自身である。クロード゠イザベル・ブルロ[27]が強調したように，フランス諸王自身のやり方に倣って巡回ないし移動をおこなったアンシアン・レジームの貴族は，すでに二重の住居（都市／農村あるいは地方／パリ）をそのアイデンティティの基本的属性，社会的差異のしるしにしていた。19世紀には有力家族はさらに進んで，マルチレジデンス（多重居住）を実践した。一つまたは複数の城館，一つまたは複数の都市の邸宅，さらにもちろん海や山，ドーヴィル[28]やカンヌなどの粋な保養地での別荘暮らし，厩舎あるいはヨットも忘れてはいけない。いろいろなところに姿を現すのは最も完成したラグジュアリーの形態ということであろうか。固定したただ一つの住所の所有ないしその使用はそこから逆にほとんど貧困の暗示的意味となるのだ。

復古王政期から——しかし第二帝政期からははるかにもっと大々的に——いまのパリ9区（当時は非常に人気があった）のいくつかの街区では，私邸は，著しく人口が拡大した首都での，きちんと直線的に配置され，より広く幅を決められた新しい大通りとより密接に関係する土地獲得の条件に理性をもって従うという方向に進化する。この大通りに沿って私邸は隣接し合うファサードを連続させて見せているか，美しい建築的格調をもつ新しい高級マンションの間に挿入されるのである。このような進化は，そこでもまた，ラグジュアリーの一種の大衆化，以前は特権者のために取っておかれていたライフ・スタイルの

26　Saint-Germain-en-Laye. パリ西郊，イヴリーヌ県の同名の郡庁都市。現在人口39,547人（2013年）のコミューン。
27　Claude-Isabelle Brelot（1943-）. リヨン第2大学名誉教授。現代史専攻。19世紀のフランシュ゠コンテの貴族についての著作などがある
28　Deauville. フランス北西部のカルヴァドス県（ノルマンディ地方）にある現在人口3,740人（2013年）のコミューン。海水浴場，カジノ，競馬場がある。

数千の富裕ブルジョワへのシフトを説明する。だがこの進化はまた，新たに都市化されたエリアへの最富裕階級のより際立った，ほぼ階級分離的な結集に向かう傾向をも説明している。そしてそのエリアはこれらの階級自身によって，その地のそれなりの歴史に応じて，またしばしばかれらの社会的地位に合った威信ある価値に応じて影響を受けているのである。産業ブルジョワジーの数的，物的な力はこの進化に大いに関係している。ブルジョワたちは，19世紀の早い時期から，パリの内部はもとよりほかのどんな工業都市内においても，またパリと地方の間で，居住地と事業本部の分離を実践してきたのであった。だが再編されたアンシアン・レジームの貴族や新規の貴族もこの邸宅の開花時に不活発だったわけでは毛頭ない。これらの邸宅は，様ざまな着想と立地に応じてであるが，私的または社会的な生活の同じ必要に応えることを常に目的としたからだ。最も古くからの貴族が示しているフォーブール・サン＝ジェルマンへの執着，そしてときに解決できないような城館保持の難しさ——不文法により当該家族が平民ないし外国人への売却することが排除されている——にもかかわらず，8区，16区および17区における貴族の住所は多かったし，いまなおそうである。

　ともあれ私邸は多様化し，出資者が王侯の地位の人であるか，あるいは単に金利収入のあるブルジョワジーの人であるかによって多数のカテゴリーに序列化される。市場の増大に伴って起こるこの再分割は，かなり多くの建築家——しばしば事実上の名家に属するが，小規模生産か大規模生産に特化する場合もあり，あれこれのカテゴリーの顧客へのサービスに応じる——に仕事を与えた。こうして19世紀は，すでに18世紀から建築家とその顧客の間で定着していたきわめて複雑なタイプの関係——当事者間でなお不安定であった権威と社会的地位の序列のなかで，嗜好の問題と資金の間で揺れていた——を確固たるものとした。ミシェル・ガレのいうところでは，イニゴー・ジョーンズ[29]とその後継者たちによってイギリスで流行らされたパラディオ主義[30]をフラン

29　Inigo Jones（1573-1652）．イギリスの最初の建築家といわれ，イタリア・ルネサンスの建築様式を本国に伝えた．

30　palladianisme．イタリアのパドヴァ生まれの建築家アンドレーア・パッラーディオ（1508‐80）を規範とするイギリスの建築様式．古代ギリシア・ローマの公式の神殿建築様式の対称性，奥行き，価値観に倣うもの．

スに導入した人で，アル＝ケ＝スナン[31]の産業ユートピア建設案と総括徴税請負団の壁[32]の入市税徴収棟の作成者であるクロード＝ニコラ・ルドゥー[33]は，同時にまた1765年以降「フォーブール・ポワソニエール[34]とショセ・ダンタンをかれのつくった建物でいっぱいにした社交界好きの建築家」ともなった。ルドゥーはまた自分の職業の投機的な実践にも道を開き，ほどなくルノワールやブロンニヤールのような何人かの同業者がこれに続いた。つまり「かれは好位置にある土地の所有ないし処分権は建築家にとって資本家にそこに家を建てる決心をさせる最良の手段であることを知っていた」。かれは1775年にユニヴェルシテ通り[35] 58番地に追加の建物を建設するのに自分の貯金を投下するのに躊躇しなかったのである。これらのメカニズムは，パリのセーヌ河左岸において前オスマン様式時代に貴族・ブルジョワの顧客に向けられていた一連の画地分譲全体を特徴づける開発事業——道路と建物が一体となったもの——に際しても再び現れるはずだ。

19世紀後半に関しては，ある未刊の研究（ジャン＝リュック・ボーデュアン[36]，1983年）が上記ブーウェンス＝ヴァン＝デル＝ボワジャン父子のウィリアムとリシャールに正しく注意を喚起している。オランダで財務高級官僚の息子として生まれたウィリアムはメヘレン[37]市助役の旧家の貴族位を引き継いでいた。そして母が建築家のレオン・ヴォードワイエ[38]と再婚したことでパリ市民となった。そののちパリ美術学校にあるこの義父の工房ならびにラブルース[39]の工房を頻繁に訪れたはずだ。ウィリアムはまずパリ市の役人とな

31　Arc-et-Senans. フランス東部ドゥ県（フランシュ＝コンテ地方）にある現在人口1,562人（2013年）のコミューン。かつての王立製塩所があり世界遺産となっている。
32　パリの防御のための市壁ではなく，パリに入る商品に入市税を徴収するための市壁であり，1785-88年に建設され，1860年に壊された。
33　Claude-Nicolas Ledoux（1736-1806）. パリ生まれの建築家，新古典派建築様式の創立者の一人。
34　le faubourg Poissonière. パリの現在の9区，10区にまたがる旧市外区。
35　パリ7区にある2,785 mの通り。
36　Jean-Luc Bauduin.
37　Malines（Mechelen）. ベルギー北部，アントウェルペン州の商工業都市。
38　Léon Vaudoyer（1803-72）. パリ生まれの建築家，建築史研究者。マルセイユの大聖堂の建築に関わった。
39　Henri Labrousse（1801-75）. パリ生まれの建築家。パリのサント＝ジュヌヴィエーヌ図書館，国立図書館の建築に関わった。

り，市民建造物総評議会のメンバーに就任した。この資格でかれは，1860年代初めに，新たに合併されてできたパリ16区にあるオートゥイユ通り[40]とエトワール広場の街区整備計画の作成を担当したのである。この機会にかれはフランクフルト＝アム＝マイン出身で鉄道諸会社のみならずオートゥイユ街区の分譲地にも非常に積極的に投機をおこなう金融資本家エルランジェ男爵[41]の保護と友誼を得た。ウィリアムは同じ頃同じくフランクフルト＝アム＝マイン出身の銀行一家ショット[42]の娘と結婚した。これによりかれの後の経歴と無関係でない環境が生じた。1863年にはいきなり国際的な大資本家階級——パリは年ごとにだんだんとこの世界の，とりわけドイツ起源のユダヤ人大手銀行家のヨーロッパ第一の中心地となりつつあった——のために自己の才能を役立てつつ，その活動を建築業の方に向けたからだ。

　こうして父ブーウェンスは大手銀行家のひいきの地であるシャンゼリゼとモンソー公園を中心にパリ8区の主要建築家の一人となった。かれの最初の仕事（1865年）が9区——ショセ・ダンタンの延長線上にあって，19世紀前半には当時のパリ(トウ)の名士(パリ)たちの居住空間となっていた——のテブー通り20番地のエルランジェ男爵の邸宅（久しい前から壊されているが）だったにせよ，ブーウェンスとその顧客はやがて8区を選択していくのであった。

　1867年になるとウィリアム・ブーウェンスはモンソー通り47番地にウジェーヌ・ペレール[43]の邸宅（1960年には消失）を建築する。そこには近代第一級の私邸の重要な諸要素がすでに示されていた。すなわち1階には食堂，温室，小サロン（応接間），大サロン，喫煙室が設えられ，ファサードには当時の折衷主義的趣味のなかでとくに選り好みをされていたルネサンス様式から着想を得た過剰装飾に対する一定の嗜好があった。同じモンソー通り23番地にある銀行家カーン[44]（同じくフランクフルト＝アム＝マインの金融界出身）のための別の邸宅（1868年）は，一階に食堂，サロン，閨房，温室をおいた。実際には，屋内の配置は，もちろん利用可能な面積によって変わるが，他方，文

40　la rue d'Auteuil.
41　le baron Frédéric Émile d'Erlanger (1832-1911). ドイツのユダヤ系両替商の家系。
42　Schott.
43　Eugène Pereire (1831-1908). フランスの技師，金融資本家，政治家。
44　Maurice Kann.

字どおり文化的な豪奢の誇示に充てられる空間のうち私生活または社会生活におかれる比重に応じて変わっていくのだ。

1874年，父ブーウェンスはシャンゼリゼ大通り140番地に，1850年以降パリに居住する，マインツ出身のユダヤ系銀行家の一門——上記エルランジェ男爵と縁戚関係にある——出身のフェルディナン・ビショフサイム[45]のために大きな邸宅を完成させる。そこには1階にビリヤード室があり，2階と3階には画廊が広がって3階には円形の演壇がついていた。2階は温室付き食堂，大小2つのサロンがあった。これらにさらに1階から3階にいたるまで，それぞれの調度品を具えた諸々の部屋が付け加えられていた。4階には10の使用人部屋，中庭の奥の大きな建物には8台の馬車用の車庫，馬用の8つの馬房，上の階には御者用の6つの部屋があった。

1875年，エンリーコ・チェルヌスキ[46]——その個性のほかの側面のなかでもとくに極東の美術作品の並外れた収集家であった——に引き渡された邸宅は，これもまた2段にわたって一つの美術品室を繰り広げていた。邸宅は初めから私的居住地というよりむしろ展示場と受け取られていたのだ。

1878年は，シャンゼリゼ・ロータリー14番地の1926年から1979年までフィガロ[47]の社屋だった建物の番となる。もともとこの大邸宅は，マンハイムのユダヤ系銀行家の一族に属するアンリ・バンベルジェ[48]——パリ・ペイ＝バ銀行[49]で上記ビショフサイムとつながっており，モーリス・ドゥ＝イルシュ男爵[50]と縁戚関係にある——のために建築されたものである。このもう一人の絵画大収集家のために，邸宅には同じように2階には画廊，1階には執務室とビリヤード室——上記2つの邸宅と共通する——に加えて円形のサロンも，そして3階には図書室があった。今日も保存されているファサードの全体がふ

---

[45] Fernand Bischoffsheim.
[46] Enrico Cernuschi (1821-96)．ミラーノ生まれでフランスに帰化した銀行家，経済学者，ジャーナリストなど多様な顔をもった。フランス名はアンリ・セルニュシ。
[47] Figaro．シャルル10世治下の1826年に創刊したフランス最古の日刊紙。
[48] Henri Bamberger (1826-1909).
[49] Banque de Paris et des Pays-Bas. 1872年にヨーロッパの大手銀行家の参画で設立されたフランスの銀行。1982年の国有化に伴いパリバ（Paribas）となり，2000年にはパリ国立銀行（BNP）と合併してBNPパリバとなる。
[50] le baron Maurice de Hirsch (1831-96)．ミュンヘン生まれの銀行家，篤志家。

んだんに彫刻を施され，半円形のロトンダ（ドーム付きの円形建築物），コリント式円柱，方形断面の付け柱(ピラスター)でリズム感が出ていた。

　少し後の 1881 年にエミール・ペレール（2 世）[51] のためにモンソー公園の隣のアルフレッド・ドゥ＝ヴィニー通り 10 番地に建てられた非常に規模の大きい邸宅は，3 階建てのそれぞれの階に画廊をもっている。

　おそらく父ブーウェンスは，私邸建築の大専門家でプレーヌ・モンソーだけで 20 もの邸宅を手がけたステファン・ソーヴェストゥル（1847‐1919）という人の名声には到達しなかった。しかしブーウェンスは別の方法で「高級住宅街」の景観の創造に影響を与えた。この景観は 19 世紀末のパリに，いまや分割された東部と西部の間，貧困と，誇示レヴェルまで推し進められたラグジュアリーの尊大さとの間に，きわめて大きな対照——それまでの世代はその雛型をつくっていただけであった——をもたらしたのである。この建築家——建築注文の別の部門ではイタリア大通りのクレディ・リヨネの本店の建築者でもあった——は，プレーヌ・モンソーにいくつかのさほど目立たない邸宅を，とくに 8 区の様ざまなところに高級賃貸マンションを残した。

　高級賃貸マンションの内部の配置はそれなりに資産に恵まれたより広範な人びとに合った生活環境の創造を表している。巨大な入り口ホール，広々としたメイン階段室，それに錬鉄製の欄干，半階段の巨大な開口部——階段の大きさは社会的対面の表示機能の特徴をなしている——は，その化粧漆喰，まったくの模造である大理石模様とともに，きわめて立派な外観を帯びている。いったん入り口を過ぎると，機能が注意深く分けられている。応接室——玄関広間，サロンなど数は様ざま——は使用人や配達人用の裏階段に通じる長い廊下によって「サービス」部分から遠ざけられている。快適さの要素となるのはエレヴェーター，ガス，セントラル・ヒーティングである。プレーヌ・モンソーの都市化に関するこれまた未刊の研究（1981 年）の著者であるシュザンヌ・グランブーラン＝フェラル[52] が述べているように，私邸と高級賃貸マンションは「私邸の大衆化と高級賃貸マンションというかたちでの高級住居の創造との間の照合の反映」なのである。

51　Émile Pereire (1840-1913). 北スペイン鉄道会社の大手株主。
52　Suzanne Granboulan-Féral. Simone の誤記か。

高級住宅の創造についてはプレーヌ・モンソー不動産会社[53]の建築業績によって完全に明らかになった。この仕事はモンソー公園周辺のペレール兄弟の以前の画地分譲と対をなしている。後者は大資本家と産業界の顧客を相手にしており，この顧客が実際に最初に供給を受けた。これに対して，アルザスの大産業家アントワーヌ・エルゾーグ[54]——ロジェルバック（コルマール）市外区にあるその木綿マニュファクチュールは，設備再編のおかげもあって第二帝政期のフランスで最も強力なものの一つとなった——は1874年と1878年の間にクールセル大通りとマルゼルブ公園の間，モンソー公園のロトンダに面したところにある14,000㎡の地所の所有者となった。エルゾーグは建築家のエミール・ルメニル[55]とともに1878年に上記会社の株主である12名の企業家からなるチームを結成して，「大邸宅の諸負担をかかえることできない，あるいはそれを望まないけれども，よい環境，広い部屋そして快適さを好んでいた人たちの」要望を満たしうる高級賃貸マンションの建築を考えたのであった。非の打ちどころのないオスマン様式風の古典趣味と簡素な装飾を特徴とするこれらのマンションは，そのラグジュアリーを石の美しさやインテリア備品においているのである。

　息子のリシャール・ブーウェンスは，父ほど名声は高くないが，それでも父の職業的・社会的モデルを再現した。かれはそのキャリアを1892年のニューポート（アメリカ合衆国ロードアイランド州）にあるコーニーリアス・ヴァンダービルト[56]の夏の邸宅の装飾への参加からスタートさせた。さらに銀行家アレクサンドル・ラザール[57]の娘と結婚し，その結果，家族・友人関係の面で，パリの大金融資本家のなかで主要な位置を占めるにいたる。20世紀初めから建築に携わったリシャールは，その業績を通じて新しい街区（とくにヌイイ）

53　Compagnie des immeubles de la plaine Monceau (CIPM). アクサ・グループの傘下にある。
54　Antoine Herzog (1786-1861). アルザスのオー=ラン県議会議員，ヴィンツェナイム市長なども務めた。
55　Émile Leménil (1832-1923). パリ生まれの建築家。
56　Cornelius Vanderbilt II (1843-99). アメリカ合衆国の実業家（海運，鉄道）・篤志家のヴァンダービルト1世 (1794-1877) の孫。
57　Alexandre Lazard. アメリカ合衆国に移住して1848年に仏米間貿易会社設立したロレーヌ出身の3兄弟（アレクサンドル，エリー，シモン）の長男。アレクサンドルはその後パリに戻って金融業を始めた。

を対象とする。その精神は常に変わらず，同じ場所に私的居住，社交生活および収集物の陳列を結びつけるということであった。1904 年に建てた銀行家・学芸庇護者のダヴィッド＝ヴェイユ[58] の私邸についてもそうであった。他方，セーヌ左岸アナトール・フランス河岸通り 27 番地と 27 番地の 2 に 1906 年にラザールの相続人たちのために建てた双子の建物は，私邸とはまったく違う新しいヴァージョンのラグジュアリーな住居の趣きを呈している。というのも多数の居住者がそこにおいて，あるいは巨大なアパルトマン（445㎡ に 9 つの主室），あるいは内部階段があるため二層式住戸(デュプレックス)として機能する重ね合わせのアパルトマンをもつかたちとなっているからである。

第一次世界大戦後，リシャール・ブーウェンスの活動の場は大西洋汽船会社[59] の大型客船の室内建築の方へと脇道に入る。大西洋汽船会社はエミール・ペレールの遺徳，大西洋横断航行の偉大な時代，そして豪華客船の流行（その名声と洗練さはいまや大型国際列車のそれをしのいでいた）が結びつけられた会社であった。パリの国際色豊かな上流社会の社交生活を追い求めることを可能にするために浮かべられたこのような大型客船は，私邸あるいはむしろ大ホテルでなくて，結局何だっただろうか。息子ブーウェンスはパリ号（1921 年），イル＝ドゥ＝フランス号（1927 年），およびノルマンディ号（1935 年）の整備事業に参加した。ノルマンディ号に関しては，かれはプロムナードデッキを担当した。そこには大サロン，喫煙室，劇場，温室，グリル，読書サロン，通信サロンが設けられたのであった。

別の建築作品は最近まで，第二帝政がパリ以外のところで，とりわけリール＝ルーベー＝トゥルコワン[60] 都市地域において，どのようにときに無邪気なほどに誇示的な外観のなかでいくぶん浮かれたような住居建築のサイクルの開始によって画されたかを証明してきた。このサイクルはいまや私的生活の場と仕事の場を切り離し，それを世に知らしめようとはっきりと決意した産業大ブ

---

[58] David David-Weill (1871-1952). サン・フランシスコ生まれ，国籍はフランス人でヌイイに住んだ。パリのラザール銀行の経営者となった。

[59] Compagnie générale transatlantique. 1855 年にペレール兄弟（エミール，アイザーク）が設立した海運会社。CGT, Transat, あるいはフレンチ・ラインともよばれる。

[60] Lille, Roubaix, Tourcoing. 現在フランス北部のノール県にある古くから繊維工業で栄えた都市群。

ルジョワジーの富裕化と結びついていた。1914年前夜までかれらの豪邸，郊外にある庭園のなかの大邸宅が増えた。エミール・ヴァンデンベルグ[61]のような建築家にとっては，それはエスカレートする装飾，煉瓦と陶磁器（その証拠の多くは残念ながら短命であったが）の使用で特徴づけられる折衷主義のあらゆる実践——地域主義的スタイルの再評価の日まで——に専念する機会となった。19世紀後半のリールのいくつかの邸宅は，地価が比較的安いことにより，パリの最も高価な建物を規模の点ではるかに超えている。ファサードは25m，部屋の広さは50～80㎡で天井の高さは4～5mもあり，この種のパリのマンションについて先に指摘した威信的要素のどれ一つとして省かれていないのである。1892年で最もきらびやかなものは，トゥルコワンに建てられた石鹸産業家ヴィクトール・ヴェシエ[62]のコンゴ・パレスであった。これはデュピール＝ロザン[63]の作で，1925年になると壊されるが，文字どおりのマハーラージャ宮殿であった。宮殿の周りでその所有者は，記念の騎馬パレードや首をかしげたくなるような趣味のアフリカ学から着想を得た行列を組織したのであった。

3. 名家のマルチレジデンスの実践—シュネデール家

19世紀のハイ・ソサエティーにおけるような莫大な財産を元にしたまばゆいばかりの社会的上昇の主役であったル・クルゾーの金属工業者の一族は，うえに見た諸々の実践を完全に統合した。全体としてそれは，生活の作法と住居の移動性における新しいラグジュアリーの野心と同時に，その形態を用いて公に階級的地位や経済的成功を見せつけようという意図を表すものであった。

1836年におけるル・クルゾーの再建者であるシュネデール家のアドルフ，ウジェーヌ兄弟はただちに，クリスタルリー・ドゥ・ラ・レーヌの旧工場の施設，すなわち2つの窯と，クリスタルガラスのカット用，諸事務所および住居用に使われていた1つの建物をそこで結びつけ，この建物を居住用の家屋にすると

61　Émile Vandenbergh（1827-1909）．リール生まれのフランスの建築家。
62　Victor Vaissier（1851-1923）．
63　Édouard Dupire-Rozan（1842-1901）．ルーベー生まれの折衷主義の建築家。

いう案を思いついていた。その足取りと意図はそのときはまだ控えめなものであった。旧クリスタルガラス工場サン＝ルイの施設ともども共同所有者であったバカラの施設の管理者に宛てた書簡において，ル・クルゾーの営業担当取締役であるアドルフ・シュネデールは，言葉少なにその買収案を出していた。すなわち「住居がないこと，メンテナンスがなされていないのは全体の話に妨げになりますし……こうなるとあなた方の提示価格がかなり控えめなものであってはじめて私どもは求めに応じることでしょう」（1836 年 7 月 28 日）と述べていたのだ。それでも 1 年足らずのうちに（1837 年 5 月 9 日），この売買は完了し，結婚したばかりの技術部取締役のウジェーヌ・シュネデールがそこに身を落ちつけ，居住した。

　今日シャトー・ドゥ・ラ・ヴェルリー[64]とよばれ続けているものが，きわめてゆっくりとであるが，あの静穏で荘厳な姿を獲得し，ブルゴーニュ観光のメッカの一つになっている。1860 年代に，このシャトー大庭園の美化・整備事業が始まった。だが決定的に重要な再整備が達成されるのは，この地の三代目の所有者となったウジェーヌ・シュネデール 2 世[65]の時代の 1905 - 09 年のことであった。いまや軍備と並んで民間エンジニアリングの世界的首都の一つとなった場所で賓客・顧客をよりよくもてなすために，この城館はアンヴァリード（廃兵院）のファサードの一つから着想を得たスタイルで再建・修復された。そして庭園の再建はアシル・デュシェーヌ[66]に任された。旧クリスタルガラス工場の 2 つの円錐状の窯はそれぞれ礼拝室と劇場（フェルス[67]に装飾が任された）に改造された。シュネデール家の建築家は当時「名門貴族・産業家たちの馴染みのパリの建築家」（ベルナール・トゥリエ[68]）のエルネスト・サンソン[69]であった。

64　Châteaux de la Verrerie. パリから南へ 18 km 離れたオワゾン（シェール県）にある。1422 年にフランス王シャルル 7 世がスコットランドの大元帥ジョン・スチュアートに贈った城と領地。領地内の湖畔の小さなガラス工場に由来。
65　Eugène II Schneider （1868-1942）. ル・クルゾー生まれ。上記ウジェーヌ 1 世の孫。製鉄業のみならず，銀行業にも関わる。
66　Achille Duchêne （1866-1947）. フランスの景観デザイナー。6,000 以上の庭園を手がけた。
67　Fels. フランスの舞台装置家。
68　Bernard Toulier. フランス文化財主任管理官。
69　Ernest Sanson （1836-1918）. パリ生まれの建築家。

シャトー・ドゥ・ラ・ヴェルリーとその大庭園は「シュネデール都市」ともよばれかねなかったル・クルゾー市のなかで支配的，中心的な位置を占めてきたし，相変わらずそうである。その周りに諸工場，諸街区がそれなりのしかたで成形され，編成された。それは4世代にわたって家庭生活の中心であり，象徴的な価値を担った場であり，建造物であった。だがそれはもちろんこの大企業の事務所ではまったくなかった。事務所は数百m下方に設置されていた。それはまたこの製鉄工場主の唯一の住居でもなかったし，早い時期からその事情は変わらない。住居は実際にほどなくル・クルゾーとパリの2つに分けられた。大手の機関車メーカーであるシュネデール家の人びとは，特別車両を仕立てて，鉄道でこの2つの住所を容易に移動したのであった。

立法議会議員となり1869年には同議長になったウジェーヌ・シュネデール1世[70]の方は，首都に私邸の建築を依頼した最初の人物であった（ブードゥロー通り1番地）。この邸宅は1854-55年にすばやく建築家バイイ[71]とロオー=ドゥ=フルリ[72]によって建てられた。この2人の仕様書には「使用される建築資材は最良のものとすべきこと」，そして煉瓦はブルゴーニュ産のものとすべきこと，などが書かれていた。だがこの邸宅は子孫の手には移されなかった。大半の名門一族の慣行とは反対に，どのシュネデールも両親の邸宅には住まなかったのだ。ブードゥロー通りの邸宅はウジェーヌ1世が亡くなると，その旧名画，デッサン，水彩画のコレクションとともに売却された（1876年4月）。

アンリ・シュネデール[73]の方は，フォーブール・サン=トノレ通り137番地のタルエ=ロワ[74]邸跡に居を定めた。アンシアン・レジーム期のアルトワ伯の旧厩舎の跡地に建てられたものであった。この邸宅には家具や貴重品が収められており，アンリ・シュネデール夫人は収集家だったのだが，かの女が亡くなるとやはりこれらも売却された。

ウジェーヌ2世の方は，1901年，ラ・レーヌ通り(クール)（アルベール1世河岸通

70　Eugène I Schneider (1805-75).
71　Antoine-Nicolas Bailly (1810-92).パリ生まれの建築家。
72　Rohault de Fleury (1801-75).パリ生まれの建築家。
73　Henri Schneider (1840-98).ル・クルゾー生まれ。ウジェーヌ1世の孫。ウジェーヌ2世の息子。
74　Auguste de Talhouët-Roy (1819-84).パリ生まれの政治家で，公共事業相も務めた。侯爵。

り[75]）34番地に，第二帝政期にラ・フェロネー侯爵[76]のために建てられた邸宅を購入し，これもエルネスト・サンソンに整備してもらった。この邸宅も，かれの未亡人が1972年に亡くなると，ブラジル大使館として使われたのであった。

最後にシャルル・シュネデール[77]は1946年にオクターヴ＝フイエ通り[78] 25番地に邸宅を購入していたが，これも後に売却された。4世代に及ぶこれらの邸宅購入の過程は，オペラ・ガルニエ[79]の近辺から，シャンゼリゼ大通りの両側に位置する「縄張り」を通って，16区にいたる流行りの街区の移動に完全に一致している。

しかし，家族的，社会的，あるいは単に職業的な生活の最も驚くべき広がりがあったのはアンリ，その妻ウドクシ[80]，次いでウジェーヌ2世のときである。1893年，アンリ・シュネデール夫人はソローニュ[81]のサルブリ[82]の近くに，狩猟に対する夫妻の情熱を満たすためにリヴォルド[83]の城館(シャトー)と所有地を獲得する。ここでもまた鉄道（パリ－オルレアン－ヴィエルゾン[84]）を利用ができるということが，上流階級の居住の分離において決定的な役割を演じている。上記ベルナール・トゥリエは鉄道の便によって実際に「かれらのフォーブール・サン＝トノレの邸宅に容易にもどり，数多くの友人やル・クルゾーの特別の顧客を招待することができた」し，「リヴォルドの方は，ル・トゥレポール[85]にあるかれらの別荘と同様，1月末までの一時的な保養地である」と述べている。エルネスト・サンソンは，近代的な暮らしぶりや招待客の拡大という

75　quai Albert-Ier. パリ8区にある通り。
76　Henri Ferron, marquis de La Ferronnays（182-1907）. 中世来のブルターニュ系の貴族。
77　Charles Schneider（1898-1960）. ウジェーヌ2世の3男。
78　rue Octave-Feuillet. パリ16区にある通り。
79　Opéra Garnier. パリのオペラ座。1989年にバスチーユ・オペラ座ができて以降，オペラ・ガルニエまたはパレ・ガルニエとよばれる。建築者のシャルル・ガルニエ（1825－98）にちなんだ名称。
80　Eudoxie Schneider（1853-1942）. 旧姓Asselin. アンリの二度目の妻。
81　Sologne. ロワール河とその支流のシェール川の間に広がる森林地帯。
82　Salbris. ロワール＝エ＝シェール県にある現在人口5,509人（2013年）のコミューン。
83　Rivaulde. 1525年に建てられた城塞が起源。
84　Vierzon. フランス中部のシェール県にある現在人口27,113人（2013年）のコミューン。
85　Le Tréport. セーヌ＝マリティム県（ノルマンディ地方）の海岸沿いにある現在人口5,116人（2013年）のコミューン。

要請に応じうるような建て直しを任された。かれは同じロワール＝エ＝シェール県内の貴族の複数の出資者の用命も受けていた。1902 年に完成した新たな城館は最も近代的な快適さの諸要素を具えている。1942 年に亡くなるまでアンリ・シュネデール夫人は断続的にそこに滞在したのであった。

　ウジェーヌ 2 世については，かれは 1900 年頃，ル・クルゾーにある工場から数百 m 離れた田舎の城館——これも鉄道でつながれている——に一時的に居住し，そこで一番近しい協力者たちと定期的に会合を開こうと思い立った。これがアプルモン[86] の城館であった。12 世紀に要塞として築かれたもので，直径 18 m，高さ 25 m の主塔(ドンジョン)と厚さ 3 m 以上の城壁を具えていた。義父のサン＝ソーヴール[87] から買い取られたこの城館はもちろん改造されたが，担当は建築家ロベール・ドゥ＝ガレア[88] であった。ウジェーヌ 2 世は，この城館獲得のほかに，ル・クルゾーにごく近いところでも買収政策を進めた。その歴史的な意味は明らかであるが，これらの買収は，いくぶん度を越したライフ・スタイルに関係があるようには思われない。その一つのル・ブルイユ[89] 城館（1909 年）はル・クルゾー鉱山の最初の経営者であるフランソワ・ドゥ＝ラシェーズ[90] が所有していたものだった。トルシー[91] 城館（1918 年）は，一時ル・クルゾー製鉄所の経営を担ったマンビー・エ・ウィルソン[92] 社のアーロン・マンビー[93] が 1826 年に所有していたもので，18 世紀末にできた邸宅であった。また 1909 年に獲得したサン＝セルナン＝デュ＝ボワ[94] 小修道院は記録文書

86　Apremont. ヴァンデ県（ロワール河地方）にある現在人口 1,728 人（2013 年）のコミューン。
87　Aldonce Saint-Sauveur（le marquis de). 城館の所有者はこの侯爵であったが，かれ自身は財産を蕩尽したあげく自殺してしまっていたので，その曽孫娘にあたるアントワネット（ウジェーヌ 2 世の妻となる）の実家から買い取ったのであった。
88　Robert de Galéa.
89　Le Breuil. ソーヌ＝エ＝ロワール県（ブルゴーニュ地方）にある現在人口 3,580 人（2013 年）のコミューン。城館は 14 世紀にまで遡り，18 世紀末に再建されていた。
90　François de la Chaise（1727- ?). モンスニ（ブルゴーニュ地方）生まれ。
91　Torcy. ソーヌ＝エ＝ロワール県(ブルゴーニュ地方)にある現在人口 3,116 人(2013 年)のコミューン。城館は 14 世紀にまで遡り，18 世紀にはルイ 15 世の別荘とよばれた。
92　Manby et Wilson. アーロン・マンビー（次注）が 1820 年代にアイルランドの化学者ダニエル・ウィルソンと組んでフランスで起こした水素ガス燈会社。
93　Aaron Manby（1776-1850). イギリス中西部のオールブライトン（シュロプシャー州）生まれの製鉄業者。
94　Saint-Sernin-du-Bois. ソーヌ＝エ＝ロワール県（ブルゴーニュ地方）にある現在人口 1,864 人

保管の目的で購入されていた。

4. 居住のグローバル化へ——ムニエ家

　以上とはまったく異なる産業部門——大量生産の食料品部門——において，ノワジエル[95]の名門ムニエ[96]の一族は，短い期間であったけれどもシュネデール家の社会的上昇と同時代に，まったく同様に驚異的な致富を経験した。これによって同家はおそらくより挑発的なかたちでパリのラグジュアリーの舞台の正面に立つことになったのである。

　パリの外（首都の東方 25 km のところにあるノワジエル）にある企業主ミール=ジュスタン・ムニエ[97]は，ウジェーヌ・シュネデール 1 世と同じように，その教訓を引き出して，1880 年代に工場と経営者の住居を別にして，モンソー公園の周りにあるヴァンディク（デイク）大通りにパリで最も美しい私邸の一つを建てさせた。この一帯はエミール・ペレールの上首尾の不動産投機以来社交とラグジュアリーの筆頭の地位にまで上昇したところであり，今日までその地位は維持されてきているのである。周知のようにこの邸宅は，エミール・ゾラがその小説『獲物の分け前（ラ・キュレ）』のなかで銀行家サッカール邸を叙述するのにモデルとして使われた。少なくともその作品の数節，とりわけ庭園に面したファサードについてのそれを想い起さずにはいられないだろう。

　「それは富のショーウィンドー，浪費，破壊であった。邸宅は彫刻に埋もれて見えなくなっていた。窓の周囲には，軒蛇腹（コーニス）に沿って，小枝と花の渦巻き模様が延びていた。緑の円形花壇によく似た窓の手摺りがあった。［中

（2013 年）のコミューン。小修道院は中世にまで遡る。18 世紀に同小修道院長のサリニャック=ドゥ=フェヌロンが最初に冶金工場を設立し，これが後に王立鋳物工場となり，最後にシュネデールが買い取ったのであった。

95　Noisiel. セーヌ=エ=マルヌ県にある現在人口 15,638 人（2013 年）のコミューン。

96　les Menier. ブルグイユ（アンドル=エ=ロワール県）出身のアントワーヌ=ブリュテュス・ムニエ（1793-1853）が 1816 年にパリで起こしたチョコレート製造会社で産をなした一族。1825 年にノワジエルに工場を移した。

97　Émile-Justin Menier（1826-1881）．アントワーヌ=ブリュテュスの息子。原料のカカオ豆を調達するために中米のニカラグアに渡り，広大な土地を開墾してプランテーションを経営した。

略]あちこちに奇抜な盾形紋，葡萄の房，薔薇の花の装飾文様がくっつけられ，ありとあらゆるかたちで石と大理石が花開いていた。［中略］果物と葉形装飾の雑然とした寄せ集めのなかに開かれている屋根裏部屋(マンサード)の円窓と円窓の間で，こうした驚くほどの装飾の代表作である張り出し部のペディメント(まるまど)が花のように輝いていた。屋根は［中略］その上に鋸の歯のような鉛製の縁飾り，2つの避雷針，4つの左右対称の巨大な煙突が取り付けられ，ほかと同じように彫刻を施されていて，この建築上の才気煥発の束であるように思われた。［中略］夏の夜，白いファサードに斜めに差す太陽が黄金色の手摺りを照らす頃，庭園の散歩者たちは立ち止まり，1階の窓にある厚手の赤い絹のカーテンを眺めていたものだ。そして，あまりにも広く，透き通っているために，近代的なデパートの窓ガラスのように，屋内の豪華さを外に向かってひけらかすためにそこに設置されているように思われる窓ガラス越しに，これらのプティ・ブルジョワ家族たちは家具の隅々，生地の端々，まばゆいほどの贅をつくした天井の作品群を目にとめていた。その眺めは庭園の並木道の真ん中で賞賛と羨望でかれらを釘づけにしていた。」

技術進歩の最先端にいた一産業家の所有物である邸宅は，屋内では，あらゆる快適さの要素，とりわけ電気照明を具えていた。そこではパリで一番輝かしいとみなされるレセプションが開かれていた。

しかし野心——度を超す願望か？——は次の世代になるとこれよりずっと先まで進んだ。ムニエ家が中米にカカオ・プランテーションと，カカオ豆を運ぶための自前の船団を所有していたことは事実だ。マルチレジデンスはここではまずオワズ川の川岸にある城館でさらに充実した。ここから直接ル・アーヴル，そしてアメリカに向けて乗船したわけである。それからカンヌにある一つの別荘，そして子孫が相変わらず所有しているシュノンソー城の獲得。さらには——最後にはなるが大事なこととして——外界へと通じるセントローレンス河の河口にある，コルシカ島と同じ大きさのアンティコスティ島[98]の獲得。そ

---

[98] l'île d'Anticosti. フランスの探検家ジャック・カルティエが到着して以来，1763年のパリ条約までフランス領。その後イギリス領となったが，1895年にアンリ・ムニエが購入，さらにその後1974年にカナダのケベック州がこれを購入した。

れは，社会的ユートピア主義者の仲間入りをするということでなければ，封建制へのある種の回帰を野望する現代の成金の夢であった。

　今日，マルチレジデンスは，共和国大統領たちはもはやごく控え目にしか実践しない豪華な選択であるが，依然としてごく少数の人びとの専有物であり，ラグジュアリーのなかで最も高く評価され，最も派手な形態の一つである。しかしながら，第一次世界大戦以降，とりわけまったくの縮小を被ってきた形態の一つでもある。20世紀は，アラブの一首長が子供の一人に提供したエアバス，あるいはいくつかのヨットハーバーによってそのシリーズ製品が賞賛されうる巨大ヨットを，可動式邸宅のカテゴリーに入れない限りは，オスマン様式時代やベル・エポック時代のような不動産の証拠を遺産として残さないだろう。

5. 生活環境と暮らしの作法（art de vivre）

　反対に，豪華な邸宅のなかでの私的生活，あるいは私的範囲に閉じ込められた社会生活のラグジュアリーは，たとえ，宝石や宝飾品の消費が被った進化について上述したようにその公的な表示は稀になっているとしても，依然としてラグジュアリー消費のとくに選ばれた形態のままである。きずかれた生活環境は，成金たちが地位や力に与えたいイメージにふさわしい装飾をラグジュアリーが与える諸活動とは切り離しえない。この関係は，とくに上記ポール・ビュテルが，18世紀にその事業を大いに誇りとするボルドーの大規模商業のなかできずかれた，その時代の規模としては巨大な財産に関して叙述したとおりである。外国からは，ジャン＝ジャック・ベトマンの1785年の報告にあるように，同時代人の観察は，アメリカ合衆国の独立戦争の終息と1789年のフランス革命を分ける数年代に，まずは都市の富と「建築熱」の爆発，そして河岸通りや通り中に新たなタイプの，「大半が建物の側面という側面にはバルコニーをもつ新しく壮麗な家屋」の出現を目のあたりにしていた。商業関連投資が，たとえばトゥルニー並木通り[99] の周辺における地方長官による大胆な都

99　les allées de Tourny. ボルドー市にある並木通り。地方長官トゥルニー（1695‐1760）が1743年と1757年に整備した遊歩道。地方長官とは17，18世紀フランスに設けられた国王親任の最高地方行政職。

第9章　ラグジュアリーの消費——住居　233

市計画と連動することになる。しかし，屋内の装飾，つまり大理石，窓ガラスと木彫の造作，金箔を貼ったモールディング，シャンデリア，暖炉用具一式，あり余るほどの肘掛け椅子，その他の調度類にも気が配られる。「祝宴の技法」の発達の基礎となる装飾にほかならない。すなわち婦人たちが20から30人分の食卓の周りでその銀製品や磁器製品ならびに宝飾品を誇示する威信あふれる食事，魚や「小鳩」に将来「特級格付け（グラン・クリュ）」となるこの地域のワインを結びつける献立，そして仮面舞踏会，ゲーム・テーブル，あるいは音楽といったものがこれである。それから半世紀足らずで，豪華絢爛さへの同じような嗜好，富裕に対する同じ態度表明が，ワイン取引の王者たちのところに見出されることになる。いまやシャルトゥロン地区に居を定めた，あるいは田舎のドメーヌの所有者となったかれらは，華やかに，かつ日を決めて客を迎え入れることが習慣となる。食卓の洗練化はそこで新たな進歩をとげる。かつて以上にダンスをするようになり，決まった主題の衣装をつけた舞踏会のために変装したりするのだ。オリヴィエ・ペトレ＝グルヌイヨー[100]は，第一帝政期に改造されたナントの商人フランソワ・ラブロス[101]のこれに劣らぬほどきらびやかな邸宅の途方もないラグジュアリーを教えてくれた。

　今日でも，住居のラグジュアリーと家庭生活のラグジュアリーの間の関係，前者の確実となり刺激を受けたかたちでの後者との一致の必要性は，依然としてエリート的消費の主たる原動力である。最良の社会に帰属する役者を介在させ，個人の好みに合わせることもある広告の力を借りて，流行，文学，特定商業部門がまるごとこの関係を掻き立て，利用する。購入すべき，あるいは修復すべき旧邸宅ないしは歴史的邸宅を探すところから，これらに家具を備え付けたり改造するために与えられるアドヴァイス（同じく大型の高級アパルトマンにふさわしい種々の解決策の提示）まで，そして骨董屋の点検から公開の競売での売却の広告，さらにはクリスマス，新年，夏季に客を迎えるために従うべきよき料理法にいたるまで，万事が，ラグジュアリーが調和的で社会的に適合したルールによってまるごと支配されていることを想い起させるために活用さ

100　Olivier Pétré-Grenouilleau (1962-). フランスの歴史家，随筆家。海上交易や奴隷などに関する著作多数。
101　François Guillet de La Brosse (1742-1826) のことと思われる。

れるのである。これらのルールは，グランプリをとったレコードを二層式住戸のサロンで聴くにも，きわめて高音質のよく響く再生装置を使わなければならないことを「望む」。そして同時にモードのメゾンによって創造された全体的に絹を使ったインテリア製品の快適さ，人間工学の法則に従ってデザインされた革製の肘掛け椅子の快適さ，さらには理想的な温度，6～8℃でバカラのクリスタルガラスの器で飲む年度物のシャンパンであるクリュッグの魅力というものを享受しなければならないというわけである。

　貴族はもはや現代社会の周縁的な存在にすぎない。所得格差はむしろ増大する傾向にあるとはいえ，大きな資産をもつ人びとは自ら，つい最近生まれたのであるが，自分の固有の暮らしぶりを確認していくという性向をもっている。幸いにして一方におけるスノビズム，他方における自己の成功を誇示したいという意図がラグジュアリーの供給を迎えに行き続けている。ラグジュアリーそれ自体もこれまでほとんど注意を払わなかった新たな社会層に広まっていく手段に非常に敏感になってきているのである。イギリス人もそのことをよく理解していて，ウォルポール委員会[102]――フランスのコルベール委員会に相当するもので，大きな文化機関に属する30人のメンバーと6人の協力者からなる――を通じて，外国人旅行者に・ブ・リ・テ・ィ・ッ・シ・ュなるものすべての魅力，流行に左右されない優雅さからつくられる外観(ルック)の威信，「秀逸品」や旧いものと新しいものの間の均衡のなかでの品質の尊重という概念を企図したのであった。だが同委員会のメンバーであるドーチェスター・ホテル[103]は，ブルネイのスルタンにより買収された。パリのリッツ・ホテルが1979年にエジプトの実業家アル＝ファエッド[104]により買収されたのと同様である。フォード・モーター社は，1989年にジャガーを買収してその生産をアメリカ合衆国に移すおそれがあったが，イギリスでそれを維持し，新しいモデルに投資することを決めた。その生産は1999年に予定され，高級車市場の将来に対する信用が見事に現われた例となった。パリでは，1924年以降パリのラ・ペ通りに進出したア

102　Walpole Committee. イギリスの首相ともなったロバート・ウォルポールにちなんだ名称。
103　The Dorchester Hotel. ロンドンをはじめ世界に進出している5つ星の高級ホテル。
104　Mohamed Al-Fayed（1929-　）。

ルフレッド・ダンヒル[105]は車のドライバーや喫煙者などにその製品を販売し続けている。

　ラグジュアリーは，創造者であれ顧客であれ，もやはかつてのものではないという人もあろう。しかしラグジュアリーにはすばらしい将来があるという人もあろう。生得のものであれ，後天的なものであれ，これにアクセスしようとする嗜好は，富の創造において諸社会の前進の度合がいかなるものであれ，最も多様な地理的・文化的なエリアに絶えず現われるからである。

105　Alfred Dunhill. 1893年にイギリスのアルフレッド・ダンヒルが起こした衣料を中心とした高級ファッション・ブランド。現在はスイスのリシュモン・グループの傘下に入る。

第10章
ラグジュアリーのいくつかの現代的ヴァージョン

　ラグジュアリーは，技術革新，それが創り出す新規需要，要するに物質文明とライフ・スタイルのすべての変化と同じ広がりをもっている。しばしばラグジュアリーとの直接的な共示性(コノテーション)のなかで目的と実践が生まれたりもする。その後にこの2つの語を分離する深い大衆化が現われる。これが19世紀の最後の4分の1の時期と20世紀の最初の4分の1の時期の間に余暇，スポーツおよび輸送手段が示す教えなのである。

1. 狩り

　1789年の大革命によってあれほど激しく問題にされた狩りとその特権が，私的なものであれ狩猟場に関わるものであれ，領主制と君主制それ自体の歴史と結びついているということを想い起こしていただく必要があるだろうか。この実践の費用の増大にもかかわらず，狩りは，たとえ偶発的であったとしても，政治的結集の土台として役に立つこともあるほどにかなり一般的なものとして普及したのであった。だが，一種のアイデンティティの増幅を受けて，旧貴族の子孫たちは，いくつかの形態の狩り（たとえば主としてソローニュでおこなわれる騎乗で猟犬を使った狩り）の統制を維持することに成功した。これらの狩りに騎士制度をめぐって展開されるあらゆる種類の父祖伝来の意味づけ，個人的狩猟登録，礼儀作法あるいは純血種の馬に対する好みといった要素を盛り込んだのであった。このプロセスはモニク・ドゥ＝サン＝マルタン[1]が見事に叙述しているところである。商業面では，ラグジュアリーな武器の製

1　Monique de Saint-Martin. フランスの社会学者。とくにエリート，グラン・ゼコール，雇用主を対象とした社会学的研究をおこなっている。

造という小さな部門がこのような態度を後押ししている。ガスティヌ=ルネット[2]はオーダーメイドの小銃やカービン銃について毎年なお数十の注文を受けている。これらの銃は希望に合わせたモチーフで彫刻を施され，100,000～500,000フラン[3]で販売されている。1990年，景気の急変が数多くのラグジュアリー企業を襲っていたが，ガスティヌ=ルネットは75％も顧客を増やしていた。とはいえ1988年以降，7つの工場をモンソージョン地域（オート=マルヌ県）に設けていた皮革製造のリーダーであるグネ家[4]によって，事業は回復してきていた。この一族が「ラグジュアリーはなお売れ続けるだろう」と確信する人びとのなかに入るとすれば，それは何よりも皮革製品，アクセサリー，そして週末あるいは場合によっては狩りのときに身に着ける衣服に対する顧客を当てにしているからなのである。まさしくこうしたことを弾みにして，いまやG.-R[5]という商標名が付けられたコレクションが展示され，莫大な費用をかけてフランクリン・ローズベルト大通り(アヴニュ)のブティックがリニューアルされ，そしてマドリードやロンドンのブティックが開設されたのである。この話をロンドン郊外にある武器製造業のホランド＆ホランド[6]（シャネルにより買収）と関係づけることもできよう。ホランド＆ホランドは1835年以来毎年100丁の小銃をオーダーメイドで製造しているところだ。そこでは「60人の労働者が……50,000から70,000万ポンド[7]もする科学技術と伝統による珠玉の作品である武器を磨き，彫金し，彫刻している」。

---

2 Gastinne-Renette. ルイ・ガスティヌとアルベール・ルネットが1812年にパリで起こした武器製造のメゾン。

3 本書が刊行された1998年頃の平均為替相場を1フランス・フラン≒22円とすると，220万～1,100万円ということになる。

4 Guené. シャルル・グネ(1952-)が率いる一族。上院議員も務める。モンソージョンというコミューンはなく，いまはル・モンソージョネに再編成され，グネはその市長でもある。

5 Gastinne-Renetteの商標である。

6 Holland & Holland. 1835年にイギリス人のハリス・ホランドによって立ち上げられた武器，とりわけ手製の狩猟用銃のメーカー。甥のヘンリー・ウィリアム・ホランドが加わって1876年に現在の社号になった。

7 1998年頃の平均為替相場を1英ポンド≒218円とすると，1,090万～1,626万円ということになる。

2. 自動車

　「この機械による馬の代替物」である自動車が当初は「社交的, 貴族的なパリ(トゥ・パリ)のお歴々の何人かのスノッブに後援を受け」た（モニク・ドゥ＝サン＝マルタン）というのはあらためていうまでもなかろう。アルベール・ドゥ＝ディオン侯爵[8]は自動車製作そのものの発展に, アランベール侯[9]はフランス地域自動車クラブの組織化に主導的に関与したし, その一方で貴族たちは初期の自動車レースで車を操縦していた。自動車メーカーのなかには, ごく限られた顧客向けの高級玩具の角度からはじめて自動車造りを考えてみるという選択をするものもあった。ブガッティ[10]一族の場合がこれである。

　おそらくブガッティの遺産と環境がミラーノ生まれのエットーレ・ブガッティのこの製作の選択に影響を与えた。祖父は彫刻家であり, 父は彫刻家, 建築家および金銀細工師で, プッチーニ, トルストイの友人であった。さらに弟のレンブラント[11]もまた彫刻家だったはずだ。エットーレ・ブガッティは, ミラーノ美術学校で職業形成をしたが, そこでは芸術家としての適性を感じずに, 自分の関心を機械や製造工たちに振り向けた。こうして1901年, 20歳のときに, かれの最初の車がミラーノ・サロン[12]で発表された。時速60kmに到達した4気筒エンジンの車であった。この車でかれはニーデルブロン[13]（バ＝ラン県）でドゥ＝ディートゥリシュに雇われ, 次いで1908年にコブレンツのドイツ社[14]で工場長となり, さらに1910年にかれ自身の工場をモルサイム

8　le marquis Jules-Albert de Dion（1856-1946）. ナント生まれのフランスにおける自動車産業のパイオニア。政治家。
9　le prince Pierre d'Arenberg（1871-1919）.
10　Bugatti. ミラーノ生まれでフランスに帰化したエットーレ・ブガッティ（1881‐1947）がフランスのモルサイム（当時はドイツ領であったアルザス地方）で1909年に立ち上げたスポーツカー・メーカー。現在はフォルクスヴァーゲンの傘下にある。
11　Rembrand Bugatti（1884-1916）. ミラーノ生まれ。イタリアの動物彫刻家。
12　Le Salon de Milan（=Il Salotto di Milano=la Galleria Vittorio Emanuele II）. 1877年にミラーノの中心部でつくられた新古典派様式のショッピング・アーケード街。
13　Niederbronn-les-Bains. バ＝ラン県（アルザス地方）北部の現在人口4,336人（2013年）のコミューン。湯治場としても知られる。
14　Deutz AG（ドイツ株式会社）. ドイツという都市（1888年にケルンに統合された）で, ニクラウス・

に設立するほどの人物となったのだ。ブガッティはふとあるとき 2 座席の小型大衆車を製作することを思いつくが，ほどなくそのライセンスをプジョー[15]に譲渡するのである。ブガッティが 1912 年に考え出す T16（41 型車）——時速 160 km を可能にする 5 リットル・エンジン——は，かれの真の方向性を示している。第一次世界大戦中にその活動を中断したが，かれは前衛的な技術の開発を追究している。1918 年の油圧ブレーキの技術もその一つである。T35（1924 年）をもって，最終的には，かれは競争車，高級車の市場で認められる。T35 により，小型で，低く，紡錘形というかれの車のスタイルが定まった。しかしながら T41 という重さ，出力，価格の点で度を越した車を 6 台製作して，失敗する。T41 はラ・ロワイヤルともよばれ，長さ 6.20m，12 リットル超の 8 気筒エンジンで，300 馬力を超えるものであった。76 万フラン，つまりロールスロイスの 3 倍の値段で出されたこの車は，4 人の君主から拒絶された。1932 年に男性既製服製造の第一人者である産業家のアルマン・エスデル[16]が 1 台注文するが，残りは非常にゆっくりとしか捌けず，全部売れるのに 1950 年までかかったのである。だが，この 1950 年には，ドイツによる占領期の生産停止からうまく立ち直れずに，会社は消滅寸前となっていたのであった。

　加えて，ブガッティのサイン入りの創造品は，かれの生前からも，産業家としてより自動車の審美家によって産み出された独自の作品の質という点でコレクションの対象となり，美術館向けの芸術作品になったというきわめて特殊な性格をもった。だが誰もあえてそのことをしっかりと書こうとはしない。というのもブガッティはそれでも 40 年間で 8,000 台近くも世に出した——実際にはジェラール・アルビィ[17]がいうように（1994 年 12 月 10 日付『ル・モンド』），「いまのゼネラル・モーターズが 3 時間足らずでやってのける生産量」にすぎないわけだが——ということがあるからだ。まさにそのことによって，ブガッ

　　オットーとゴットリーブ・ダイムラーが 1872 年に立ち上げた火花点火機関のメーカー。現在も世界的なエンジン・メーカーの一つである。
15　Peugeot. アルマン・プジョー（1849-1915）が 1896 年に設立した自動車会社。
16　Armand Esders. オーストリア人の父シュテファン・エスダース（1852-1920）の繊維関連事業を継承した。アルマンはドーヴィルに住み，本業のほか自動車，ヨット，飛行機などに多大の関心を寄せた。
17　Gérard Albouy（1947-2006）.『ル・モンド』のスポーツ記者。

ティの車は，ハンスとフリッツのシュルンプフ兄弟[18]の驚くべき冒険を通じて，多数生き残ることになったのである。

　1932年からミュルーズの毛織物工業で頭角を表すこの兄弟は，30年間，19世紀のハイルマン[19]社から生まれたアルザスの梳毛織物の紡績産業をまるごと自らの監督下に集中して働いていた。それと並行してかれらは，フランスの国土解放後，世界のすべてのブガッティ所有者に購買案を送り，ブガッティ家の私的コレクションを購入し，自分たちの成功を不滅とすべき博物館の開設を秘密裏に準備しつつ，ブガッティの全製作品を集めることを企てていた。これは成功とはいかず，1976年に失敗に帰した。その後自分たちのコレクションを公的に保護する方向で決心し（1978年），ミュルーズにそのコレクションを管理するための国立自動車博物館の創設のはこびとなった。この博物館は実際にシュルンプフのやり方を拡大しつつ，すなわちこれを87の自動車ブランドに拡げつつ，引き受けた。およそ130のブガッティ車のほかに，同博物館は実際に今日ではかなりの数のメルセデス，ロールスロイス，ゴルディーニ[20]，フェラーリ……それにドゥ＝ディオン＝ブトン[21]など，つまりは全部で600台近くの車を収めている。こうして高級車はダイヤモンドの装身具と同じ理由であこがれの的――すなわち，ショーウィンドーの展示品，あるいは実際にはその歴史的重要性をなす異常な社会現象とは無関係な小児的熱狂の対象物――のカテゴリーに入ったのである。

18　les frères Hans et Fritz Schlumpf．ハンス（1904－89），フリッツ（1906－92）。2人ともオメーニャ（ミラーノの近く）で生まれ，母の出身地ミュルーズ（アルザス地方）で育った。父はスイスの繊維関係商人。父の死後，母はミュルーズにもどり，兄弟はそこで金融業，毛織物紡績業で成功し，その財産の大部分をブガッティの車の購入にあてたのである。

19　ミュルーズの繊維一族ハイルマン（エールマン）Heilmann．

20　Gordini．フランスに帰化したイタリア系の自動車製造者で「魔術師」の異名をとったアメデー・ゴルディーニ（1899－1979）がシムカやフィアットに関わった後，自身のブランドとして製作したスポーツカー・ブランド。1969年にルノーが商標権を獲得。

21　De Dion-Bouton．ジュール＝アルベール・ドゥ＝ディオン伯，玩具メーカーのジョルジュ・ブトンとその義弟により1883年に設立された高級自動車会社のブランド。1968年に消滅。

3. 旅行，ホテル

　旅行，スピード，余暇，独立性——これらすべての要素がラグジュアリーなライフ・スタイルの最も現代的な概念のなかで，社会的な相違・区別を明示するようなかたちで緊密に結びつけられている。1世紀隔たった今日，鉄道が，その同じ草創期において，上記の願望を満たすべく自動車と張り合えたというのは逆説的に思われる。だがまさしくそれは国際列車の歴史が証明するところである。文学と映画が国際列車を20世紀の諸年代の社交生活を表す神話に換えるのに寄与したのである。1868年にベルギーの鉱山技師ジョルジュ・ナジェルマケールス[22]はアメリカ合衆国に研究旅行をおこない，その旅行で，いくつかの車両に寝台が並べられているプルマン[23]列車を知ることができた。かれはこの発明を改良しようというアイデアをもってヨーロッパに帰り，小寝台を分けるコンパートメントを具えた客車をつくったのであった。乗車中に眠り，食事をすることができる——これが1876年に設立された国際豪華寝台車(ワゴン＝リ)会社が実現しようとした夢である。その数年後に同社は数十のこの種の車両を製作し，ヨーロッパの約20の夜行の路線で営業されたのであった。この路線のうち，パリ－ウィーン行程はオリエント急行の呼び水となった。オリエント急行は1883年からパリとイスタンブルを結び，1889年からはドーナウ河にも黒海にも船への乗り換えなしに完全に鉄路で結ぶことになる。全行路3,186 km，67時間37分の旅程ということになる。寝台車だけでなく，サロン車と食堂車が，外材を板張りにした「動く宝飾品」(エリック・フォットリーノ[24])であるこれらのラグジュアリー車両を旅行のしかたの一つの革命の道具としていた。そしてこの路線の終点に，同社はやがて大型ホテルを付け加えるはずだ。それは1855年の万博と第二帝政期フランスの慣行・余暇の発展以来，いまやパリのシックな諸街区やいくつかの駅の周辺区域，ならびにヴィシーか

22　Georges Nagelmackers (1845–1905). リエージュ (ベルギー) 生まれの技師，実業家。
23　Pullman. ニューヨーク生まれの発明家ジョージ＝モーティマー・プルマン (1831–97) が1863年に考案した寝台車。
24　Eric Fottorino (1960–). ニース生まれ。元『ル・モンド』記者，作家。

第10章　ラグジュアリーのいくつかの現代的ヴァージョン　　243

らカンヌ，ドーヴィル，アルカション[25]にいたる海水浴場や湯治場の目印となっていた大ホテルの再現だ。

　1855 年のパリ万博の折に帝国宮殿と向かい合って建てられたルーヴル・ホテル[26]は，ポール・ドゥ゠サン゠ヴィクトール[27]の表現に従えば，「新しいホテル業，20 世紀のホテル業，つまり客車や大型客船の風によって奪われ，かつ再び連れてこられる人びとのこの巨大な移動に適合的なホテル業の土台を築い」たのであった。ルーヴル・ホテルの落成式のことを記述する『リリュストラシオン』誌[28]の担当記者もまた，これを光で満ち溢れ，絵画や女像柱（カリアティッド），窓ガラス，柱形（ピラスター），板張り，大理石，黄金などでいっぱいの「旅行の殿堂」と見ている。しかしながら，800 室をもつこの大ホテルは間もなく別の機能（キャラヴァンサライ）を満たすようになった。パリ生活の一大中心地としての機能，かつては貴族のサロンや，カフェ，劇場，オペラ座などいくつかの公共の場所のためにとっておかれた機能がこれである。7 年後にさらにもっと大きく，さらにもっと豪華なグラン・トテル[29]が開業する（1862 年）のもまさしく新オペラ座に面してであった。金融界とオスマン様式の貫通路の中心部にあって，優雅さと快楽が出会うところに位置するこのホテルは，落成式の日に，皇妃ウジェーヌから「まったくくつろげます。コンピエーニュかフォンテーヌブローにいるみたいでした」という親切な言葉をいただいた。パリのホテル業に関する注目すべき未刊作品の著者，ジャン゠マルク・ルジュール[30]は，「カフェ・ドゥ・ラ・ペ[31]は，開業以来パリの生活のなかで第一級の地位を獲得する。このカフェにはあまりに優雅な顧客が出入りするので，作家など姿を見せないし，売春婦たちもそこでは気づまりに感じるほど」で，要するにそこにいたのは「貴族と資産家たちを一つにした顧客層」（芳名録を参照されたい！）だったと述べている。またジャッ

25　Arcachon. フランス南西部ジロンド県にある現在人口 10,476 人（2013 年）の海辺のコミューン。
26　l'Hôtel du Louvre. パリ 1 区のルーヴル美術館に面して立つ高級ホテル。
27　Paul de Saint-Victor（1827-81）. パリ生まれの随筆家，文学批評家。
28　L'Illustration. 1843 年にパリで発行されたフランスの週刊誌。1944 年に閉刊。
29　le Grand Hôtel. 現在，インターコンチネンタル・パリ・ル・グランとよばれている。
30　Jean-Marc Lesur（1959-）. フランスの現代史家。学位論文の指導教授は本書の著者ベルジュロンであった。
31　Café de la Paix. パリ 9 区のオペラ広場の角にある 1862 年創業のカフェ。上記グラン・トテルの一部として始まり，いまもそうである。

ク・オッフェンバック[32]のオペレッタ『パリの生活』(1866年)が証言するように，「グラン・トテルは，その開業以来，パリの生活にとって一つの舞台であると同時に，一つの象徴，そして注目の的ともなり，ホテルの手本とみなされた」のである。

ところがこの支配的地位は，世紀の変わり目のホテル・リッツの開業 (1898年) とともに，大きな打撃を与えられた。ときあたかもベル・エポックを特徴づけた高級ホテル業のあの決定的開花の時期にであった。まさにこの頃の「都市における動かぬ大型客船」(ジャン＝マルク・ルジュール) である高級ホテルは，まことに「ラグジュアリーと快適さにもとづいた新しい暮らし方の普及者ないし先駆者」とみなされうる。新しい暮らし方に衛生という要素を加えてもよいだろう。セザール・リッツの登場とともに，ラグジュアリーはルールを変える。立地は，18世紀の「選り抜きの」パリの中心など，間違いなく歴史的なものとなる。すなわち，富裕な顧客が，少し前にできた一番大きな宝石屋で買い物をするために，あるいはフランス自動車クラブにちょっと顔を出すために横切るのに十分なヴァンドーム広場の一角にリッツはできたのである。そこでは間接電気照明で照らされ，時代物の家具で飾られ，そして最も大手のメゾン――たとえばクリストフルやバカラからグランド・メゾン・ドゥ・ブラン[33]まで，あるいは絹製品だとタシナリ＆シャテル[34]にいたるまで――に発注されるような室内用布類と食器類を具えた，より小さく，より私的なルームのなかに優雅さが存する。シェフに関しては，エスコフィエ以外にない。リッツは，アヴネル子爵によれば，「近代的ホテル業の権化である。それは，ウォルトがオート・クチュールについて……そうであるように，商業の部門を体現している。それは新しい作法，新しい習慣を創造したのだ」。もしこのホテルへの社交界の重要人物の来訪の頻度がこれまで経験したことがないほどの集中度

32　Jacques Offenbach (1819-80). オッフェンバハ (ドイツ) 生まれの作曲家，チェリストで，パリ，ウィーンで活躍した。『パリの生活』はいわゆるオペラ・ブーフ (喜歌劇)。

33　la Grande Maison de Blanc. ブリュッセルで1864年に開業した百貨店。当初からとくに「ブラン」(白物) という室内リンネル製品を扱うことで好評を得た。

34　Tassinari & Châtel. 1680年にリヨンでルイ・ペルノンによって立ち上げられたリヨン最古の絹織物マニュファクチュール，同名のブランド。社号は1870年の普仏戦争後のタシナリ家とシャテル家による再興に由来。

に達しているとすれば，それはこのホテルが実際まさに夢の環境の創造のなかでその完成形に近づいているからである．ときに無分別にもリッツの1室を数日間借りて，日常性から脱け出すという夢を一度も見なかった人があろうか．室内の安らぎ，ふんわりとした快適さ，静謐．各室に浴室（無料），大理石の浴槽，白のセラミック材で覆われた壁．室内，室外の電話機．まさにこれだけの革新が，そこに宿泊する名士たちと並んで，豪華ホテルの神話を創り出す．ココ・シャネルは1935年から1945年までリッツを住居としたのであった．

　20世紀後半になると，ラグジュアリーなホテル業は「その利用を大衆化した社会の集合的想像領域で力を失った．ホテルは……効率のよさという点で勝ち取ったものを神話性という点で失った．プルーストの描く貴族的選良の後を忙しいビジネスマンが継いだ」．そしてセザール・リッツの傍らでコンラッド・ヒルトン[35]が大きくなった．それでもホテル・チェーンや大衆観光の急成長の時代にあっても，貴族の姓よりむしろ資産をもった顧客は全員，快適さあふれるホテル・レストランに改装された本物の城館や領主館の秘密のネットワークでの滞在に目を向けることによって，おそらく一定程度の伝説を維持している．だが伝統の維持者である古典的な高級ホテルでも，あまり個人の好みに合わせたままの状態にいても，もはや得にはならない．なぜならこの種のホテルはいまやごく限られた顧客層にのみアクセス可能となっており，最も力のある高級ホテル・チェーンとの競争に立たされているからである．

---

[35] Conrad Nicholson Hilton（1887–1979）．サンアントニオ（ニュー・メキシコ州）生まれのホテル業者．世界的なホテル・チェーンを展開した．

結　　論

　ラグジュアリーが今日多数の衰退要因によって脅かされていることは周知のところだ。すなわち一方においてはラグジュアリーの多様化によって。ラグジュアリーのカテゴリーの増加は結果として経済的エリート——その資力が依然として無尽蔵にあるという人びとは非常に少数となった——によるその消費を制約することとなった。他方，ラグジュアリーの大衆化の加速化によって。鉄道と自動車が大衆の余暇へのアクセスの手段となるのに，1世紀ないし半世紀しか必要としなかっただろう。もしいくつかのラグジュアリーの対象物，いくつかの慣行あるいはいくつかのライフ・スタイルの大衆化が，これに対応するラグジュアリーの形態の価値を下げるとしたら，ラグジュアリーはどこへ避難することになるのか？　その信奉者たちはどうやって社会的区別の道具としてこれを使い続けるべき手だてを見出すことになろうか？　それはおそらく，常に最初に革新と技術の洗練化を先取りすることができる，あるいはいったん大衆の進入がかれらからあれこれの領域を画する特権を奪うことになったら，そのたびごとに別の天空へと移っていくことができるモードの曲芸師のようにふるまうということだろう。

　議論すべく残された点は，ラグジュアリーがその製品の進化によって，その精緻化に大きく関与する技法や素材の転換によって，あるいはその市場の拡大によって本当に脅かされているかどうかを知ることだ。ラグジュアリーはその定義において一連の不変の価値に限定されるべきであろうか？　あるいは諸社会の進化に合わせる能力のなかに絶えず新たな若々しさを見つけ出していくものなのだと認める必要があろうか？　不変のもの，それはおそらく快楽と同時に尊敬をもたらす贅沢品（シュペルフリュ）の様ざまな消費形態へのアクセスに対する古今東西の諸社会の嗜好である。

フィリップ・ペロー[1]はラグジュアリーに当てられた近著[2]で，フランス革命と産業革命がラグジュアリーの画一化とその意味の根本的な変化をもたらしたという説を主張している。ラグジュアリーはもはや神に奉仕するものではなく，国王とその廷臣たちに奉仕するものでもない。ラグジュアリーは「それでもその活動の場を追い求めるが，それはもはや権力のメカニズムに仕えるのではない」。「役に立つもの，心地よいもののテクノロジー全体の地味なメカニズム」がはたらき始める一方で，ラグジュアリーは「技術文明に固有の機能的なもの，合理的なラグジュアリーの方に矮小化され，変性させられ」てしまうだろうというわけだ。それゆえラグジュアリーは，19世紀とともに快適さの漸進的な一般化，満足感についての凡庸な物質的概念と化すことになろう。ラグジュアリーの大衆化はさらに「紛い物，偽造品の上げ潮」に道を開くだろうというのだ。しかし，その潮の嘲弄に値する流れにおいてペローは，クリストフルの素材，パリの高級品の素材などすべての素材を一緒に考えている。「仕事ぶりはもはや，ある職人仕事の独特で特別な表現である技巧や器用さ(ファクチュール トゥール・ドゥ・マン)，一つの才能，一つの奥義，一つの経験，あるいは一つの考えのなどの形態で賞賛されることはないだろう。世界の機械化が導いていく先は，まさに形と素材の価値と同じくその意味の致命的な堕落なのである」。この議論にあるのは，歴史的日付のはっきりした，かつ反動的でさえある立ち位置に凝り固まった定義にほかならない。この定義は諸社会の歴史のなかで最も繰り返し現われる現象の一つを，社会文化的転換からまったく切り離された一種の絶対的価値に仕立て上げているのである。

芸術と産業の間の接合の破綻というペローのはっきりとした確認事項を通して透けて見えるのは，物質生活に適用された技術進歩の知的価値についての明白な無知である。そしてまた，それ以上に，19〜20世紀のフランスにおいて芸術とラグジュアリーの職種部門を刷新し，増大させた芸術家，手工業者，あるいは産業家の見事な連続性，驚くべき柔軟性，永続的な創造性についての無知といってよい。おそらく，逆説的ながら，技術文化——ラグジュアリー産業

---

[1] Philippe Perrot (1951-)，ジュネーヴ生まれの歴史家。
[2] 近著とは1998年刊の *Le luxe : Une richesse entre faste et confort, XVIIIe-XIXe siècles*（ラグジュアリー——豪華と快適の間の富，18-19世紀）であると思われる。

結　論　249

はそのすべての可能性を評価することができ，他方伝統的な手工業的ノウハウを放棄することもなかった——の内容の理解をフランスが拒否するという新たな不幸をそこに見る必要があろう。今日のラグジュアリーは固有の意味においてはかつてのそれではないし，いかなるノスタルジーとも無縁だ。それは実際のところ，進化する社会的，技術的な背景が代々つくり出すものとなるのである。ラグジュアリーが万博と百貨店のフランスにおいて劣化した紛い物の形態を知ったというのは，ごく単純にいえば，幅広い種類の製品の中産階級ないし小ブルジョワジーの顧客への順応という話に属する。市場の支配者たちが明らかにこれらの顧客の出現，ならびにときとしてくだらないかれらの憧れを巧みに引き寄せたからである。もし過去のための過去の擁護と説明が，今度はラグジュアリーとその創造者たちに輝かしい進歩を認めないということになれば，何と奇妙な内部矛盾であろう。これらの進歩のおかげでかれらは，技法，素材，スタイル，着想の刷新によって，次第に多様化する顧客たち，その嗜好，その消費性向などを絶え間なく，繰り返し追跡し，再征服する能力によって，2世紀来のフランスの工業化に随伴することができたからである。

　おそらく「秀逸品〔プロデュイ・デクセランス〕」製造に特化する中小企業にふりかかっている真の脅威は，結局，それらの企業に課されている販売条件に起因するものであろう。洗練された仕上げをおこなう手工業の伝統と不断に刷新される創造性の潜在性は残っている一方で，販売の困難は国内市場の収縮と輸出市場の開花から同時に来ている。輸出市場へのアクセスは取引関係のネットワークと，上記のような企業の資力を完全に超える市場調査・宣伝のための投資を前提としている。まさしくそこに，馴染みのある解決策，すなわち職業の組織化，政府の介在——もちろん保護主義的なものではなく，今度はスポンサーとしての介在——による解決策にうったえるべき理由がたしかにあるのだ。さもなくば，致死的なウィルスが現われるのはもはや社会の転換からではなく，経済のグローバル化からということになろう。

　この研究を結ぶ段になって（1997年11月），より良好な景況が姿を現しているように思われるし，ラグジュアリーはその産業，製品およびサービス（1995年に航空・宇宙産業に匹敵する1,000億フラン超の売上高を生んだ）において新たな創作物，ならびにまったく別の顧客概念に基づいて再び活発に

なっているように見える。新たな階層の消費者に対するアタックが,大手ブランドのブティックに次第に大きな場所をつくるためにその売り場空間を整えている百貨店に大胆に自らを組み込むことによって,ラグジュアリーを定義し続ける威信,品質および創造性の伝統をいささかも放棄することなく展開されているのだ。ラグジュアリーの広告はいまや特定の人たちの誇示的趣味によりもむしろ,過去の創造物と同様,スタイルや物の刷新によって育まれた一定の生き方の擁護に賭けている。それはショーウィンドーや博覧会の増加が数千の買い手をその気にさせようとしている一つの生き方なのである。「ラグジュアリーは征服者となった。国際的なエリートたちのゲットーだけではもはや足りなくなっているのだ」とジャック・ブリュネル[3]は記している (1997年11月15日付『ル・モンド』)。この時評担当者はさらに続けて,やはり「極東,このラグジュアリー製品の黄金郷」が通貨安と株式市場の危機の影響——ラグジュアリー関連株の相場付けがとくにその煽りをくらった——下でその購買力を減じてしまうのをストップする必要があるだろう。ラグジュアリーは,絶えず貪欲と陶酔の非物質的な資本を当てにしうるものの,結局のところ,数世紀のきらめきが数世代続く現実のまたは潜在的な消費者のところできずき上げたものに比べて,いまやより控え目に一つまたは複数の道の上を進んでいくことを余儀なくさせられているように見える。それゆえラグジュアリーは,その想像領域や国民遺産の側面の部分とともに,おそらく依然として永続的であると同時に,一般経済の法則や成長曲線との乖離という点で面食らわせるような市場のままである。それはまた,「特価良品〔プルミエ・プリ〕」から最も洗練された商品にいたる多様な広がりをもつ製品を思いもやらぬところからやってくる顧客に供給することを強いられた市場でもある。

　ぼやけた絵に加えるべき最後の一筆として,たぶん労働と職業教育に関するラグジュアリーという経済部門の状況の観察を用いなければならない。この一筆はそうするとまったく楽観的なものとなろう。ラグジュアリー企業は実際人員を募集している。世界に20,000人超を雇用しているLVMHの社員総数は年5％未満で増えている。ラグジュアリー企業全体が与える直接雇用数は66,000

3　Jacques Brunel.『ル・モンド』の記者。

人，間接雇用が126,000人であり，これは航空宇宙産業と同数の雇用数なのである。職業教育に関しては，20世紀の最後の10年にそれに払われている注意が，この部門の反応の能力と販売の攻撃性を示している。すなわちフランスがラグジュアリーの世界市場で1位を保つことができる管理，販売およびマーケティングの幹部を教化するということだ。1991年，カルティエ・インターナショナル社長のアラン＝ドミニク・ペランはラグジュアリー・マーケティング高等研究所を創設する。1991年にはLVMHが高等経済商科学院（ESSEC）に同名の講座を設ける。大学の方では，マルヌ＝ラ＝ヴァレー[4]にラグジュアリー産業と工芸の経営の高等専門研究免状（DESS[5]）が開設される。コルベール委員会は，ラグジュアリーの様ざまな部門とその諸問題に当てられる年間教育課程をシアンスポ（政治学院）において組織する。同委員会は他方，手工業と創作関連の職業研修を支援する。カモンド[6]やデュペレ[7]といった高等専門学校もこれらの努力において相応の行動をとる直面すべき諸問題についてこれほど全体を見渡せる眺望を得ることのできる産業は，はっきりと「フランス経済の正真正銘の一部門」をなすことは間違いない。

4　Marne-la-Vallée. パリ東部，マルヌ川左岸（イル＝ドゥ＝フランス地方）に新たにできた現在人口303,707人（2013年）の都市。1991年設立のパリ＝エスト＝マルヌ＝ラ＝ヴァレー大学（UPEM）がある。

5　Diplôme d'études supérieures spécialisées. 2003-06年における学制改革で新生マスター（修士号）の学位に換えられた。

6　Camondo. 1944年にパリでカモンド家（ユダヤ系金融業者，篤志家）により設立された私立の高等教育機関で，1989年に国民教育省により認可された。有名な建築家，デザイナー，装飾家などを輩出。

7　Duperré. 1864年にエリザ・ルモニエ（1805-65）によってパリのデュペレ通りに女性の職業形成を目的として設立された私立の教育機関。現在はモード，デザインなど創造的な分野の教育をおこなう公立の応用芸術学校。

訳者あとがき

　最後に著者ルイ・ベルジュロンのプロフィールを簡単に紹介するとともに，フランスのラグジュアリーの現状と将来に関する見通しに触れて，読者諸氏の理解と考察への一助としたい。

＊　＊　＊

　1929年生まれのルイ・ベルジュロンは，2014年10月9日にパリで亡くなった。翻訳にあたって訳者として同氏とコンタクトをとることができなかったこと，刊行の知らせを同氏に届けることができなかったことは心残りである。著者ベルジュロンの研究者としてのプロフィールを簡単に述べておこう[1]。
　高等師範学校（École Normale Supérieure）を卒業したルイ・ベルジュロンは，1951年に歴史学の上級教員資格を得て10年間ほどリセなどで教鞭をとった後，1970年に高等研究応用学院（EPHE）第6部門で，1975年からこの部門が独立してできた社会科学高等研究院（EHESS）の歴史研究所（CRH）で学生を指導するとともに，1986年からは同研究院・歴史研究所長を務めた。ベルジュロンの歴史学の問題関心と研究は当初はフランス革命期と第一帝政期を中心としていたが，やがてパリ市史と産業史を軸とするようになり，とくに後者に関しては産業考古学の分野でフランス内外において研究を主導し，考古学情報連絡委員会（CILAC : Comité d'Information et de Liaison pour l'Archéologie），国際産業遺産保存委員会（TICCIH : The International Committee for the Conservation of Industrial Heritage）会長を歴任した。最初に産業革命が起こったとされるイギリスで，そうした歴史的な遺産に対する関心を喚起し，その保護を主張するいわゆる産業考古学は，すでに1950年代に産声を上げていた[2]。フランスではそれに数十年後れて1978年に上記の考古

---

[1] プロフィールについては Ozouf-Marignier Marie-Vic, Weil François, « Louis Bergeron », in Entreprises et histoire, 2/2015（n° 79），p. 194-196 に拠る。
[2] 小松芳喬は『イギリス経済史断章』（早稲田大学出版部，2000年）のなかでつとにイギリスにお

学情報連絡委員会が発足し，なかでもモリス・ドマを中心に『フランスの産業考古学』(*Archéologie industrielle en France*) という雑誌が誕生し，ベルジュロンは長くその運営にも携わった。イギリス流の産業考古学は産業革命の遺産を扱うが，フランスの産業史に造詣が深いベルジュロンの研究対象が本書のテーマである，長い伝統を誇るラグジュアリー産業に向かったことは偶然ではなかった。そして本書ではかれの産業考古学が，フランスの歴史的遺産としてラグジュアリー産業に向き合うだけではなく，いわば考現学的，現代産業論的な次元において展開されているのである。

ところでベルジュロンの産業史研究は，もちろん19世紀を扱うこの世代の経済史家の一人として当然のように数量経済史の研究成果を十分におさえたうえで，とりわけ経済の担い手たるエリート層つまりは企業家とその戦略やネットワークの役割を重視する，いわゆるプロソポグラフィー的手法に特徴がある。シャプタルやブランキなどの政策デザインの手腕をもった同時代の知識人をはじめ，今日のフランスのラグジュアリー・ブランドの土台となったクリストフル，ロチルド（ロスチャイルド），エルメス，ゲランなど本書に登場するあまたのブランド企業家たちへのアプローチは，かれにとって何よりも重要であった。この手法こそが，マクロ的な数量変化の外観に隠れて進化したフランス的な経済史の型を取り出すのに最も有効だったからであろう。

亡くなって1年後の2015年には数百人の同僚，弟子，友人たちが各研究機関ごとに集まって偲ぶ会を催して，かれの豊かな研究・教育業績と寛大で愛情深い人柄に敬意を表した。ベルジュロンの主著のみを挙げるとすれば以下のとおりである。

〈単著〉

Les Révolutions européennes et le partage du monde, Bordas, 1968.

Nouvelle Histoire de la France contemporaine, tome 4 : L'épisode napoléonien, Seuil, 1972.

Banquiers, négociants et manufacturiers parisiens du Directoire à l'Empire,

---

ける産業考古学の研究動向を紹介していた。

Éditions de l'EHESS et Mouton, 1978.
Les capitalistes en France, 1780-1914, Gallimard, 1978.
Les Rothschild et les autres : La gloire des banquiers, Librairie Académique Perrin, 1991.
L'industrialisation de la France au XIXe siècle, Hatier, 1991.
La croissance régionale dans l'Europe méditerranéenne 18e-20e siècles, Éditions de l'EHESS, 1995.
La révolution des aiguilles. Habiller les Frnaçais et les Américains, XIXe-XXe siècles, Éditions de l'EHESS, 1996.
Les industries du luxe en France, Éditions Odile Jacob, 1998（本書）．
Campagnes d'Espagne et de Portugal sous l'Empire, Nabu Press, 2011.

〈共著〉
Les moteurs hydrauliques et leurs applications industrielles en France, XVIIIe-XXe siècles, CILAC, 1982.
Les masses de granit : cent mille notables du Premier Empire, Éditions de l'EHESS, 1995.
Le patrimoine industriel. Un nouveau territoire, Liris, 1996.
Patrimoine industriel des États-Unis, Hoëbeke, 2000.
Le Creusot. Une ville industrielle, un patrimoine glorieux, Belin, 2001.
Dictionnaire critique de la Révolution française : Interprètes et historiens, Flammarion, 2007.
Le sacre du roquefort : L'émérgeance d'une industrie agroalimentaire, fin XVIIIe-1925, PU Rennes, 2015.

＊　＊　＊

　原著の刊行から20年近く経って社会経済的な与件が大きく変化するなかでラグジュアリーをとりまく状況はどのようになっているであろうか。著者ベルジュロンのたてた見通しは透徹したものとなっているであろうか。この点につ

いて概略をジャン・カスタレードの近著[3]に拠りつつ，現代のラグジュアリー・ブランド，とりわけフランスのそれについて本書の論点を敷衍しておこう。

カスタレードによれば，21世紀開始以降旧来の先進諸国経済の世界的位置の揺らぎと新興国とりわけBICsとよばれる3国（BRICsのうちR，つまりロシアの経済の雲行きが目下怪しいので）の比重の増大が明瞭になるなか，ラグジュアリー・ブランドをめぐる需給動向については，内容こそ大きな変化を経験しつつあるものの，必ずしも悲観的ではないように見える。ラグジュアリー製品市場において2014年の世界の総売上高は2,200億ユーロ（同年の1ユーロの平均為替相場を仮に140円とすれば30兆8,000億円！）であった。1989年の湾岸戦争，2001年の9.11，2008年のリーマン・ショックの影響を大きく受けたものの，ラグジュアリー市場は強い復元力を示しているわけだ。このうちフランスのラグジュアリー・ブランドは世界市場の約30％（ただし30年前は約50％！）を占め，依然としてラグジュアリー・ブランド・イコール・フランスというイメージは実態と乖離していない。フランスのラグジュアリー部門の総売上高は2008年の660億ユーロ（同年の1ユーロの平均為替相場を仮に120円とすれば7兆9,200億円）から2013年には800億ユーロ（同年の1ユーロの平均為替相場を仮に140円とすれば11兆2,000億円）に伸びてさえいる。同様に，フランスのラグジュアリー産業は国内のパフォーマンスに関しても依然として高位にある。全体的に調子がよくないフランス経済のなかで，GDPの2％にとどまるものの，毎年直接・間接にほぼ5,000人の雇用を生み出し，200億ユーロ近くの黒字（とりわけ香水，ワイン，ブランデーを中心に）を出して全体の貿易赤字の縮小に貢献している。ラグジュアリー産業は，フランス経済の花形部門である航空機部門と並んで，フランスでトップの輸出産業なのである。もちろんこれに海外からの数多くの旅行者が購入していく分の金額も加わる（2015年11月と2016年7月のテロ事件が近年客足をいくぶん遠のかせているとしても）。

3　Jean Castarède, *Le luxe*, *Que sais-je?*, Paris, 8e édition, décembre 2015（初版は1992年）．カスタレードはまた2006年に刊行された *Histoire du luxe en France des origines à nos jours*（Eyrolles, Paris）というフランスのラグジュアリーの通史の著者でもある。その刊行からもさらに10年近く経って状況も変わっているので，もっぱら前者（p. 102-124）に依拠する。

訳者あとがき　257

　さらに，引き続きカスタレードに拠って，海外のラグジュアリー・ブランド市場でのフランスの地位をおさえておこう。世界市場でシェア50％を超えるフランスのラグジュアリー製品はなお多く，服飾アクセサリー，革製品，シャンパン，クリスタルガラス製品，オート・クチュール，宝飾品，プレタポルテ，香水，ブランデーおよびワインがこれにあたる（このうちシャンパンは100％近く，ワインは80％超，香水，クリスタルガラス製品，革製品はそれぞれ70％前後である）。だがこうした攻勢の裏に，実はフランスのラグジュアリー・ブランドにとって大きな構造変化が始まっている。磁器（イギリスが50％），時計（スイスが3分の2），靴（イタリアが3分の2），化粧品（アメリカ合衆国が3分の2）などではシェアを奪われつつあり，高級車（ドイツが3分の2）や高度エレクトロニクス製品ではゼロに近く，オート・クチュール，プレタポルテ，ワインでは少しずつ他国による侵食が始まっている。さらにもっと大きな構造変化は，一方においては19～20世紀にかけてフランスのこの部門を特徴づけた手工業的・家族経営的な産業組織が2000年代に消滅しつつある――ベルジュロンが懸念していた点である――ことであり，他方において世界競争の激化と多様化する新商品や顧客の開発コストの高騰に伴って経営集中と金融支配が以前にも増して急速に進行していることである。多くの同種ないしは異なったブランドを傘下に入れるかたちの資本の集中と企業グループ化はベルジュロンの時代からさらに加速しているわけだ。
　こうした状況下でフランスが採るべきスタンスは20世紀末と本質的には変わらず，世界市場に開かれ，イノヴェーションに邁進し，完成度を高めていくということだとカスタレードは述べる。
　世界的な観点についていえば，21世紀に入ってラグジュアリー・ブランド市場を利するかたちで起きつつあることは需要の追加的増大である。ベルジュロンは本文中ですでに中国市場の大きな可能性に言及していた。だがすでに2010年に日本を抜いて世界第2位の名目GDPになり，やがてはアメリカ合衆国をも抜き去るのではないかというようなところまでは見通していなかったかもしれない。もちろんGDPの規模だけではなく，実際には各国内における超富裕層の増加に注目しなければならない。所得の社会的格差の拡大は世界的な現象であり，それ自体はもちろん憂うるべきことであって決して褒められたも

のではないが，ラグジュアリー産業にとっては狙い目に違いない。カスタレードは，フォーブスのデータを使って，中国をはじめトルコ，ブラジル，ロシア，オーストラリア，韓国，フランス，イタリアなどで億万長者（億米ドル・レヴェルの超富裕層）といわれる人びとの数がここ数年で格段に増加した事実を指摘している。たとえば，トップのアメリカ合衆国はやや減少したものの2013年に442人（2008年は467人），中国は122人（同上42人），ロシア110人（同上42人），トルコ428人（同上35人），ブラジル46人（同上18人），イタリア23人（同上13人）を数えた。ラグジュアリーにとっては好機である。さらに社会層的には，新興国において比重を増す中産階級も無視できないと同時に，カネと時間と何よりも高趣味をもったシニア層の増加（欧米諸国だけで1億7,000万人にも上るという）も新たなターゲットになっている。

　イノヴェーションについては，製品開発に関わる技術的な部分とマーケティングの両面で新たなフロンティアの絶えざる発見ないし開拓が求められている。成長するアジアの市場については，単にこれを新たな草刈り場として，フランスのラグジュアリー・ブランド製品を欧米の諸国と競争しつつ輸出していくというスタンスだけでは不十分であろう。アジアには固有の物質文明があり，奥深い伝統工芸品の歴史とノウハウがある。そうしたところから創造性あふれるラグジュアリーが紡ぎ出される可能性がある。それはICT（情報通信技術）の深まりを土台とする新しい広告と販売手段の開発と相俟って進むであろう。

　完成度という点では，ラグジュアリー消費の新興国間，社会層間のシフトをにらんで，二通りの見通しをたてることができよう。一つ目に，いまや単に顕示的消費欲であふれる成金層に金ぴかのラグジュアリー・ブランドを売ればよいという問題ではないとはいえ，顕示的消費の部分はおそらくなくなるものではないだろう。二つ目に，これに加えて21世紀に入ってより明確になってきたのは，ラグジュアリーの質の部分の変化である。高品質・高価格というだけでなく，また外観のきらびやかさだけでなく，当該商品を前にした消費者の私的，主観的な価値観，本物志向の趣味や賞美・審美の感性といった観点が重要になってくる。モノの個性と消費者の個性の1対1の向き合いが勝負だ。また本文でベルジュロンが指摘しているように，持続可能な社会経済，新しい段階

の消費社会に生きる顧客の生き方，ライフ・スタイル，アイデンティティ，商品文化などを考慮し，奥深い非物質的な質にうったえるものでなければならないし，逆にそうした方向へ，洋の東西を問わず，顧客を導いていく方法と技量をもつことが問われるのはいうまでもないであろう。

＊　＊　＊

　本書の刊行については，私事に及ぶが，多少とも長くフランス経済史の研究に従事してきている訳者が，十数年前から『フランス産業論』の著者シャプタルに注目するようになった頃からことは始まった。たまたまパリのある本屋で手に取った原著にシャプタルのことが触れてあり，またアングロ＝サクソン的な成長至上主義に対する反省や持続的な経済成長の模索といったことが話題になるなか，かねてよりプロト工業化論の有名な論客の一人でもあったベルジュロンによるラグジュアリー論に心惹かれ，ただちに購入したのを覚えている。読み進めると，ラグジュアリーというものが，シャプタルの19世紀的なフランス産業論のある意味で一つの現代版として展開されており，経済近代化のフランス型を措定する議論とかみ合って非常に面白く感じた。訳者自身はラグジュアリー・ブランドそのものにはワイン以外はさほど縁がないが，フランス・ブランドに強い関心をもつ多くの日本の読者に裨益するところが大きいと思い，邦訳を思い立った次第である。

　訳書刊行に際しては，日頃より良書の出版に努めておられる文眞堂に快く引き受けていただいた。末尾ながら同社の代表取締役社長前野隆氏，ならびに同氏への紹介の労をとっていただいた早稲田大学政治経済学術院の畏友白木三秀教授，そして大変細やかで適格な編集作業によってご指導いただいた同社編集部の山崎勝徳氏に深甚なる謝意を表するものである。

2017年6月吉日
訳者

索　引

[アルファベット]

AEG　87
AXA　46
BMW　72
BSN　145, 173
DESS　251
ESSEC　251
GAN　45
GMF　102, 186
GMG ブランド　50
J.P. モルガン　49
LVMH　47, 48, 50, 78, 95, 121, 122, 136, 147, 166, 172, 173, 177, 250, 251
MAIF　45
SAGEM　110
SVF　196
VSOP　201
XO　201
YSL クチュール　47
YSL パルファン　47

[ア行]

アヴィニョン教皇　198
アヴィラン　101, 102
アウスランダー　16, 26
アヴネル子爵　244
アガシュ＝ウィロ　48
アシル＝フー　186
アダン　6
アドリアン＝デュブシェ　102
アベル・ルピートゥル　206
アライド・ライオンズ　46
アラウィー王朝　161
ア・ラ・マルキーズ・ドゥ・セヴィニェ　207
アランベール侯　239
アルカテル＝アルストム　45

アルノー　48, 49, 50, 122, 177
アル＝ファエッド　234
アルファン　37, 151
アルブイ　240
アルペル　160
アルマーニ　52, 78, 147
アルマニャック　208
アルマンジョン　1, 65, 95
アレクサンドル1世　97, 99
アレクサンドル＝ナポレオン　146
アロックス＝コルトン　182
アンヴェルギュール・ホテル　72
アンジャルヴィク　91
アンドレ　84
アンドレ・ボワソー　182
アンヌ・ドートリシュ　95, 139
アンリ2世　165
アンリ4世　95
アンリオ　49, 173, 182
イーヌ　202
イヴォン・モー　193
イヴサンローラン　44, 47, 129, 147
イヴ・ロシェ　47
イトキン　122
イリブ　74, 89, 90, 118, 175
イルシュフェルド　192
インターナショナル・ディスティラーズ・アンド・ヴィントナーズ　174
ヴァージン　78
ヴァル＝サン＝ランベール　145
ヴァル＝ドーヌ製鉄・鋳物会社　84
ヴァレリー　91
ヴァン＝クレーフ　160
ヴァン＝クレーフ＝エ＝アルペル　160
ヴァン・クレフ＆アルペル　47
ヴァン＝ゴッホ　88, 89
ヴァンダービルト　223

索引　261

ヴァンデル　157, 201
ヴァンデンベルグ　225
ヴァン＝ドンゲン　88, 91, 175
ヴィヴィエ　133, 136
ヴィオネ　117
ヴィクトリア女王　153
ウィットブレッド　196
ウィルズ　135
ヴィルモラン　91
ヴィレルメ　12, 13
ウィンザー公　198
ヴィンターハルター　154
ヴヴェール　159
ヴェイユ　121
ヴェシエ　225
ウェストミンスター公　118
ヴェドゥレンヌ　206
ウェブスター　125
ヴェルサーチェ　52
ヴェルレ　170
ヴェロン　164
ヴォーヌ　180
ウォールトン　16
ヴォギュエ　51, 182
ウォルト　68, 115, 116, 120, 129, 154, 244
ヴォルネー　179
ウォルポール委員会　234
ウォロウスキー　15
ウジェーヌ　150, 153, 154, 155, 243
ウジェニ　146
ウビガン　108, 146, 147
ヴラマンク　89
ヴランカン　175, 176
エーヌ　185
エカチェリーナ2世　169
エクストラ＝ヴィエイユ　144
エシュノエール　45, 192
エスコフィエ　244
エステル　240
エティエンヌ　166
エドシック　168, 174
エドシック＝モノポール　173
エドリシュ　118
エドワード7世　156

エネシー　199
エフェル　213
エライユ　77
エリカール＝ドゥ＝チュリ子爵　27
エルキントン　36
エルゾーグ　223
エルフ・アキテーヌ　47
エルメス　43, 102, 131, 132, 133
エルランジェ男爵　221
エレブ＝ヴィダル　212
オーギュスト　97
オーコック　154, 159
オー・サン・ミル・シュミーズ　129
オー・ソヴァージュ　143
オー＝ドゥ＝ヴァル　213
オー・ドゥ・バカラ　145
オー＝ブリヨン　187, 188, 197
オーランド　51
オールド・レイディズ　206
オスピス・ドゥ・ボーヌ　73
オスマン　216, 232, 243
オタンゲ　102
オッフェンバック　244
オディア　58, 62, 82, 97, 149
オナシス　198
オベルカンフ　204, 215
オラニエ, フリュクテュス　90
オリガン　143
オルニー　181
オルネー　184
オルレアン　152
オルレアン家　153

[カ行]

カシャレル　147
ガジュラン　115
ガジュラン・オピジェ・エ・シャゼル　115
ガスティヌ＝ルネット　238
カステラヌ　171, 173
カステル　175, 193
ガスト　100
カッピエッロ　172
カップ　91
カトリーヌ・ドゥ＝メディシス　165

カナール・デュシェーヌ　49
ガニエール　102
カペル　118
カモンド　251
カラム　40
ガリアーノ　121
カリエ＝ベルーズ　66, 85
カルヴェ　192, 195, 196
カルダー　88
カルダン　75, 119, 120, 121, 122
カルティエ　0, 151, 154, 155, 156, 161, 162, 251
カルティエ財団　91
カルフール　75
カルポー　82
ガレ　87, 111, 218
カレーム　164
カロ　115
カロッソ　130
カロン＝セギュール　189
カントゥナック＝ブロン　46, 194
ギースマン　176
ギシャール　83
ギトゥリ　161
ギネス　50
ギャルリー・ラファイエット　68
キャロン　20
ギュスタヴ・ボーグラン　159
キュズニエ　206
ギ・ラロシュ　147
グーテンベルク　83
グッチ　78
グラーヴ　46, 187, 197, 199
グラウバー　142
クラグマン　83, 85
グラネ　145
クラルク　189
グラン＝ゼシュゾー　181
グラン・トテル　243, 244
グランド・メゾン・ドゥ・ブラン　244
グランド・メトロポリタン　50, 174
グランブーラン＝フェラル　222
グラン・マルニエ　205
グリヴレ　130

クリコ（ヴーヴ・クリコ）　8, 51, 166, 168, 169, 170, 171, 173, 204
クリスタルリー・ドゥ・ラ・レーヌ　225
クリストフル　3, 24, 35, 36, 37, 38, 63, 64, 65, 66, 67, 68, 70, 72, 75, 76, 81, 98, 106, 109, 110, 124, 244, 248
クリテール　182
クリネ　45
グリモ＝ドゥ＝ラ＝レニエール　164
クリューズ　192, 193, 194, 195, 196
クリューズ・エ・イルシュフェルド　192
クリューズ・フィス・エ・フレール　192
グリューベル　111
グリュオー＝ラローズ　46
クリュッグ　174, 234
クルーク　171
クルデュリエ・フリュクテュス・エ・ドレシェ　90
グルニエ　134, 135
グルベンキアン　159
クレージュ　147
クレージュ＝クチュール　122
クレール＝ミロン　189
クレスマン　192
クレディ・リヨネ　102
クレメンス5世　198
クレルジュリ　135
クロ・ヴージョ　178, 180
クロスマン　191, 195, 208
ゲスティエ　185, 191, 193
ケネディ　198
ケラン　163
ゲラン　49, 50, 108, 143, 144, 146, 147, 154
ケンゾー　42, 44, 49, 53, 122
ゴエル　126
ゴーティエ　176
コクトー　69, 89, 90, 118, 119
ココ・シャネル　68
コス・デストゥルネル　196
ゴダール＝デマレ　105, 106, 107
ゴダン・ジュニア　100
コティ　108, 143, 146
ゴディヨ　132
コニャック　5, 200, 201, 202, 203
ゴノン　82

ゴブラン　61, 62, 81, 121, 214
コラ　82
ゴルディーニ　241
コルディエ　193, 196
コルベール委員　70, 71, 72, 77, 130, 200, 234, 251
コレット　91, 120
コワントゥロー　205
コンコルド・ホテル　72
コンティ　95, 180

[サ行]

サヴィニー　183
サヴォヌリー　61
サッカール　230
サノフィ　47
サムサラ　147
サラ・ベルナール　117
サリニャック　202
サン＝ゴバン　3, 145, 201
サン＝シモン　14
サン＝ジュリアン　46, 185
サン＝ジョルジュ　180
サン＝セルナン＝デュ＝ボワ小修道院　229
サン＝ソーヴール　229
サンソン　226
サンテール　39
サン＝テステフ　185, 196
サン＝テミリオン　186, 194, 197, 198
サントリー　195
シーグラム　47, 173, 196
ジースレール　176
シーブル　143
ジヴァンシー　49, 69, 119, 120, 121, 122, 126, 129, 147
ジェファーソン　188, 199
シェリー・ロシェ　206
ジェルマン　96
シェレル　122, 132
シスモンディ　19, 20
ジッキー　144
シドゥー　126
ジネステ　192, 193, 194
ジャガー　234

ジャクメ　30
ジャケ　214
シャゴ　104, 107
ジャコブ　62
ジャコブ家　59
ジャコブ＝デマルテ　30, 59
ジャコメッティ　89
ジャック・サヴァリ＝デ＝ブリュロン　31
ジャックマール・エ・ベナール　214
ジャド　182
シャトー・ドゥ・ラ・ヴェルリー　226
ジャヌレ　88
シャネル　24, 41, 43, 44, 45, 67, 68, 69, 71, 89, 90, 117, 118, 119, 120, 133, 144, 147, 245
シャネル5番　69, 143
シャパレッリ　119, 129
シャプタル　4, 5, 6, 7, 8, 9, 10, 27, 61
ジャフラン　183
ジャブレ＝ヴェルシェール　178, 184
シャリマール　143
シャルル10世　97, 105, 127
シャルル・ヴィエノ　183
シャルルマーニュ　55
シャルル・ラフィット　176
シャルル＝ルー　118
ジャンセルム　59
シャンソン・ペール＝エ＝フィス　183
シャンドン　51, 169, 171, 200
シャンベルタン　180
シャンボル＝ミュジニー　182
シュヴァリエ　4, 12, 13, 15
シュヴィヨ　83
シュウェップス　201
シュヴルー＝オベルト　113
シュエズ　46
シュデュイロー　46
シュニュ　128
シュネデール　157, 225, 226, 229, 230
ジュベール　215
ジュルダン　88, 135, 136
シュルンプフ　241
シュレデール　191
シュレデール＆シレール　194, 195
ジョイ　144

ショヴネ 183
ショーヴァン 134
ジョーンズ 218
ジョゼフィーヌ 140, 148
ショメ 68, 155, 156, 157, 158, 161, 162
ジョリー＝ドゥ＝バンムヴィル 153
ジョルジュ・グーレ 206
ジョルジュ・ブラン 75
ジョンストン 191, 192, 194
シリウス 135
ジルベール 66
シレール 191
スウェバシュ 99
スーパー100 53
スカリスブリック 156
ズダネヴィッチ 89, 118, 119
スパーリング 41
スペルラン 215
スポルトゥーノ 146
セイエール 157
セー 10, 157
セーヴル 61, 62, 81, 85, 88, 98, 99, 100
セギュール 189
セザンヌ 88, 89
セッリーニ 96
セディーユ 212
ゼネラル・モーターズ 240
セリーヌ 122
ソーヴェストゥル 212, 222
ソーテルヌ 46, 184, 195, 197, 199
ソート 106
ソットサス 102
ソミエ家 157
ゾラ 230

[タ行]

ターブル・ドゥ・フランス 76
タイム・ワーナー 173
タイユヴァン 165
ダヴィッド＝ヴェイユ 224
ダヴィッド・ダンジェ 82
ダヴー 63
ダゴティ 100
タシナリ＆シャテル 244

ダモワ 195
ダリ 119
ダルー 82
ダルティーグ 105
タレーラン 164, 165, 188
ダンジュヴィル 19
ダンヒル 235
チェルッティ 52
チェルッティ1881 52
チェルヌスキ 221
チャールストン 206
チャップリン 202
ディアギレフ 69
ディオール 3, 49, 50, 69, 78, 89, 108, 119, 120,
　　　　　 121, 122, 126, 129, 133, 136, 143, 147
ディケム 78, 184, 199
ティシュー・シャネル 118
ディナン 145
ディ・マウロ 132, 133
ディミトリ大公 118
ディル＝エ＝ゲラール 100
ディロン 188
デストゥルネ 196
デ・ゼサール 31
テタンジェ 71, 72, 102, 110, 168
テタンジェ＝ボンヌメゾン 109
デミエ 10, 11, 12
デミドフ 152
デュアール＝ミロン 189
デュアメル＝デュ＝モンソー 32
デュクリュ＝ボーカイユー 194
デュシェーヌ 173, 226
デュ＝バリー夫人 140
デュピール＝ロザン 225
デュフィ 89
デュプエ 68
デュヴェルロワ 42
デュマ 192
デュレンヌ 85
デル＝カスティーリョ 116
ドイツ 171
ドイツ社 239
ドゥ＝イルシュ男爵 221
ドゥーツ 51, 175

トゥーボン 76
ドゥヴリエス 67
ドゥ＝ガレア 229
ドゥグレンヌ 76
ドゥ＝ゴ 198
ドゥ＝サン＝ヴィクトール 243
ドゥ＝サン＝マルタン 237, 239
ドゥセ 115, 129
ドゥテ 215
ドゥ＝ディートゥリッシュ 204, 239
ドゥ＝ディオン侯爵 239
ドゥ＝ディオン＝ブトン 241
トゥドワール 172
ドゥニエール 82
ドゥノン 99
ドゥノンヴィリエ 84
ドゥマレーズ夫人 204
ドゥミュット 74
ドゥ＝ラシェーズ 229
ドゥ＝ラ＝トゥール 114
ドゥラン 91, 175
ドゥランシー 175
トゥリエ 226
ドゥリューズ 192, 196
ドゥルアン 183
トゥルトン＝エ＝ラヴェル 180
ドゥレジェ 90, 118
ドゥロネー 89, 96, 183
ト・エ・ドゥリウー 85
ドーチェスター・ホテル 234
ドーム 68, 86, 109, 110, 111
ドザック 45
トマ・バソ 183
トミール 82
トルストイ 118, 239
ドルセー 146
ドルムイユ 153
ドレシェ 90
ドン・ペリニヨン 73

【ナ行】

ナジェルマケールス 242
ナスト 100
ナパ・ヴァレー 198

ナポレオン1世 60, 62, 63, 97, 98, 99, 140, 148, 149, 157, 171, 215
ナポレオン3世 63, 64, 66, 98, 153, 197
ニアルコス 198
ニコラ 174, 175
ニコライ2世 108, 118
ニト 149, 150
ニナ・リッチ 47, 119, 144
ニュイ 180
ニュイ＝サン＝ジョルジュ 183
ニュー・フレンチ・クラレット 187
ニュー・ルック 144
ヌヴェル 91
ヌフシャトー 61
ネームニヒ 58
ネクタール 175
ノアイユ 116
ノナンクール 46, 174
ノルマン 163
ノワイヨン 126
ノワヨン 127

【ハ行】

パーソン 125
バートン（バルトン） 191
バイヤーマン 191
ハイルマン 241
バカラ 3, 25, 44, 104, 105, 106, 107, 108, 109, 144, 145, 226, 234, 244
バカルディ 200
パカン 116, 120, 129
パップ・クレマン 198
パッラーディオ 136
パティーニョ 64, 158
パトウ 119, 144
パトリアルシュ 182
パプスト 150, 153, 159
バラン 96
バリアン 135
バリー 82
パリ伯爵夫人 207
パリ・ペイ＝バ銀行 221
バルザック 81, 82
バルサン 117, 118, 158

バルトルディ 84
バルトン 185, 193
バルトン＝エ＝ゲスティエ 47
バルトン＆ゲスティエ 196
バルブディエンヌ 83, 85
バルマン 69, 126
バレンシアガ 119, 121, 129
バンベルジェ 221
ピウス7世 149
ピウス11世 208
ビエネ 97
ピカール 155
ピカソ 88, 89
ビショフサイム 221
ピション＝ロングヴィル＝バロン 46
聖ベルナール 178
ビデルマン 122
ビネ 134
ピノー 46
ピペール＝エドシック 177
ピュイサン 160
ピュイフォルカ 68, 75, 132
ピュテル 208, 232
ピュルコ 207
ビュルタン 173, 176
ビリヴュイ 100
ビルク 107
ヒルトン 245
ファト 119, 121, 147
ファリーズ 150, 151, 159
ファリナ 140, 143, 146
ファルジョン 140, 146
ファロー 21
フイエール 161
フィリップ 161
フィリップ勇胆公 179
フィリップ・オーギュスト 56
フィリポナ 206
ブイレ 36, 67, 70, 109
ブーウェンス 211, 221, 222, 223, 224
ブーシェ 207
プーシェ 27
フェイス 185
フェヴレー 178

フェラーリ 241
フェラン＝セギュール 189
フェリエール 63, 67
フェルス 226
フェレ 89
フェレ＝サヴィネル 48
フォード・モーター 234
フォサン 150, 151, 152, 153, 156, 157
フォスカリーニ＝ロッシ 136
フォットリーノ 242
フォンテーヌ 216
フォントゥネー 106, 151
ブガッティ 239, 240, 241
ブサック 48, 120
ブシャール＝エネ＝エ＝フィス 183
ブシャール・ペール＝エ＝フィス 182
ブシュロン 44, 68, 78, 154, 159
プジョー 240
プッチーニ 239
プティ＝ヴィラージュ 46
フネストゥリエ 135
フュメル伯爵 188
ブラーク 89
フラゴナール 140
フラシャ 81
プラディエ 84
ブランキ 11, 12, 13, 15, 18
フランソワ1世 96
プランタン 68
ブリザール 204, 205, 206, 207
ブリヤ＝サヴァラン 164
ブリュネル 250
ブリュノフ 175
プリンス・オブ・ウェイルズ 133
プルースト 245
ブルジョワ 41, 146, 147
フルノー 168
プルマン 242
フルマントゥロー 103, 213
フルマントロー＝クールカン 103
ブルロ 217
ブレゲ 9, 62, 162
ブレソン 91
フロマン＝ムリス 81, 150

ブロンニヤール　99
ブロンフマン　173
ペーネ　175
ペール＝エドシック　174
ベーレンス　87
ベゲ　129
ベシュヴェル　185, 186, 194
ベステギ　158
ベスラ・ドゥ＝ベルフォン　176
ヘップバーン　121
ベトゥリュス　198, 199
ベトマン　232
ベトマン兄弟　192
ベトレ＝グルヌイヨー　233
ヘネシー　5, 48, 49, 166, 200, 201, 202
ベネディクティヌ　206
ペラン　91, 161, 251
ペリエ＝ジュエ　173
ペリニヨン師　167
ペルージァ　132, 133
ベルジェ　205
ベルシエ　97, 216
ベルトゥロ　129
ベルナール　90
ベルナール・ビュフェ　175
ベルナール・ロワゾー　75
ベルナルド　88, 101, 102
ペルナン＝ヴェルジュレス　183
ペルノ　205
ペルノ＝リカール　51, 176, 206
ベルリエ　90
ペレ　88
ペレール　72, 222, 224, 230
ペレール兄弟　223
ヘレス産白ワイン　190
ペロー　248
ボアン　76
ボーヴェ＝エ＝コンパニ　127
ボーネ　170
ポール・ポワレ　88
ボギュエ　48
ボサン　135
ポシェ　110
ボシュナ　120

ポッター　100
ボナン　200, 204
ボネル　183
ボフィル　197
ボベール　115
ポマール　184
ポムリー　49, 171, 173
ポムロル　45, 46, 197, 198
ポメラート　52
ボランジェ　51
ホランド＆ホランド　238
ポリニャック伯爵夫人　116
ボリンガー　170
ボルス　207
ポルト・ワイン　190
ボルレッティ　109
ボワセ　183
ポワゾン　147
ポワレ　40, 68, 89, 116, 117, 132
ポンタック　187, 188
ポンテ＝カネ　194
ポンパドゥール夫人　180

[マ行]

マクシミーリアーン1世　97
マクシミリアーノ　64
マケ　99
マザラン　95
マジェスティック・ホテル　90
マジョレル　86, 111
マス　103
マチス　40, 89, 91, 115
マックス・マーラ　52
マッサーロ　133
マネ　88
マム　71, 173
マラルティック＝ラグラヴィエール　47
マリー＝アントワネット　57, 59, 140
マリー＝ルイーズ　149
マルクス・アウレリウス・プロブス　186
マルゴー　44, 185, 194
マルセイユ　71
マルセム　21
マルテル　103, 200, 202

マレーヌ　214, 215
マレシャル　86
マレ＝ステヴァンス　88, 211
マンソー　145
マンビー　229
マンビー・エ・ウィルソン　229
ミコー・フィス　99
ミス・ディオール　120, 144
ミロ　89
ムートン　188, 189
ムエックス　193, 194, 198
ムニエ　174, 230, 231
ムム　171, 177
ムルソー　182, 183
メトゥルザ　191
メドック　45, 46, 187, 195, 196, 197
メラン　172
メリメ　83
メルシエ　48, 172
メルセデス　72, 241
メルリオ　150
モエ　5, 166, 168, 169, 171, 200
モエ・エ・シャンドン　48, 51, 72, 95, 172, 182
モエ＝ヘネシー　25, 50, 172, 173
モーリヤック　161
モット　158
モネ　158, 202, 203
モブサン　76, 150
モベール　140
モラン＝ポンス夫人　204
モリナール　146
モリヌー　119
モルロ　172
モレル　151, 153, 155, 156
モロー　84
モンドリアン　89
モンモランシー＝ラヴァル　104
モンラシェ　180

[ヤ行]

ユーグ　140
雪印　183
ユニック　135

[ラ行]

ラヴリオ　62, 82
ラ・エナン　199
ラ・エナン・グループ　196
ラカミエ　48
ラギュイヨル　102
ラクルテル　91
ラクロワ　49, 122, 130
ラザード　46
ラザール　223, 224
ラ・ターシュ　180
ラトゥール　46, 189
ラフィット　189, 197
ラフォリ＝ペラゲー　199
ラブランシュ　184
ラブレー　18, 19, 20, 165
ラブロス　233
ラランド　192, 193, 194, 198
ラリク　44, 68, 72, 87, 102, 110, 159
ラロシュ　69
ラ・ロワイヤル　240
ランヴァン　43, 68, 91, 115, 116
ラングロワ　160
ランゴア　185
ランコム　147
ランソン　173
ランドウスキ　77
ランヌ　63
リーヴァー　125
リィユセック　199
リカール　205
リシヌ　179, 187, 190, 199
リシュブール　180
リシュリュー　95
リズ・テイラー　54
リッツ　154, 157, 244, 245
リッツ・ホテル　234
リュイトゥリエール　213
リュイナール　49, 168, 172
リュード　82
リュオルス　36
リュバン　146
リュル＝サリュス　184, 199

索　引　269

ルイ14世　95, 96, 98
ルイ15世　96, 98, 99, 141, 146
ルイ16世　59, 97, 98
ルイ18世　97, 105
ルイ・ヴィトン　48, 49, 53, 78, 136, 173
ルイ・エシュノエール　198
ルイ＝フィリップ　63, 65, 97, 127, 132, 152
ルイヤール　84
ルイ・ルドレール　175
ルーヴル　68, 72, 102, 110
ルーヴル・ホテル　243
ルーボ　32, 34
ルールマン　68
ルグラン　206
ル・グラン・ヴェフール　164
ル・コルビュジエ　88
ルザージュ　129, 130
ルジェ＝ラグット　178
ルジュール　243, 244
ルドワヤン　164
ルノー　158
ルパブ　89
ル・ブルイユ　229
ル・プレー　21
ル・ボーヴィリエ　164
ルボード　77
ルポート　9
ルボディ　157
ルメニル　223
ル・リシュ　164
レヴィヨン　130
レヴェイヨン　214
レール・デュ・タン　144
レオヴィル　185

レオヴィル＝ポワフェレ　194
レオヴィル＝ランゴア　193
レカミエ　216
レシュゾー　180
レティエ　96
レノー　101
レ・マスト　70, 161
レミー・マルタン　51, 71, 174, 175, 196, 200
レリティエ＝ギュイヨ　178
ロエベ　49
ローザン＝セグラ　44
ロートン　191, 193, 197
ローラン＝ペリエ　173, 174, 183
ロールスロイス　240, 241
ロシェ　200
ロジェ　171, 204
ロジエ　140
ロジェ＝エ＝ガレ　47, 144
ロシニュー　66
ロシュ　57
ロチルド　153, 157, 165, 176, 188, 189, 199
ロチルド（ロスチャイルド）家　152
ロップ　133
ロデ　183
ロディエ　40, 41
ロデル　208
ロピトー・フレール　183
ロベール・エ・コンパニー　214
ロベール＝ドゥオー　83
ロマネ　180
ロマネ・コンティ　181
ロマネ＝サン＝ヴィヴァン　180
ロワジ　178
ロングヴィル　186

【著者紹介】

ルイ・ベルジュロン

Louis Bergeron（1929-2014 年）。フランスの高等師範学校（École Normale Supérieure）を卒業後、社会科学高等研究院（EHESS）の歴史研究所（CRH）などで教鞭をとる（1986 年からは同歴史研究所長）。パリの歴史やフランスの産業史について造詣が深い。晩年はフランス内外の産業考古学研究をリードし、考古学情報連絡委員会や国際産業遺産保存委員会の会長を務める。

本書以外の主な研究業績：
Les Révolutions européennes et le partage du monde, Bordas, 1968
Nouvelle Histoire de la France contemporaine, tome 4 : *L'épisode napoléonien*, Seuil, 1972
Banquiers, négociants et manufacturiers parisiens du Directoire à l'Empire, Éditions de l'EHESS et Mouton, 1978
Les capitalistes en France, 1780-1914, Gallimard, 1978
Les Rothschild et les autres : La gloire des banquiers, Librairie Académique Perrin, 1991
L'industrialisation de la France au XIXe siècle, Hatier, 1991
La croissance régionale dans l'Europe méditerranéenne 18e-20e siècles, Éditions de l'EHESS, 1995
La révolution des aiguilles. Habiller les Frnaçais et les Américains, XIXe-XXe siècles, Éditions de l'EHESS, 1996
ほか。

【訳者紹介】

内田 日出海（うちだ ひでみ）

1971年，熊本県立済々黌高校卒業。在フランス日本国大使館（外務省専門調査員），東京国際大学経済学部での勤務を経て，現在，成蹊大学経済学部教授，早稲田大学非常勤講師。経済学修士（早稲田大学），歴史学博士（ストラスブール大学）。専門はフランスを中心とするヨーロッパの社会経済史。近年の主な研究業績：

Le tabac en Alsace aux XVIIe et XVIIIe siècles. Essai sur l'histoire d'une économie régionale frontalière, Presses Universitaires de Strasbourg, Strasbourg, 1997
『物語 ストラスブールの歴史――国家の辺境、ヨーロッパの中核』中公新書，2009年
『伝統ヨーロッパとその周辺の市場の歴史』（共著，山田編）清文堂，2010年
『地域と越境――「共生」の社会経済史』（共著，内田・谷澤・松村編）春風社，2014年
『金と香辛料――中世における実業家の誕生』（訳書，J．ファヴィエ著）春秋社，2014年（改訂版）
『国家の周縁――特権・ネットワーク・共生の比較社会史』（共著，田村・川名・内田編）刀水書房，2015年
『ヨーロッパ経済――過去からの照射』（共著，朝倉・内田）勁草書房，2016年（改訂版）
ほか。

フランスのラグジュアリー産業
―ロマネ・コンティからヴィトンまで―

2017年8月15日　第1版第1刷発行　　　　　　　　　　検印省略

著　者　ルイ・ベルジュロン
訳　者　内　田　日出海
発行者　前　野　　　隆
発行所　株式会社　文眞堂
　　　　東京都新宿区早稲田鶴巻町533
　　　　電　話　03（3202）8480
　　　　FAX　03（3202）8480
　　　　http://www.bunshin-do.co.jp/
　　　　〒162-0041　振替00120-2-96437

印刷・モリモト印刷／製本・イマヰ製本所
©2017
定価はカバー裏に表示してあります
ISBN978-4-8309-4958-6　C3033